现代传记研究

Journal of Modern Life Writing Studies

第 5 辑

2015 年秋季号

No. 5, Autumn 2015

上海交通大学传记中心主办

商务印书馆
The Commercial Press

图书在版编目(CIP)数据

现代传记研究. 第5辑／杨正润主编. —北京：商务印书馆，2015
ISBN 978-7-100-11806-4

Ⅰ. ①现… Ⅱ. ①杨… Ⅲ. ①传记—研究—丛刊
Ⅳ. ①K810—55

中国版本图书馆CIP数据核字(2015)第277654号

ⓒ The Commercial Press 2015
Journal of Modern Life Writing Studies Ⅴ / Yang Zhengrun

All rights reserved, including those of translation into foreign languages. No part of this book may be reproduced in any form or by any means, electronic or mechanical, including photocopy, recording, or any information storage and retrieval system, without permission in writing from the publisher.

所有权利保留。
未经许可，不得以任何方式使用。

现代传记研究
第5辑
杨正润　主编

商　务　印　书　馆　出　版
（北京王府井大街36号　邮政编码100710）
商　务　印　书　馆　发　行
山东临沂新华印刷物流集团
有　限　责　任　公　司　印刷
ISBN 978-7-100-11806-4

2015年11月第1版　　开本710×1000　1/16
2015年11月第1次印刷　印张16.75
定价：40.00元

学术委员会（按汉语拼音音序排列）

陈建华（华东师范大学）	陈　进（上海交通大学）
陈思和（复旦大学）	盖兰,让-伊夫（巴黎第三大学）
高宣扬（上海交通大学）	关道雄（加利福尼亚大学圣塔芭芭拉分校）
豪斯,克莱格·W.（夏威夷大学）	霍伯曼,露丝（东伊利诺斯大学）
黄贤强（新加坡国立大学）	勒热讷,菲利普（法兰西大学研究院）
利德蕙（多伦多大学）	刘　康（杜克大学）
陆建德（中国社会科学院）	聂珍钊（华中师范大学）
乔利,玛格丽塔（苏塞克斯大学）	施瓦茨,默里·M.（爱默生学院）
特里尔,罗斯（哈佛大学）	王　杰（上海交通大学）
王　宁（清华大学）	沃特斯,林赛（哈佛大学）
亚历山大,迪迪耶（巴黎第四大学）	杨正润（上海交通大学）
张　炯（中国社会科学院）	

编辑委员会

主　　　编：杨正润
副 主 编：刘佳林　袁　祺
执 行 主 编：唐玉清
翻译部主任：唐岫敏
编辑部主任：陈玲玲
委　　　员：李凯平　梁庆标　尹德翔　赵山奎　朱剑利

联系方式

地　　址：上海市东川路800号,上海交通大学人文楼209室
邮　　编：200240
电　　话：86 – 21 – 34204579
电　　邮：sclw209@sina.com
网　　址：http://www.sclw.sjtu.edu.cn

Advisory Board (in alphabetical order)
Alexandre, Didier(Université de Paris IV-Sorbonne)
Chen Jianhua (East China Normal University)
Chen Jin (Shanghai Jiao Tong University)
Chen Sihe (Fudan University)
Guan, Daoxiong (University of California, Santa Barbara)
Guérin, Jeanyves(Université de Paris III-Sorbonne nouvelle)
Hoberman, Ruth (Eastern Illinois University)
Howes, Craig W. (University of Hawaii)
Jolly, Margaretta (University of Sussex)
KHA Saenyang (Shanghai Jiao Tong University)
Lejeune, Philippe(Institut Universitaire de France)
Liu Kang(Duke University)
Lu Jiande (Chinese Academy of Social Sciences)
Nie Zhenzhao (Central China Normal University)
Poy, Vivienne (University of Toronto)
Schwartz, Murray M. (Emerson College)
Terrill, Ross (Harvard University)
Wang Jie (Shanghai Jiao Tong University)
Wang Ning (Tsinghua University)
Waters, Lindsay (Harvard University)
Wong Sin Kiong (National University of Singapore)
Yang Zhengrun (Shanghai Jiao Tong University)
Zhang Jiong(Chinese Academy of Social Sciences)

Editorial Committee
Editor-in-Chief: Yang Zhengrun
Deputy Editors-in-Chief: Liu Jialin, Yuan Qi
Acting Editor-in-Chief: Tang Yuqing
Director of Translation Office: Tang Xiumin
Director of Editorial Office: Chen Lingling
Members: Li Kaiping, Liang Qingbiao, Yin Dexiang, Zhao Shankui,Zhu Jianli

Contact
Address: Room 209, Building of Humanities,800 Dongchuan Road,
         Shanghai, 200240, P. R. China
Telephone: 86-21-34204579
Email: sclw209@sina.com
Website: www.sclw.sjtu.edu.cn

卷 首 语

传记(life writing)是人类的纪念碑。文化的起源中就包含着传记的因素,孔子的《论语》、柏拉图的苏格拉底回忆录和"四福音书"为传记树立了不朽的经典。其他文学和文化的文本形式,大都随着时代的变迁而消亡,成为历史的陈迹,只有传记以顽强的生命力绵延不绝;到了21世纪更是超过曾经盛极一时的小说,成为文化文本中的最大类别。传统的他传、自传、回忆录、书信、日记、游记等继续繁荣,新兴的口述历史、群体传记又异军突起。传记还超越了文字的媒介,同电影、电视以及互联网和自媒体结缘,开拓出广阔的新空间,拥有难以计量的读者。越来越多的人为自己、为亲爱者写作传记,以保留一份纪念。21世纪是属于传记的时代。

传记的发展,提出了许许多多的问题,需要研究和讨论;本刊是中国境内第一个专门研究传记的刊物,创办本刊的目的就是提供一个发表和交流的园地,为中国传记的发展聊尽绵薄之力。

在一个全球化的时代,《现代传记研究》是一个开放性的刊物。它向中外传记界开放,它发表对各种传记类型的问题,包括历史的、现实的和理论的问题,所进行的不同角度的研究和探讨;它鼓励和欢迎专家、作者和读者之间的交流和互动;它提倡视角和方法与时俱进、不断创新,同时也倡导严谨、求实的文风。它的目的只有一个,促进传记学术的繁荣,推动传记的发展。

办好一份刊物是一件艰苦的事,我们会不断学习、不断反思、不断改善以求进步。我们也吁求国内外传记界的朋友们、传记爱好者的支持,你们的关注和参与,你们的能力和智慧,是办好这份刊物最有力的保证,期待着你们!

《现代传记研究》编辑部

Editor's Note

As a monument to honor human beings, life writing has permeated culture since its origin. *Analects of Confucius* by Confucius, the Socrates of Plato and *The Four Gospels* are immortal classics in the history of life writing. Despite the fact that most genres of literature and culture perish over time, life writing has persisted in a tenacious manner, and the twenty-first century is witnessing a golden age of life writing, which even surpasses the novel, the once-dominating genre. Life writing now is among the most esteemed of cultural texts. Such traditional forms as biography, autobiography, memoir, letter, diary and travel writing still maintain prominence and the emerging oral history and collective lives demonstrate intense momentum. Simultaneously, life writing, having crossed the border of textual medium into the domain of movies, TV, Internet and We Media, claims an ever new and extensive space with the potential for innumerable readers. An increasing number of people have taken to life wiring for themselves or for their loved ones, aspiring to erect an everlasting monument. In brief, the twenty-first century is an era of life writing.

Life writing as a genre of discourse has posed a great number of questions, requiring energies devoted to deeper studies and thorough scholarly discussions. The *Journal of Modern Life Writing Studies* takes the initiative in China as the first journal exclusively devoted to life writing studies. It aims to make a distinctive contribution to the development of Chinese life writing by providing a forum for publication and exchange of views in scholarship.

In the context of globalization, *Journal of Modern Life Writing Studies* is an open journal, accessible to the life writing community home and abroad, publishing research and explorations on all kinds of life writing issues (historical, practical and theoretical) from various perspectives, encouraging and welcoming communication and interaction among scholars, authors and readers, and highlighting innovative perspectives and methodologies as well as rigorous and realistic style. Our over-arching commitment is to facilitate the development of life writing and to bring it to a new level of excellence.

A full-fledged journal requires arduous and painstaking efforts. We pledge to consistently aim for progress through consistent learning, reflection, and improvement. We also appeal to dear friends in the life writing community at home and abroad and devotees of life writing for your support, attention and participation. Your talents and wisdom are the most powerful assurance of our success. We are looking forward to your help!

目 录

卷首语 ……………………………………………………………（1）

【专栏：名家访谈】
Life Writing Studies from the 1970s to the Present …… Margaretta Jolly（1）
My Autobiography Study ………………………………… Paul John Eakin（9）

【专栏：《资治通鉴》研究】
《资治通鉴》的传记学价值 ……………………………………… 杨正润（13）
分散叙事：试论《资治通鉴》中的传记技法 …………………… 刘佳林（29）

【比较传记】
早期美国华裔女童自传的主体与认同：林太乙《林家次女》与
　　黄玉雪《华女阿五》 ………………………………………… 郑尊仁（39）
巨人斑驳的身影——"莎士比亚传记"的三个不同文本之比较
　　………………………………………………………………… 龚丽可（56）

【传记史研究】
英国17世纪社会转型与圣徒传记的流变 ……………………… 李凯平（67）

【作品研究】
历史性与文学性之间——评《艾丽丝·门罗：书写她的生活》
　　………………………………………………………………… 陈　茜（77）

【自传评论】

反自我主义的自传实践:弗吉尼亚·伍尔夫的《往日速写》 ⋯ 颜　芳（86）

试析虹影自传体小说的"虚"与"实" ⋯⋯⋯⋯⋯⋯⋯⋯ 朱旭晨（104）

"边缘"的深度与广度——北美华人女性自传体写作谱系研究
⋯⋯⋯⋯⋯⋯⋯⋯⋯⋯⋯⋯⋯⋯⋯⋯⋯⋯⋯⋯⋯⋯ 宋晓英（115）

盲聋女作家的快乐之源——评海伦·凯勒自传《我的生活故事》
⋯⋯⋯⋯⋯⋯⋯⋯⋯⋯⋯⋯⋯⋯⋯⋯⋯⋯⋯⋯⋯⋯ 薛玉凤（126）

【人物研究】

中法文化交流中的谢寿康 ⋯⋯⋯⋯⋯⋯⋯⋯⋯⋯⋯⋯ 唐玉清（138）

试析王尔德性格中的悲剧因素 ⋯⋯⋯⋯⋯⋯⋯⋯⋯⋯ 陈瑞红（145）

Flowering Exile: Chinese Housewife, Diasporic Experience, and
　　Literary Representation ⋯⋯⋯⋯⋯⋯⋯⋯⋯⋯ Da Zheng（160）

【传材解读】

以手为媒:卡夫卡自传中的"手喻" ⋯⋯⋯⋯⋯⋯⋯⋯ 梁庆标（182）

卡夫卡《变形记》的封面画:一个传记性插曲 ⋯⋯⋯⋯ 赵山奎（195）

【史料考订】

大背景下的小问题——从画传热潮看梁思成传记中的一个细节
⋯⋯⋯⋯⋯⋯⋯⋯⋯⋯⋯⋯⋯⋯⋯⋯⋯⋯⋯⋯⋯⋯ 张维娜（205）

【传记家言】

国家主权和核心利益的坚定维护者——新作《政坛大风——
　　王安石传》的亮点 ⋯⋯⋯⋯⋯⋯⋯⋯⋯⋯⋯⋯⋯ 毕宝魁（220）

【学术信息】
俄罗斯文化宝库中的一朵奇葩——苏联解体后的"名人传记"丛书
………………………………………………………… 张　蕾（230）

提要 ……………………………………………………（238）
稿约 ……………………………………………………（248）
编后记 …………………………………………………（251）

CONTENTS

Editor's Note ·· (1)

Special Section: Interview

Life Writing Studies from 1970s to the Present ············ Margaretta Jolly (1)

My Autobiography Study ····························· Paul John Eakin (9)

Special Section: *Zi Zhi Tong Jian* Study

The Biographical Value of *Zi Zhi Tong Jian* ············ Yang Zhengrun (13)

The Intermittent Narrative: On the Biographical Art in

Zi Zhi Tong Jian ······································· Liu Jialin (29)

Comparative Biography

The Subject and Identity in Early Chinese American Girl's

Autobiography: *Second Daughter of the Family* and *Fifth*

Chinese Daughter ·································· Cheng Tsun-Jen (39)

The Giant's Mottled Figure: A Comparative Study of

Three Shakespeare's Biographies ························· Gong Like (56)

History of Life Writing

The Social Transformation and the Trajectory of Hagiography

in Seventeenth-Century Britain ·················· Li Kaiping (67)

Text Study

Between Authenticity and Literariness: Reading *Alice Munro*:
  Writing Her Lives .... Chen Xi (77)

Autobiography Study

Anti-Egotistic Autobiography in Virginia Woolf's *A Sketch of the
  Past* .... Yan Fang (86)
"The Virtual" and "the Real" in Hong Ying's Autobiographical
  Novels .... Zhu Xuchen (104)
The Depth and Breadth of "the Margin" in the Autobiography of
  the Northern-American Chinese Women .... Song Xiaoying (115)
Sources of Helen Keller's Happiness: Reading Helen Keller's
  Autobiography *The Story of My Life* .... Xue Yufeng (126)

Subject Study

Sié Chéou-Kang in the Sino-French Cultural Exchange ... Tang Yuqing (138)
Factors of Tragedy in Oscar Wilde's Character .... Chen Ruihong (145)
Flowering Exile: Chinese Housewife, Diasporic Experience,
  and Literary Representation .... Da Zheng (160)

Material Interpretation

The Hands as Self-image: The Metaphor of Hand in Kafka's
  Autobiographies .... Liang Qingbiao (182)
Franz Kafka's *Die Verwandlung* and Its Illustrated Title Page:
  A Biographical Episode .... Zhao Shankui (195)

Material Examination

A Small Problem in Biography of Liang Sicheng against the Background of the Boom of Pictorial Biography ·············· Zhang Weina（205）

From the Life Writer

    A Firm Advocate of National Sovereignty and Core Interests:
    The New Discovery in *The Political Gale*: *A Biography of*
    Wang Anshi ···································· Bi Baokui（220）

Academic Info

    An Exotic Flower in Russian Culture: An Overview of
    Post-Soviet *Life of Great People* ··················· Zhang Lei（230）

Abstracts ··· （238）
Call for Articles ··· （248）
From the Editor ·· （251）

Life Writing Studies from the 1970s to the Present

Margaretta Jolly

In the field of life writing studies in China, **Dr. Margaretta Jolly** is well received for her epic reference book *The Encyclopedia of Life Writing* (2001). Her scholarly orientation joins life writing studies with feminism, within the broad interdisciplinary field of Cultural Studies. For that purpose she concentrates on exploring subgenres such as letter writing, email, oral history and biography with years of endeavor. Hence she is currently found working with scholars at China Women's University in Beijing on comparing women's oral history in the UK and China. Our editor invited Dr Jolly early this year to express her views on the development of life writing studies in contemporary academia.

Question: Would you please give us a brief account of your own experience working in the field of life writing? What are your lessons from it?

Margaretta Jolly: I have specialised in studying the art and history of life narrative since 1985 when my radical college professor Julia Swindells gave me permission to break away from fiction as a young student of English literature. Julia's own work on working class autobiography remains an inspiration, as does the scholarship of Treva Broughton, under whom I took my Masters in Women's Studies in the late 80s. I dove into a truly everyday form of self-writing for my PhD at the University of Sussex, the study of letter writing in the Second World War. This laid the foundation for my first book, encouraged by my supervisors Jenny Bourne Taylor and Jenny Shaw, and also Dorothy Sheridan, who guided me through the extraordinary Mass Observation Archive, a must for anyone interested in British social history as seen through personal narrative. In *Dear Laughing Motorbyke: Letters from Women Welders of the Second World War* (1997) I discovered the unexpected humour as well as struggle for women in wartime through the prism of the epistolary form. *In Love and Struggle: Letters and Contemporary Feminism* (2008) followed through these interests, exploring feminist relationships as they have been expressed in letters and emails since the 1970s.

Although the puzzles of epistolary relationship continue to attract me, over the years I have widened my focus to consider the appeal of life narrative across media. This is particularly since my work at Sussex has involved teaching and researching oral history – I have spent the last four years directing 'Sisterhood and After: The Women's Liberation Oral History Project', which has brought me into contact with some wonderful Beijing-based oral historians at China Women's Library. Probably my best known contribution to the field has been *The Encyclopedia of Life Writing* (2001), which I designed to reflect the field's gorgeous expansiveness, ranging from Scandinavian life-story competitions to American confessional television, African oral history to Arabic Medieval biographical dictionaries. The great achievements of Chinese life writers are of course represented, and I should say that it was in my search for Chinese scholars to contribute to the book that I discovered Zhao Baisheng at Peking University and had the good fortune to attend the first conference of the International Auto/Biography Association there in 1999. I have been a core member of the IABA since then and it remains a pleasure to go to all of its biannual conferences.

The lessons that I have learned from-goodness me-nearly 30 years of study-include these, in order of decreasing importance:

1. Life writing exists in all cultures and historical periods, but industrialisation and urbanisation tends to transform biographical cultures into autobiographical cultures – with important caveats, particularly in non-Western cultures.

2. Life writing is a useful term as it preserves the connection between biography and autobiography, for each will always be traceable in the other. However life narrative is proving an important concept today since it allows for the increasing multi-modality and mediation of life story telling in a digital age.

3. My own career seems to have been enabled by a general institutional acceptance of life narrative as both object and method of study which has happened in parallel over the last three decades – how lucky I am.

Q: There has been great change in the field of life writing in recent years. Could you outline its trajectory? What are the success and problems?

Jolly: Critics have often been charmed by the idea that life writing 'works'. Despite the important lessons from philosophies of deconstruction in the 1980s, we continue to describe a genre seemingly in possession of magical powers to teach, to heal, to lobby, to promote both truth and reconciliation. I am probably quite typical in having moved from thinking about life writing in more strictly aesthetic terms to a more functionalist approach – my most recent book, which I edited with Meg Jensen, *We Shall Bear Witness: Life Narratives and Human Rights* (2014), focuses on testimonial forms of life narrative in the urgent contexts of today's wars, traumas and struggles for justice. Yet, as I ask in this book, how do we know life writing works? Why do we believe that it does? Moreover, what is the work that life writing makes critics do in evaluating it? These are three problems which I consider face scholars in the field today:

1. The problem of excess (which partly ensues from the academic embrace of function not value). Print culture made reading and writing part of everyday life; digital culture has added to that exponentially. Life writing may prove especially plentiful as a field both because it encompasses so many forms of writing and, simultaneously, because it can require so much contextualisation to evaluate.

2. The problem of scarcity (which may make us sweat more). Though life stories are abundant, our means of analysis are limited, intellectually and materially. Scarcity describes the conditions of academic funding and the demand for research that proves 'impact', even as we attempt to prove the 'impact' of life writing texts.

3. The problem of value. This has always described life writing's reception as a borderline art, but returns in new guises from this perspective. Critics cannot escape debates about value through focusing on function. But can we combine respect for life writing's work with an honest acknowledgement of the work it makes us do?

At the 2008 International Auto/Biography Association conference at the Center for Biography in Hawai'i, a gathering of 60 scholars who manage life writing journals, centres and associations that now stretch from China to Estonia, presented these concerns:

1. There are insufficient multilingual scholars and translations/translators of life writing, reflecting the economic and political convergence towards English-language based scholarship, as well as lack of time to do comparative work in an era of mass publication.

2. While there are increasing numbers of students graduating with life writing specialisms, there are insufficient jobs in the field for them to take.

3. There are now at least six journals whose specific mission it is to publish life writing criticism or life writing, but there is constant pressure to gain top rating in the various league tables.

4. There is a drastic financial gap between the economies of African, Latin American and South Asian universities and those of Europe, China and the West, such that life writing and life writing scholarship from these areas is not internationally known; growth in some countries leads to greater imbalance globally.

5. Simple lack of time for reading – particularly as we are encouraged to publish more and more. Craig Howes, editor of the leading journal *Biography*, reports that the substantial 25 – 30 page essay becomes more the exception these days than the rule; books become shorter even as their tables of contents grow longer.

This is not intended to be a list of moans, but the outline of a mismatch between the abundance of our material and indeed our production, and the means to respond to it. Of course there is a growing informal exchange of life writing, largely online, by amateur writers and readers who have none of these concerns. However, for the critic this is itself a fascinating use of life writing that we need the means to analyse. I want therefore to offer another list, one of advised 'investments' which respond to the growth of life writing as object and idea.

1. Sampling and emergent method: we need to learn how to manage the proliferation of life stories and life story archives through more intelligent methods of selection, including addressing issues of representativity, validity and reliability in ways that life historians in the social sciences and those managing 'big data' already do. Some software programmes, such as Concordia University's 'Stories Matter' and the general qualitative data tool Nvivo can help here.

2. Multi-mediation: we need technological education, in terms of gathering life stories across media, publishing, to match everyday lives with everyday readers, and in terms of understanding life writing as a catalyst for digital literacy. The challenges of online searching propels an urgent need for academics (and archivists) to provide metadata, the new 'maps' we need to guide us in the flat and instant archives of global life writing production.

3. Language and discipline: the institutional links between life writing and English literature and language departments need diversification so that it gains status in comparative literature and social and cultural departments; this is particularly important in non-English speaking universities.

4. Impact: this is the latest demand from academic funding bodies in the United Kingdom. We know that it is driven by ideological agendas that are often at odds with the values of the Humanities. But the trail of our ideas outside the university is important to trace. It is surely precisely this that shapes our interest in 'the work of life writing'.

Q: Would you please give us an overview of life writing theories popular in recent years? What are the leading works in life writing theories in recent years?

Jolly: Life narrative is found in all places and historical periods and encompasses many aspects of everyday speech as well as writing. It is therefore difficult to produce a definitive criticism. Instead, I am excerpting a short section from an extensive bibliography that I prepared for Oxford Bibliographies Online, [1] in which I include critical texts across the literary and sociological spectrum, as well as classic life writings from ancient to postmodern. From a literary or cultural studies perspective, Sidonie Smith and Julia Watson (2010) provides the most condensed overview and builds on an important body of joint work by these North American

---

[1] Jolly, Margaretta. "Biography and Autobiography." *Oxford Bibliographies Online: British and Irish Literature*. (2012). < http://www.oxfordbibliographies.com/view/document/obo-9780199846719/obo-9780199846719-0006.xml >

scholars, particularly on the global, postcolonial, and feminist face of much life writing. My *Encyclopedia of Life Writing* (2001) remains the most internationally comprehensive guide, with analytical surveys and bibliographies of life narrative in all major continents and countries, from classical periods to the present. Treva Broughton's *Autobiography: Critical Concepts* (2006), an anthology that provides a selection of key critical interventions, also features an excellent introduction in which the author interprets the shifting critical emphasis from the life to the self. Laura Marcus' *Auto/Biographical Discourses* (1994), written by another British critic, offers a more extended tracing of this "discourse" about auto/biography. The author's brilliant thesis is that the genre has been the ground for fantasies about self-alienation in modernity and, conversely, for redemptive healing of its splits. Ken Plummer's *Documents of Life* (2001) approaches life stories from this redemptive point of view, as a sociologist in what the author defines as a radical humanist tradition, and also a gay man who has studied as well as lived the coming-out story. Barbara Harrison's *Life Story Research* (2009), also written by a sociologist, is an edited collection that points out the growth in narrative and biographical research methods for social scientists. Life narrative is inherently suitable for teaching as both method and topic with unique pulling power and accessibility. Miriam Fuchs and Craig Howes in 2008 published another edited collection of essays that are extremely useful for any would-be teachers, offering case studies, lesson plans, and syllabi, including from South Africa and Chad. Finally, Zhao Baisheng from Peking University edits a Chinese-language list of short biographies and has written a short book (2003) arguing that auto/biography is a field of literature that deserves to be an object of study in its own right. More details of these books are below, but you can also see my recommendations for specific fields, including 'Audio/Visual Life Narrative'; 'Digital Life Narrative'; 'Fiction, Fact, and Life Narrative' and 'Self, Time, and Memory', at "Biography and Autobiography." *Oxford Bibliographies Online: British and Irish Literature*. (2012).

- Broughton, Trev Lynn, ed. *Autobiography: Critical Concepts in Literary and Cultural Studies*. 4 vols. London: Routledge, 2006.
  Four-volume anthology of important critical texts from the 18th century onward with an incisive introduction. Organized in eight parts within four volumes: Part 1: "Founding Statements"; Part 2: "Beyond Truth versus Fiction"; Part 3: "Discovering Difference"; Part 4: "Personal Stories, Hidden Histories"; Part 5: "Psychology, Psychoanalysis, and the Narratability of Lives"; Part 6: "Autobiography as Critique"; Part 7: "Personal Texts as Autobiography"; Part 8: "Cultures of Life Writing."
- Fuchs, Miriam, and Craig Howes, eds. *Teaching Life Writing Texts*. New York: Modern Language Association of America, 2008.
  Commissioned by the MLA's prestigious teaching text series; signifies the

- academic integration of life writing studies. Containing over forty-four short articles on teaching specific texts or genres, some with lesson plans, this work is a practical and inspiring teaching resource. Internationally focused.
- Harrison, Barbara, ed. *Life Story Research*. 4 vols. London: SAGE, 2009.
  Four volumes on methodological approaches within the social sciences in which research foregrounds the individual. Useful for related fields (nursing, criminology, cultural studies). Organized as five parts within four volumes: Part 1: "Historical Origins and Trajectories"; Part 2: "Theoretical and Conceptual Issues in Life Story Research"; Part 3: "Types of Life Story Research: Traditional and New Sources of Life Story Data"; Part 4: "Doing Life Story Research"; Part 5: "Research Contexts and Life Stories."
- Zhao, Baisheng. *Zhuan ji wen xue li lun* (*A Theory of Autobiography*). Beijing Shi: Beijing da xue chu ban she, 2003.
- Jolly, Margaretta, ed. *The Encyclopedia of Life Writing: Autobiographical and Biographical Forms*. 2 vols. London: Routledge, 2001.
  First and still only encyclopedia in English on life writing and life narrative. Two large volumes include entries on important writers, genres, and subgenres. Entries encompass, for example, confession, obituary, gossip; portraits; surveys of national and regional traditions from all continents and periods; themes such as shame, adolescence, time, self.
- Marcus, Laura. *Auto/Biographical Discourses: Theory, Criticism, Practice*. Manchester, UK: Manchester University Press, 1994.
  Brilliant intellectual and literary history of the ways life writing from the 18th century to the present has been conceptualized by writers, critics, philosophers, and journalists. Marcus rejects the idea that there is a stable genre of autobiography but proposes that there is, instead, a distinct genre of autobiographical criticism.
- Plummer, Kenneth. *Documents of Life 2: An Invitation to a Critical Humanism*. 2d ed. London: SAGE, 2001.
  A highly readable guide to life writing and life story as objects and methods of analysis from a sociological but also literary perspective, with a particularly useful section on interviewing. This edition substantially revises and improves Plummer's original publication in 1983 while continuing to argue that radical humanism is life writing's appropriate philosophical framework.
- Smith, Sidonie, and Julia Watson. *Reading Autobiography: A Guide for Interpreting Life Narratives*. 2d ed. Minneapolis: University of Minnesota Press, 2010.
  Authoritative, accessible and important guide to the cultural study of life narrative across genre, period, and place with good attention to non-Western

texts. Includes chapters on 21st-century life narrative and visual – verbal – virtual forms as well as a "tool kit" consisting of twenty-four strategies for reading life narratives, classroom projects, and a list of Internet resources.

Q: More fictitious elements are added to life writing in a great many works now. In some cases, even essential characters or events are invented. Some biographers even make-believe that they befriended the late biographical subject. Do you approve of this method? Is this the trend? How do you define auto/biographical truth?

Jolly: "Memory is a great artist," claimed a great autobiographical experimenter, André Malraux, and an enduring critical question has been whether life writing can be both artful and historically accurate. Today's trend for mixing fiction and life writing is indeed fascinating in its promiscuity and reach, stimulated in part by market forces, in part by new formalisms, in part by the demand for intimate knowledge of public figures. I personally do not think there can be a fixed rule as to when it is fair or not to invent, but I do think that people care passionately about knowing the provenance of a story. This is clear in Paul John Eakin's edited collection *The Ethics of Life Writing* (2004) and in G. Thomas Couser's *Vulnerable Subjects: Ethics and Life Writing* (2004). Gillian Whitlock's *Soft Weapons: Autobiography in Transit* (2007) offers one fascinating suggestion as to how to think about an ethics without depending upon an impossible 'truth' standard, which is to borrow from models of fair trade in other commodities such as sugar or coffee, particularly when publishing life narratives of vulnerable subjects. A more literary guideline for me comes from Sylvia Townsend Warner's classic biography of the writer T. H. White, in which Warner uses extensive quotation from her subject, carefully framed by non-moralistic commentary to tell the story of a talented but sadistic man. For those interested to pursue this, Jan Montefiore breaks her technique down in "Sylvia Townsend Warner: Authority and the Biographer's Moral Sense." *Imitating Art: Essays in Biography*, ed. David Ellis (1993).

Q: With the increase of memoir, diary, letter and oral history, these sub-genres exert greater influence than auto/biography. What is your comment on this phenomenon? Should they be included in biography or autobiography? Why?

Jolly: I do not consider that 'memoir' has overtaken 'autobiography'. As Tom Couser has recently expressed in his wonderful *Memoir: An Introduction* (2011), there is no clear distinction between 'memoir' and autobiography, certainly not when autobiography is written to a theme or around a relationship – a typical practice today. It is rather that the term memoir has become more popular, partly simply because it has become the preferred term for publishers.

Letters and diaries share qualities of seriality, ephemerality, openness, and informality and have provided rich material for literary critics, historians, anthropologists, and sociologists as well as for writers. Literary historians as well as biographers have long focused on letters and diaries not only as clues to personal lives and contexts, but also as artful texts in their own right. Similarly, oral history has many links with life writing, though it developed within historical disciplines as a complement and challenge to document-based scholarship. On a practical level, it often feeds into written auto/biography as interview-based source material. More often, it offers a parallel means to capture and investigate people's life stories: it, too, values subjective experience and memory.

It should be obvious from my answers that I believe these genres are related as well as important in different ways, for they all belong to a practice of life narration that is as basic to the community as it is to the self. I am delighted to see them appearing as objects of study and celebration in the Shanghai Jiao Tong University Centre for Life Writing's *Journal of Modern Life Writing Studies*. It is my hope that with this journal and more such initiatives, the promise of life writing as a field of international exchange and understanding will continue to be realized.

Margaretta Jolly is a Reader in Cultural Studies in the School of Media, Film and Music, University of Sussex and directs the University's Centre for Life History and Life Writing Research. Her work has focused on auto/biography and oral history, particularly in relation to gender and women's movements and she has a longstanding interest in how these intersect with public culture and social change. Her most recent book, *We Shall Bear Witness: Life Narratives and Human Rights* (U of Wisconsin Press, 2014), focuses on testimonial forms of life narrative in the contexts of today's wars, traumas and struggles for justice. Sisterhood and After: The Women's Liberation Oral History Project, for which she was Principal Investigator 2010 – 2014, has supported extensive public engagement with the question of feminism and its transmission today.

My Autobiography Study

Paul John Eakin

    Paul John Eakin is renowned in China as one of the leading scholars in autobiography studies. His theories are applied by Chinese scholars to examining autobiography, autobiographical fiction, and novels, with focuses on such issues as identity, self, and narrative. Our editor made an email interview with him early this year on his long commitment in his research and his views on life writing.

[**My work in the field of life writing**] I have been working on autobiography and life writing for about forty years, a long inquiry that began quite by chance, for my early work was concerned with nineteenth-century American fiction. In 1976 I wrote an essay on the autobiography of Malcolm X that happened to catch the eye of the late James Olney, who invited me to contribute it to a collection of essays he was putting together on autobiography. Inspired by his interest in my work, I devoted my first sabbatical at Indiana University to studying Henry James's autobiography. By the time I completed that study, I was hooked, and I decided to write a book on autobiography. In *Fictions in Autobiography: Studies in the Art of Self-Invention* (1985) I tried to figure out exactly what kind of writing autobiography is. Autobiography, I discovered, and the self that is its primary subject, are fictions, but of a very special kind. In my next book, *Touching the World: Reference in Autobiography* (1992), I investigated the referential aesthetic that governs autobiographical discourse. Autobiographers assert, and their readers believe, that autobiographies have a basis *of some kind* in biographical fact. Accompanying my investigation of the relation between fact and fiction in autobiography was my increasing interest in the nature of selfhood. By the time I finished *Touching the World*, I concluded that narrative was not merely a convenient form for the representation of self but indeed a constituent part *of* self.

    The turning-point in my thinking about autobiography came with my recognition that autobiography was a subset of a much larger class of narratives that we tell about ourselves every day. In my most recent books on autobiography, *How Our Lives Become Stories: Making Selves* (1999) and *Living Autobiographically: How We Create Identity in Narrative* (2008), I pursued this insight, focusing on the idea of narrative identity. Narrative, in the case of autobiography, turns out to be not only a literary form but a socially-sanctioned, rule-governed identity practice. Developmental psychologists have studied how children are trained to talk about themselves, such that by the time we reach adulthood, we have mastered a repertoire of scripts for self-narration; we know how to produce on demand a version of our life stories that is appropriate to the context. In so doing, we operate as players in a rule-governed narrative identity system, establishing for others that we possess normal functioning identities. We do this so often and so well that we rarely give much thought to the conventions that underwrite this self-reporting. When individuals lose their narrative competence, however, as the result of age or injury, we can become aware of the extent to which the apparently spontaneous and easy exchange of personal stories in our social encounters is organized as a rule-governed system. We monitor the self-narrations of others for lapses, and when autobiographical memory and narrative competence fail, we may judge the self of such an individual to be fundamentally compromised or damaged. In the narrative identity regime, narrative rules function as identity rules. Any attempt to formulate an ethics of life writing needs to address these consequences.

In the late 1990s, neurobiological investigations of human consciousness pushed my thinking about autobiography in a new direction. Reading the work of Gerald Edelman (1992) and Antonio Damasio (1999) persuaded me that our sense of identity is rooted in our lives *in* and *as* bodies. Presenting a detailed neurobiological account of the emergence of self from the body and using narrative to describe this process, Damasio made the case for self as existing *inside* the narrative matrix of consciousness *and only there*. I concluded that "*self inheres in a narrative of some kind.*" If Damasio is right, then self is not only reported but performed, certainly by any of us as we tell or write the stories of our lives, and perhaps to a surprising degree by the rest of us as we listen to them or read them.

My most recent work has continued to address the nature of narrative and selfhood, and to investigate the impact of the Internet on autobiographical practices.

Probably the most important lesson I learned from years of work writing about autobiography was the importance of being open to work in a variety of fields. At various points along the way I learned important things from historiography, developmental psychology, the law, and most recently, from neurobiology.

[**My comment on teaching life writing**] I taught various graduate seminars on autobiography (American autobiography, women's autobiography, etc.), but my favorite course was a seminar for undergraduate seniors, "Forms of Personal Narrative." In this course the students were invited to write a personal narrative of their own. I made clear to them that I wasn't necessarily seeking a confessional narrative (although I always did get some of those). I suggested that they could write about someone they knew who had had an important influence on their lives, or they could focus on some episode that they thought of as a turning-point in their lives. The value of this project lay in the way it obliged students to ask kinds of questions—ethical or literary—that promoted deeper understanding of autobiography as a kind of writing. When the personal chemistry in the class was good, and it often was, the students were sufficiently trusting of each other that they were willing to read each other's work and discuss it in class.

[**Concerning theories of life writing**] What counts as a theory of autobiography, a theory of life writing? A theory of autobiography should target the autobiographical act, what is at play in it, why people engage in it, why other people pay attention to it. Rather than focus on the notion of "life writing theories," I think it is more productive to invoke relevant disciplinary perspectives. The study of autobiography and life writing lends itself nicely to interdisciplinary work. For example, when I was investigating the referential dimension of autobiography, I found that historiographers were extremely helpful in sharpening the questions I was asking. Again, when I was investigating the origins of autobiographical discourse, I turned to developmental psychologists, who had studied extensively the child's initiation into narrative culture. I learned a lot from the law on the subject of privacy when I was researching a privacy-based ethics of life writing. And most recently, I have been fascinated by the insights that contemporary work in neurobiology is generating on the nature of self and consciousness. I guess the moral I would draw from my own research is that it works best—for me, at any rate—to start with a problem and that proceeds to identity work in any field that seems to be asking "your" questions.

[**Comment on fictions in autobiography**] Well, it's hard for me to give a short answer to this vexed question of fictions in autobiography, which, in fact, was the subject of my first book. I guess the first thing to say is that readers don't read texts that are proposed to them as fiction in the same way they read texts that claim to have a basis of some kind in biographical fact. Anyone who has written personal narrative immediately understands that autobiography is a kind of fiction, but to proceed from there to collapse autobiography into the fiction we call fiction (novel and short story) is to make a mistake. There continues to be fashionable talk about *autofiction*, but for all the French glamour of the term (proposed initially by Serge Doubrovsky a long time ago) it does not capture or usher in a new kind of writing. We know what *autobiographies* are (and these days *memoir* has become a synonym for *autobiography*), and we know what *autobiographical novels* are, and we can tell them apart. Writers are sensitive to these distinctions. I think that when James Joyce wrote *A Portrait of the Artist as a Young Man*, it's important to note that he didn't name Stephen Daedalus Jim. Why not, if not to preserve a broader license to shape the truth of his own life than he felt he would have had otherwise? That's my hunch, at any rate. I have to say that at this point I find the whole fact-fiction business rather stale.

[**Concerning autobiography as a genre**] Discomfort with the term *autobiography* seems to be perennial, and some critics are fond of creating new terms to describe the genre (e. g., *autographics*). In this regard the popular press has succeeded where literary scholars have failed, and these days *memoir* has emerged as a primary term for what I would call *autobiography*. Because autobiography straddles the worlds of fact and fiction, its status in either will always raise questions. Autobiography was initially neglected by literary scholars because of its presumed status—along with biography and history — as one of the literatures of fact. Autobiography had to be recognized as imaginative literature in order to confirm its legitimacy as an object of literary study. (In this respect it's interesting to note that it wasn't until the late 1980s that the Division of Autobiography, Biography, and Life Writing was created by the Modern Language Association — the huge professional organization of English and foreign language teachers in the U. S. and Canada.) The time came, though, when having written a book on *Fictions in Autobiography*, I found myself making a kind of about-face, insisting on *Touching the World* on what I called the referential aesthetic of autobiography.

Paul John Eakin has been writing about autobiography and life writing for about forty years. His books include: *Fictions in Autobiography*: *Studies in the Art of Self-Invention* (1985), *Touching the World*: *Reference in Autobiography* (1992), *How Our Lives Become Stories*: *Making Selves* (1999), and *Living Autobiographically*: *How We Create Identity in Narrative* (2008). His most recent essays are "Travelling with Narrative: From Text to Body," "Autobiography as Cosmogram," and "Self and Self-Representation Online and Off." He has edited collections of essays on American autobiography and on the ethics of life writing. Eakin is Ruth N. Halls Professor Emeritus at Indiana University.

《资治通鉴》的传记学价值*

杨正润

内容提要：《资治通鉴》作为编年史也具有传记学的价值：司马光以"善恶混"的原则观照人性并贯穿全书，形成了在分散叙述中人物性格的整一；尽可能采用故事化的叙事并附以细节的描述，塑造出生动的人物形象；人物语言，特别是对话，非常个性化，不但推动情节，而且形成性格的比较，显示出人物心理的变化；以开放的心态关注并选取大量杂史和小说类中的资料。这些特点对以政治军事人物为主要传主的中国当代传记写作极具价值参考。

关键词：司马光 善恶混 故事化叙事 对话

司马光的《资治通鉴》被公认为中国历史学著作中的经典，同司马迁的《史记》双峰并列，前后"两司马"共称。不过《通鉴》的编年体不同于《史记》的纪传体，《史记》不仅是历史巨著，也公认是中国古代传记的巅峰之作，而《通鉴》的传记意义至今还没有得到中国学术界的注意。①

---

* 本文为国家社会科学基金重大项目"境外中国现代人物传记资料整理与研究"（编号：11&ZD138）阶段性成果。

① 关于《资治通鉴》的研究，笔者所见，中国学界有过3种综述：宋衍申《试探建国以来的资治通鉴研究》（《东北师大学报》，1983年第5期），霍春英《近年来司马光研究简述》（《晋阳学刊》1986年第3期），汤勤福、李日升《近三十年来大陆地区资治通鉴研究评述（1983—2011）》（《史学史研究》2011年第4期）。从这3种文献可以看到，对《通鉴》的研究主要有这样几个方面的内容：校刊与考订；政治思想和史学思想；编纂方法与编纂者；引书数量与标点；史源。3篇综述都没有提到对《通鉴》的文学研究。检索几种学术论文数据库，可以发现从文学的角度研究《通鉴》的论文有几篇，包括论析《通鉴》的文学成就、文学特点等，但没有一篇是从传记的角度来考察《通鉴》的。迄今为止出版的多种有关中国传记史和传记理论的著作也无一部提到《资治通鉴》。

可以参考一下西方学者的意见。从比较传记的角度考察,司马光可以同塔西佗进行比较,塔西佗是罗马历史学家,也被认为是西方最早的专业传记家之一,如美国传记理论家坎道尔所说:"基督教纪元开始的同一个世纪里,诞生了3位最早的真正'专业的'传记家——普鲁塔克、绥通纽斯和历史学家塔西佗。"[1]普鲁塔克写出了《希腊罗马名人传》,绥通纽斯的名作是《十二凯撒传》,都是西方传记中的经典,塔西佗的代表作《编年史》是一部历史学著作,同样是公认的传记经典。坎道尔还作了一个比较:"中国古代编年史的某些条目中包含着传记素描,不同的是,在罗马史学家塔西佗的《编年史》中包含提庇留皇帝最著名的传记。"[2]

坎道尔半个世纪前就作出这样的评价,在同一篇论文中他专门论析了司马迁的《史记》,所以他说的中国古代编年史包含着"传记素描"(biographical sketch),是以《通鉴》为代表的。它们虽然篇幅很小,但对历史人物的认知和描述具有传记学的价值。

《通鉴》同传记有密切的关系,并非偶然。《通鉴》是编年史,但编年史可以有不同写法,一种是编年大事记,即按照年代和时间的顺序排列出所发生的重大事件,以《春秋》为代表;另一种是编年叙事体,即按照年代和事件的顺序叙述事件,其中包含了对事件之间的因果关系的清理、背景材料的介绍,可能还包含细节和对事件的评价。这种编年叙事的方法,以《左传》为代表。

《左传》的编年叙事很成功。历史的主体是人,事件是人的行为,编年叙事离不开对人的叙述,《左传》把对人的叙述安放在对事的叙述之中,两者融为一体。从这个意义上看,其中就包含了传记的因素,可以看作是纪传体的前驱。正如史学家张煦侯所说:"《左传》书事不书人,异于后世之《史记》。然大事而外,间亦附载当时人物,或取其言、或取其行,皆收尾具足,而却不必悉为其年所应载。此传状体之雏形,隐为正史列传之滥觞。"[3]

---

[1] Paul Murray Kendall, "Biographical Literature." *The New Encyclopaedia Britannica*, Vol. 23, 1989, 200.

[2] Ibid., 195.

[3] 张煦侯:《通鉴学》,合肥:安徽教育出版社,1982年,80页。

编年叙事的史学,在《左传》之后又经过1600年的发展,到了《通鉴》,传记的因素更加丰富,写作方法也更加成熟。纪传体历史著作,从《史记》到《新五代史》有20多种为《通鉴》所引用,是其主要资料来源,《通鉴》虽然把其中史料改为编年,但不可避免地受到纪传体写法的影响。

从写作目的来看,《通鉴》是为了叙述历史人物的事迹、从中汲取教训。1066年,司马光奉宋英宗之命,开始编写历史著作《通志》。一年后英宗逝世,神宗即位,提升司马光为翰林学士,要求他在已经完成的8卷著作的基础上继续写作。神宗将此书赐名为《资治通鉴》并写作了序言,他在其中这样说:"尝命龙图阁直学士司马光论次历代君臣事迹,俾就祕阁翻阅,给吏史笔札,起周威烈王,讫于五代。"说得很清楚,神宗要求的是一部关于"历代君臣事迹"的书,人物事迹正是传记的最基本的元素,因此《通鉴》也必然包含着传记的叙事方式。

一

伟大的史学家们,面对着卷帙浩繁、杂乱无章的无数材料,如何选择、组织和叙述,都有自己的原则,司马迁写作《史记》的原则是"究天人之际、通古今之变、成一家之言"。司马光写《通鉴》的目标是"资治",为治理国家提供借鉴,"国家治乱本于礼"[①],"礼"具有根本的意义。他说:"礼之为物大矣!用之于身,则动静有法而百行备焉;用之于家,则内外有别而九族睦焉;用之于乡,则长幼有伦而俗化美焉;用之于国,则君臣有叙而政治成焉;用之于天下,则诸侯顺服而纪纲正焉。"(《通鉴》汉纪三,高帝七年)司马光虽然也主张"天命",不过作为一位积极参与政治活动的人物,他说的"天命"不是宿命,而是近于孔子的天命观,具有政治伦理学的意义。他提出"天之分"和"人之分"两个概念,区分开自然和人为,人们行为的规范是"礼"。司马光是希望君王们通过阅读《通鉴》而吸取历史的经验和教训,顺应天命,以"礼"治天下,成为明君。

---

① 司马光:《谨习疏》,《司马光集》(2),成都:四川大学出版社,2010年,603页。

司马光以"礼"为核心的历史哲学发源于人性论。他不赞成孟子的"性善说",也不赞成荀子的"性恶说",认为这两种说法都是"皆得其偏,而遗其大体也"。他赞成的是扬雄的理论:"扬子以谓人之性善恶混,混者善与恶杂处于身中之谓也。"他认为:"夫性者,人之所受于天而生成者,善与恶必兼有之。是故虽圣人不能无恶,虽愚人不能无善。"①人们合乎"礼"的行为是出自于"善",反之,违背"礼"的行为出之于"恶"。

司马光用"礼"来判断是非,用"善"与"恶"来剖析人物。"善恶混"的人性论是他观察历史人物的基础和原则,也成为《通鉴》选择材料和叙事的一条线索。由于编年叙事的体例,人物的事迹可能分散在不同的年代和时间,但司马光在叙述时,始终对他们进行人性的解剖,看到"善",也看到"恶",这样对他们的描述得到贯通,个性显示出前后一致,形象得到了整一。

唐太宗李世民是《通鉴》中令人印象最深刻的人物之一,他是中国历史上著名的明君。司马光给了唐太宗很高的评价,详细记载了他的事迹,也有许多赞颂。但是《通鉴》并没有把他写成一个完美无缺的圣人,而是揭示他人性中阴暗的一面,写出了他的复杂性格。李世民流传最广的故事是他心胸开阔、善于纳谏,这些故事大多同大臣魏徵联系在一起。魏徵原是太子建成的门下,他多次建议太子及早除掉李世民。建成失败被杀,李世民召来魏徵说:"汝何为离间我兄弟!"众人都为魏徵担心,魏徵却神态自若地回答:"先太子早从征言,必无今日之祸。"(唐纪七,武德九年)这样大逆不道的话,李世民却没有罪怪,而是看重他的才华予以重用,成就了中国历史上明君铮臣的佳话。其后太宗纳谏的故事很多,他对魏徵甚至有一种敬畏之情:魏徵曾经告假去祭扫祖墓,回来后问太宗,听说要临幸南山,都已经整装完毕,而最后又没去,这是什么原因。太宗笑着回答:"初实有此心,畏卿嗔,故中辍耳。"太宗得到一只好鹞鹰,将它置于臂上,远远望见魏徵过来,便藏在怀里。魏徵站在那里上奏朝政大事,时间长了,鹞鹰最后竟死在太宗的怀里(唐纪九,贞观二年)。

但是,太宗并不总是"闻过则喜",对魏徵也不总是敬畏,有时听到劝谏他

---

① 司马光:《善恶混辩》,《司马光集》(3),1460页。

嘴上不说,心里却是愤愤不平,有一次他上朝回到后宫对皇后说:"会须杀此田舍翁",皇后问他要杀谁,他说:"魏徵每廷辱我。"(唐纪十,贞观六年)。其实,太宗想杀魏徵,并非一时性起,而是内心深处的一种暴虐,《通鉴》中多次写到他发怒时杀错人的事,还有他在东都、夏县等地屠城的记录。对魏徵这样的亲信重臣,他集聚的不满以至仇恨最终到魏徵死后还是暴露了出来。魏徵病重时太宗曾亲自去看他,还答应把公主许配给魏徵的儿子叔玉;魏徵死后,他亲自写了碑文,命令百官送丧。但魏徵死后不到一年,太宗怀疑魏徵生前结党营私,他不但自食其言,取消了公主婚约,还打翻了魏徵的墓碑:"上愈不悦,乃罢叔玉尚主,而踣所撰碑。"(唐纪十二,贞观十七年)他只是根据一些捕风捉影的事,对一个已死的大臣这样翻脸无情,内心的残暴可想而知。

太宗礼贤下士的实质在他同李世勣的关系上也可以看出来,李世勣是太宗的三位大将之一,为大唐王朝立下不世之功,深得李世民信任,他原名徐世勣,特地赐姓为李。有次李世勣得了暴疾,听说胡须的灰可以治病,太宗就剪下自己的胡须,为他和药。李世勣因此感激涕零、顿首出血。还有一次李世勣侍宴,太宗对他说:"朕求群臣可托幼孤者,无以逾公,公往不负李密,岂负朕哉!"(唐纪十三,贞观十七年)李世勣又是流涕辞谢,啮指出血,当晚他喝得沉沉大醉,太宗脱下自己的衣服盖在他身上。李世勣感谢太宗时,太宗回答说:"为社稷,非为卿也,何谢之有!"这是心里话,这只是出于夺取权力和巩固权力的需要,为同样的目的,他也会毫不犹豫除去任何一位大臣。几年后太宗卧病在床,给太子交代后事,担心李世勣不服,就为太子设下收服或杀掉李世勣的计划:"我今黜之,若其即行,俟我死,汝于后用为仆射,亲任之;若徘徊顾望,当杀之耳。"(唐纪十五,贞观二十三年),李世勣幸好对太宗的性格深有所知,太子即位后任命他为叠州都督,他受诏后连家都没敢回就去上任,这才免过一劫。

李世民性格中残暴的一面,在玄武门之变中清楚地显示出来。李世民原是李渊次子,李渊已经把长子建成立为太子,李世民同建成以及弟弟元吉之间长期争权恶斗,最后的决战是一场血腥的杀戮。李世民先是找了一个毫无根据的罪名:"密奏建成、元吉淫乱后宫。"第二天趁两兄弟前往宫中接受鞫问之机,在路上埋伏重兵,把他们杀死,此后又把他们的10个儿子全部处死。李世民自己两天后当上太子,两个月后当上皇帝,李渊不得不退位做了太上皇。

司马光对太宗的恶行从不隐瞒,李世民和他的部下虽然为发动这场政变讲出了许多理由,司马光并不赞成,而是作了尖锐的批评:"立嫡以长,礼之正也","太宗始欲俟其先发,然后应之,如此,则事非获已,犹为愈也。既而为群下所迫,遂至喋血禁门,推刃同气,贻讥千古,惜哉!"(唐纪七,武德九年)

司马光对太宗的批评还有很多,比如太宗曾答应把公主许配给北方部落薛延陀的可汗,后来又反悔,司马光对此批评说:"孔子称去食、去兵,不可去信。唐太宗审知薛延陀不可妻,则初勿许其昏可也;既许之矣,乃复恃强弃信而绝之,虽灭薛延陀,犹可羞也。王者发言出令,可不慎哉!"(唐纪十三,贞观十七年)。

"贻讥千古"、"昏"、"可羞",司马光对一位"明君"这样严厉尖锐的批评,对人性"善恶混"作了生动的说明,也为传记家作了很好的示范。"讳"是中国史学从《春秋》就开始的一种陋习:"观夫子修《春秋》也,多为贤者讳。"①学界对中国古代传记评价不高,主要也因为忌讳太多,失去真实。胡适的说法最具代表性:"传记最重要的条件是纪实传真,而我们中国文人却最缺乏说老实话的习惯。对于政治有忌讳,对于时人有忌讳,对于死者本人也有忌讳。圣人作史,尚且有什么为尊者讳,为亲者讳,为贤者讳的谬例,何况后代的谀墓小儒呢!"②

司马光不同于正统的"善恶混"的人性论,不但使他保持了"良史"的可贵品格,也体现了传记"纪实传真"的要求。现代史学家金毓黻高度评价《通鉴》"融会众家,首尾一贯"③;张煦侯有类似的说法,他说《通鉴》的特点是"通而能密",所谓"密",就是"能于异文丛互之中,汰其不可信者,而存其可信者以成定本",这就是对材料的严格的考订和选择;所谓"通",也就是"首尾一贯","一事之书,一言之援引,而作者之闳识孤怀必寓焉",④司马光对材料的使用反映了他广阔的视野和独特的眼光,"首尾一贯"和"通"也都有"整一"的含义,司

---

① 刘知幾:《惑经第四》,《史通》卷14。
② 胡适:《南通张季直先生传记序》,《胡适全集》(3),合肥:安徽教育出版社,2003年,181页。
③ 金毓黻:《中国史学史》,石家庄:河北教育出版社,2001年,262页。
④ 张煦侯:《通鉴学》,2页。

马光特有的眼光贯穿全书,这就是他的历史哲学的出发点:人性"善恶混"。各种人文学科,包括历史学当然都离不开人性理论,但是历史学一般并不研究具体的人性,司马光却用"善恶混"的原则来考察和分析他笔下的人物,他的这种见解是《通鉴》从编年史通向传记的桥梁。

二

故事化叙事在传记中具有重要意义。司马迁《史记》中那些名篇,常常被人视为短篇小说,还被大量改编为戏剧,就充分证明其故事性。在现代传记中,故事化的倾向有愈益增长的趋势,美国传记家、普利策奖得主艾德尔说过:"传记家基本上是个讲故事的人。"[1]只有把历史事件组织为带有细节的情节,人物的个性才能显示出来,成为鲜活的东西。

故事化叙事是传记的特点和标志,它不同于小说中的故事,它不是虚构出来的;也不同于历史叙事,它是通过叙述在一定背景中发生的、具有因果关系的一系列真实事件,包括相关的细节,通过揭示其中的人物关系和人物冲突,使之成为情节而获得故事性。

《通鉴》中许多地方采用了故事化叙事,《通鉴》作为编年史不可能写出完整的人物生平,必须删繁就简;但是司马光还是尽可能地把历史情节化。编年史的叙事中一个很容易出现的问题是:一件事如果延续的时间很长,在叙述中头尾相距过远,叙述的过程会不断被其他事件所打断,不断停止和重新开始,因此不能形成完整的印象。

司马光常常打破编年的限制,把多年间发生的事件集中到一道叙述,在顺叙中加入插叙、倒叙、补叙、预叙,突出了事件中的矛盾冲突,从而形成完整的情节,实现了故事化、甚至是戏剧化,同时形成鲜明的人物性格。这样,《通鉴》中就出现了坎道尔所说的"传记素描"。"隋纪"中的杨广夺嫡就是其中最精彩的篇章之一。

---

[1] Leon Edel, *Writing Lives*: *Principia Biographic.* New York: W. W. Norton, 1984, 218.

在《通鉴》"隋纪三,开皇二十年"中,司马光把这一年(公元600年)以及之前几年发生的26个事件放在一道叙述。故事围绕着太子杨勇、晋王杨广以及隋文帝、独孤皇后、大臣杨素等5个主要人物展开。它如同一部多幕剧,完整地展现了杨广夺嫡的过程:杨勇作为太子开始得到文帝的信用,参与国事,但他生活奢华而且僭越宫制接受大臣朝拜,又引起文帝的不满;他宠幸许多嫔妃,冷落了皇后为他选中的妃子元氏,从而开罪了皇后,这些都为他最后的被废黜种下祸根。与之相反,杨广则用各种手段骗得皇后的喜爱和文帝的信任。这是故事的开端。杨广不断离间皇后和太子的关系,并设法收买了文帝信任的开国重臣杨素,杨素不断在杨勇同文帝和皇后之间离间进谗,使皇后有了废除太子之意,文帝也对他更加不满,削减了他的侍卫。这是故事的发展。杨勇对自己的处境非常忧虑,但在杨素的攻击下却无法自保,杨广又收买了太子身边的幸臣姬威,密报其一举一动,文帝终于下定决心,宣布了太子的罪状,并命姬威当众揭露,将太子禁闭于东宫。这是故事的高潮。杨广奉命审讯太子,捏造其罪状,文帝废杨勇为庶人,处死其党羽,责罚为其辩护的大臣,厚赏杨素,立杨广为太子。这是故事的结局。杨勇被囚禁后,要求见文帝伸冤,杨广隐瞒消息,杨勇只好爬到树上大声喊叫,希望父亲听到,杨广却说他已经发疯,文帝信以为真,父子终于不能再见一面。这是故事的尾声。

这个故事惊心动魄,杨勇和杨广构成冲突的两个主要方面,为皇位进行殊死的搏斗。人物关系也非常复杂,父子、母子、兄弟、君臣之间的关系在不断变化。杨勇作为东宫太子,本来占据着极大的优势,杨广却设下一整套阴谋诡计,他欺骗和利用文帝和皇后,收买杨素,终于击败和取代杨广,夺得东宫之位。

"杨广夺嫡"是杨广的传记素描,也可以看作以杨广为中心的隋代宫廷人物的集体传记,其中的几个主要人物无不栩栩如生:杨广既有宫廷贵胄的放荡,又有阴谋家的虚伪狠毒,太子杨勇个性粗直而又轻浮无能,文帝猜忌刻薄、不辨是非,独孤皇后轻信狭隘、见识浅短,杨素老谋深算、强横毒辣,这些都跃然纸上。成功的故事化叙事必然生动地表现出人物个性,《通鉴》就是一例。

"杨广夺嫡"大约5000字的叙事里包含着许多杂事和细节,相关人物的行为、语言、情绪等等常有细致的描述。比如杨广为了骗取文帝和皇后的好感,凡是他们派来的奴婢,都亲自开门迎接,赐之美馔厚礼,甚至他宠爱的萧妃还同她们同眠,这样她们回到宫中就多说他的好话;文帝和皇后来到他的府邸,他把美貌的姬妾藏起来,只留下老丑者,府中的屏帐都换成缣素的,乐器的弦是断的,上面留着灰尘,这些都骗得生性节俭的文帝的好感。还有一个有趣的例子:文帝已有废太子之意,他想在大臣中引起这个话题,就故意说:"我新还京师,应开怀欢乐;不知何意翻邑然愁苦!"他以为大臣们知道他的心意,会顺着他的意思来数落太子的过失,但大臣们并不知底里,反而回答说:"臣等不称职,故至尊忧劳。"这个回答让文帝很不高兴,变了脸色说:"仁寿宫此去不远,而令我每还京师,严备仗卫,如入敌国。我为下利,不解衣卧。昨夜欲近厕,故在后房恐有警急,还移就前殿,岂非尔辈欲坏我家国邪!"这里君臣之间的应对如此生动,万乘之尊的皇帝情急之下,竟然说到自己如厕的经历,其心理和情绪充分反映出来。

塔西佗《编年史》有很多精彩的内容,特别是关于罗马几个暴君的故事,被认为是古代传记中的最出色的篇章之一。"杨广夺嫡"同为宫廷故事,与之相比毫不逊色,它们都写出了尖锐的宫廷斗争以及最高统治者凶残而又复杂的性格。

"杂事"和细节在传记叙事中具有重要的意义。张煦侯说:"以杂事入史,如颊上添毫,栩栩欲活,风味颇近小说,此境界亦自《左传》得来,非为妙肖《左传》为长也"[1],"至温公之时,所见杂史小说益多,苟可示警,未尝不录。于史事有立竿见影之妙,于文字有引人入胜之长。"[2]以下5个例子是明清以来的读者多次引用的:魏国大将宇文泰面对强敌,作战前夜害怕得睡不着觉,只有把头枕在部下将领的大腿上才能睡着;梁武帝时名将韦睿从不争强好胜,在一次大战胜利后同人一道赌钱取乐,他投骰子赢了,但随即翻了过来认输;梁朝太守江革善于作文,城破后被魏刺史所俘获,他既不施礼参拜,又拒绝写作碑文;晚唐崔胤以宰相之尊,为了讨好强藩,居然在宴会中执板唱歌劝酒;后梁皇帝朱温(朱全忠)为了考察手下人是否说真话,故意说柳树可以做车轮,而又把那些附和

---

[1] 张煦侯:《通鉴学》,171 页。
[2] 同上书,84 页。

的人杀掉几个。

《通鉴》中引用的这些例子无关大局,所以称为"杂事"。西方传记学者也称之为"琐事"或"轶事",它们看来无足轻重,但却是精心选择,传记中叙述它们并常常伴有细节,不仅是为了增加趣味性,而且具有更重要的意义。英国18世纪传记家约翰生是西方传记史上最重要的人物之一,他反复告诉他的传记作者鲍斯威尔要注意小事,要"严肃地写琐事","对人这样一种小小的生物来说,没有什么事情是太小的,正是通过研究小事,我们获得了具有尽可能少的痛苦和尽可能多的快乐的伟大的艺术"。① 胡适也强调写琐事的重要,他说中国传记短、西方传记长,长传的一个好处是"琐事多而详,读之如见其人,亲聆谈论"。短传的短处之一是"太略。所择之小节数事不足见其真"②。《史记》受到正统史学家如刘知幾的批评:"迁之所录,甚为肤浅。"③就是因为司马迁引用了大量琐事及细节,这对传记来说是必不可少的,但也为正统史学所不能容许,他们要求尽可能"省字"、"省句"。被正统史学家奉为圭臬的《春秋》,其编年大事记的体例,必然是提纲式的"断烂朝报",没有琐事和细节的位置。

三

在传记的故事化叙事中,语言具有重要意义。传记作品的语言同小说语言相似,而同历史著作的语言有一个重要的区别:使用第一人称的个性化语言的存在是传记的鲜明特征。在传记中如果没有这种语言,那就只剩下作者第三人称的叙事,就会失去生活实感,成为没有动感的静态表述,难以传达人物个性,只适合在传记工具书这类初级形式中使用。传记,特别是文学性较强的传记,作者都精心设计人物语言,特别是谈话和对话,使之个性化,还常常附带动作或表情的描述,使读者如见其人、如闻其声。口语化的对话可以加强生活气息,可

---

① James Boswell, *Life of Samuel Johnson*. See James Lowry Clifford, *Biography as an Art*; *Selected Criticism* 1560－1960. New York:Oxford University Press,1962,46.
② 胡适:《留学日记》,《胡适全集》(27),516 页。
③ 刘知幾:《杂说上第七》,《史通》卷 16。

以展示人与人之间的复杂关系、揭示人物心理,并且对他们形成比较、构成冲突,产生戏剧性,也可以交代事件的过程,推动情节的发展。总体来说,在传记史上,对话的重要性越来越突出,在作品中占的比重越来越大。现代传记的一个标志就是传记家处理对话的手段日益成熟和丰富,是否善写对话是一位文学传记家成熟与否的标志。

中国的历史学,从《左传》开始就重视人物语言,《左传》虽以"记事"为主,但也有不少"记言"的例子,甚至还有一些精彩的人物对话。到了《史记》,人物语言的处理到了炉火纯青的地步,即使身份相似的人物,也是"同叙智者,子房有子房风姿,陈平有陈平风姿。同叙勇者,廉颇有廉颇面目,樊哙有樊哙面目。同叙刺客,豫让之与专诸,聂政之与荆轲,才出一语,乃觉口气各不相同"。[①]

《通鉴》的语言可以同《史记》媲美,精彩的人物对话在《通鉴》中时时可见。

司马光所用语言有三种类型,第一种是作者作为历史叙述者的语言,简洁、明晰、客观,用很少的文字把事情的经过交代清楚,采用第三人称;第二种是作者作为历史评论者的语言,其数量不多,它同《左传》中的"君子曰"、《史记》中的"太史公曰"一脉相承,在文本中以"臣光曰"的形式导引出来,对重要的事件或人物进行评价,表明司马光自己的观点、立场和感情,采用第一人称;第三种是人物语言,它包括人物对特定对象或公众的讲话,两人之间的对话和一群人之间的谈话,这些言说者是各式各样的人物,他们都用第一人称说话。

"赤壁之战"(汉纪五十七,建安十三年)是《通鉴》中最著名的段落之一,这是三国时期的一场大战,也是中国历史上最著名的战役之一。人物的对话在其中占有重要位置,"赤壁之战"总共2500字,写战斗的实际过程只有300多字,占全文的七分之一,而人物对话和讲话则近2000字,占全文的四分之三。其中有孙权同诸葛亮、周瑜、鲁肃、张昭、黄盖的对话,以及刘备和曹操的话语,共28段。

通过这些话语,特别是对话,孙权、刘备、曹操三方复杂的关系,他们的战略意图和战前的各项准备工作,几个主要人物的心理、眼光、胸襟、个性都生动地

---

① 斋藤正谦:《拙堂文话》,王水照、武鸿春选编《日本学者中国文章学论著选》,上海:上海古籍出版社,1994年,60页。

显示出来。其中重点是诸葛亮、鲁肃、周瑜三人同孙权的几段对话,描述了孙权下定决心抗曹的心理过程。开始是诸葛亮游说孙权,他采用激将法,劝孙权降曹,因为只有刘备这样的王室后裔才有资格抗曹,孙权果然被激怒,勃然作答:"吾不能举全吴之地,十万之众,受制于人。吾计决矣!"表示了抗曹的决心,诸葛亮见其中计,又给他分析了曹操的弱点,使他也具有了信心;其后是孙权同鲁肃的谈话,孙权手下群臣都被曹操气势汹汹的战表所吓到,惊慌失措建议降曹,只有鲁肃告诉他:别人可以降,因为降了仍有高官厚禄,你不可降,"将军迎操,欲安所归乎?"这种利害关系的分析,打动了孙权,使他抗曹的决心不再动摇;再后是孙权同周瑜谈话,周瑜详尽地分析了两军对立的态势,指出曹操背有后患、不善水战、天寒地冻、马无藁草,水土不服等致命弱点,犯了用兵的大忌,孙权听了这番话,具有了必胜的信心,发出"孤与老贼势不两立"的誓言,并且拔刀斫向奏案:"诸将吏敢复有言当迎操者,与此案同!"最后,当晚周瑜再见孙权,进一步剖析曹军的虚弱,制定了具体的作战计划,孙权把决心和信心转化为实际行动。

"赤壁之战"写的主要不是战争,而是战争前的准备活动,即大战的主导人物孙权下定决心抗曹的过程,这是通过对话叙述出来的。这些对话具有丰富的潜台词,反映了人物的性格和心理以及他们之间复杂的关系和各自的目标,诸葛亮、鲁肃和周瑜同样是劝孙权抗曹,他们的话语符合他们不同的身份:诸葛亮机智善辩,但他是客卿,只能观颜察色、旁敲侧击;鲁肃和周瑜一是文臣、一是武将,鲁肃忠诚正直、一心护主,周瑜则是一位意气风发,有着卓越战略眼光的军事天才。中心人物孙权不愧是一代英主,不但多谋善断、雄才大略,而且善于驾驭群臣,统领全局。只有对话才能如此生动地显示这些人物的心理状态和鲜明个性。

鲍斯威尔说得好:"肖像画的艺术集中于外貌的特征,乐音以其动听的音律变化也可以确定目标。语言也许可以提高到描绘心灵瞬间变化的程度。"[①]确实,人们心灵的状态和一瞬间的变化,虽然也可以描述,但是只有人物自己的语言才可以更生动、更贴切地反映出来。在很少直接的心理描写的古代传记

[①] J. L. Clifford, ed. *Biography as an Art*; *Selected Criticism* 1560 - 1960, 50.

里,人物语言是表现心理活动的主要手段,"赤壁之战"就是一例。

"玄武门之变"中还有一个精彩的例子。政变发生的时候,李渊正在海池游船行乐,太子和李元吉兄弟二人被杀以后,李世民派他的主要帮手、骁将尉迟敬德去见李渊,尉迟敬德闯入宫中——

上大惊,问曰:"今日乱者谁邪?卿来此何为?"
对曰:"秦王以太子、齐王作乱,举兵诛之,恐惊动陛下,遣臣宿卫。"
上谓裴寂等曰:"不图今日乃见此事,当如之何?"
萧瑀、陈叔达曰:"建成、元吉本不预义谋,又无功于天下,疾秦王功高望重,共为奸谋。今秦王已讨而诛之,秦王功盖宇宙,率土归心,陛下若处以元良,委之国务,无复事矣。"
上曰:"善!此吾之夙心也。"(唐纪七,武德九年)

这5段对话内涵十分丰富,可以想象,刚在战斗中杀过人并拿两颗人头示众的尉迟敬德一定满身血污,他披甲持矛闯入宫廷重地,无疑带有逼宫的意味。李渊自然是"大惊",责问尉迟敬德谁发动了叛乱,你来干什么。听到尉迟敬德的回答,他知道两个亲生儿子(一个还是太子)已经被杀,虽然不满,但也木已成舟、无可奈何,只有询问身边的大臣:"当如之何?"他主要是问最信任的宰相裴寂,裴寂此时却没有出声,反而是另外两位出来说话,他们的意见是杀得好,秦王杀了他们是建了不世之功,应当做太子,掌管国务。听到这样的回答李渊发现自己十分孤立,他回天乏术,只有顺水推舟:"此吾之夙心也。"李渊从震惊到无奈,继而求助但无果、到最后只有接受事实,司马光只用了5段对话,就把他在很短的时间内,那种复杂的心理变化生动地描述出来。用第三人称的叙述恐怕很难达到这样的效果。

四

传材是传记的基础。特别是写作前人的传记,作者收罗材料的对象只能是历史文本,他得到的传材数量及其范围具有决定性的意义。

司马光虽然在政治上偏向保守,但是在为《通鉴》选择材料时却是眼界开阔、思想开放,他引用资料不但数量众多,而且范围极广。按照现代学者张煦侯的统计共有 10 类 301 种,其中正史只有 25 种,而正史以外还有别史 54 种、杂史 67 种、霸史 35 种、别集 16 种、传记 15 种、小说 18 种等。① 也就是说非官方的文献资料在《通鉴》中占有很大的比重。

正史的价值毋庸置疑,但正史的编撰往往受到官方意识形态的控制,史实的叙述和资料的选用都可能有所偏颇,也有各种曲笔或忌讳。现代学者都强调正史之外各种文献的价值,梁启超说:"所谓别史、杂史、杂传、杂记之属,其价值实与正史无异。"②鲁迅甚至认为野史和杂说比正史更可信:"'官修'而加以'钦定'的正史也一样,不但本纪咧,列传咧,要摆'史架子';里面也不敢说什么。""野史和杂说自然也免不了有讹传,挟恩怨,但看往事却可以较分明,因为它究竟不像正史那样地装腔作势。"③

司马光也有类似的观点,他说:"其实录、正史未必皆可据,杂史、小说未必皆无凭,在高鉴择之。"④这样的观点已经被现代人普遍接受,但是在司马光的时代却非常难得,那些正统史学家嗤之以鼻的野史杂说,他不是一概排斥。当然,司马光也不是有闻必录,他在选用史料时经过认真的考订、研究和比较,只选用那些可信、可靠或合理的成分;对两种看来都合乎情理而无法取舍的材料,他就都收入书中;还有一些相互矛盾的说法,他就选择其中一致的部分;还有一些可疑的说法,司马光采用了,但也明确指出其中的可疑之处。司马光除《通鉴》外还有一部 30 卷的《通鉴考异》,其中包含了写作《通鉴》时所做的 2977 条资料考订。

更加引人注意的是,他阅读和参考的书籍中包括《汉武故事》和《飞燕外

---

① 张煦侯:《通鉴学》,63 页。《四库提要》根据《纬略》称《通鉴》引用资料 222 种,陈光崇《通鉴新论》认为《通鉴》引用资料 359 种,高振铎认定 339 种,周征松认定 356 种。对这一问题本文不作辨析。
② 梁启超:《中国历史研究法》,北京:东方出版社,1996 年,56 页。
③ 鲁迅:《这个与那个》,《鲁迅全集》(3),北京:人民文学出版社,2005 年,148 页。
④ 司马光:《答范孟德书》,《司马光集》(3),1743 页。

传》这样的作品。《汉武故事》内容同《史记》、《汉书》有相当大的出入,并且杂夹着妖妄之语;《飞燕外传》讲述汉成帝时赵飞燕淫乱宫闱的故事,是中国早期的情色作品,被认为是中国"传奇之首"。它们都是公认的小说,鲁迅就把它们放在《中国小说史略》中讲述,但是司马光作为一个严肃的历史学家,《飞燕外传》《汉武故事》这一类的作品他也认真地阅读了,虽然他不一定采用其中的材料,但是也因此知道了正史之外民间的观点、立场和写作方法,包括那些背离正统思想的异端邪说,这扩展了他的认知范围。这类作品中生动的故事和丰富多彩的写作方法,比如重视人物形象和人物性格,对琐事和细节的重视,对故事性和趣味性的追求,同《通鉴》是一致的,司马光无疑从中得到了启迪。

  史学家金毓黻比较了《通鉴》同其资源著作的关系,特别是同纪传体史学的两部经典《史记》和《汉书》的关系:"试取其书观之,无一语不出《史》、《汉》,而无一处全袭《史》《汉》,非特前汉为然,全书无不如是,所谓剥肤存液,取精用宏,神明变化,不可方物者,非《通鉴》一书不足以当之,此所以为冠绝古今之作也。"①《通鉴》的材料全部来自前人的著作,但他进行了改造,并且超出前人,司马光的成功,不但是因为他占有更多的资料,包括那些野史杂说可以参考,而且因为他更多注意到人性的复杂,并对材料进行了相应的选择、重组或改写。

  《通鉴》作为一部治国宝典,"叙国家之兴衰,著生民之休戚"(魏纪一,黄初元年),记述的主要是国家和社会的重大事件,其中主要人物是帝王将相,即政治和军事人物,这也是中国古代传记共同的特点。进入现代社会以后,传记的范围不断扩大,知识分子、甚至普通人也成为传记的对象。但是在中国现代传记中,政军界的著名人物仍然是传记的重要对象。他们同现代史上的许多重大事件密切相关,牵涉国内、国际许多重要历史问题,他们的传记写作必然具有严肃性,材料的取舍和人物的书写都应当认真和严谨。其中出现了不少好作品,但也有一些传记作者小心翼翼,一切材料选自官方文献,其他材料一概不予引用。作品里很少细节、很少对话,看不到故事,看不到生动的个性。作者在资料收集时下了大功夫,但传记成了文献的堆砌,刻板无趣。他们应当学习司马光。

---

① 金毓黻:《中国史学史》,石家庄:河北教育出版社,2001 年,261—262 页

历史学和传记有着重要区别,传记中文学的因素增加了,传记是历史学向文学的位移。《通鉴》中对人性复杂性的描写、故事化的叙事、个性化的人物对话等,都是文学性强化的标志。增加文学性可以有多种途径,可以通过合理的想象,用故事和细节把历史的空白填补完整;也可以把分散的材料适当集中,加以渲染,使叙述更加生动,人物形象更加丰满;还可以从各种野史、小说、民间故事、口头文学中吸取有用材料和手法,补充正史的不足。司马光写作《通鉴》时就做了这些工作,作为中国古代最重要的一部编年史著作,《资治通鉴》中大量的传记"素描",具有重要的传记学价值。

杨正润 上海交通大学人文学院访问特聘教授、传记中心主任,《现代传记研究》主编,国家社科基金重大项目"境外中国现代人物传记资料整理与研究"(11&ZD138)首席专家。出版专著《传记文学史纲》(1994)、《现代传记学》(2009)等,发表传记研究方面论文数十篇。

分散叙事:试论《资治通鉴》中的传记技法*

刘佳林

内容提要:《资治通鉴》有关人物的叙事都服从于编年的体例,人物活动被严格限制在明确的时间格栅之中,这与纪传体史书形成鲜明对照。分散叙事有助于更大范围地揭示人物的历史背景,将人物安置在复杂的历史经纬中进行塑造,还可以补足传主的一些边缘性活动,进而丰富传主的性格。

关键词:《资治通鉴》 分散叙事 乐毅 刘聪 安禄山

作为一部编年体通史,《资治通鉴》的主要目的是想为治国理政者提供简明扼要的"商鉴",故其"专取关国家兴衰,系生民休戚,善可为法,恶可为戒者,为编年一书"。① 其记叙时代变迁及朝代兴亡的历史意图非常明显,并且以此统领全部材料的取舍与组织。在编撰过程中,司马光"遍阅历代旧史,旁采诸家传记,删繁去冗,举要提纲"(31页),对包括众多传记文本在内的各种历史文献进行了一次再加工,因此其文类特征包容了古代传记的诸多特点,并形成自身杂糅性的文体风格。既然其写作活动包含了多家传记的编年式拆分还原,其传记文类的属性既有保留,又是一种特殊的再创造,因此值得从传记学的视角加以解析研究。

---

* 本文为国家社会科学基金重大项目"境外中国现代人物传记资料整理与研究"(编号:11&ZD138)阶段性成果。

① 司马光:《资治通鉴》,北京:中华书局,1956年,28页。本文所引《资治通鉴》皆出自此书,将随文给出页码,不另行作注。

一

　　因为是编年史,《资治通鉴》有关人物的叙事都服从于编年的体例,人物活动被严格限制在明确的时间格栅之中。《资治通鉴》的这一特征在与纪传体史书如《史记》《晋书》《旧唐书》《新唐书》等的比较中尤为明显。以乐毅为例,《史记·乐毅列传》组织材料的方式是以传主为核心的,重点叙写了乐毅受燕昭王重用、用合纵之计伐齐、遭遇田单的反间计见疑于燕惠王、降赵并通过报燕惠王书自陈心迹、死于赵国及其后代情形等。从材料关系看,虽然主要的生平事迹都按时间顺序排列,但《史记》并不以具体的纪年标示,涉及时间的语汇如"当是时""乐毅留徇齐五岁"等也不以编年为目的,这样,事件的逻辑关系和事件本身对传主形象的意义就成为叙事活动的重心,对传主性格的刻画远甚于对顺序性生平事迹的简单交代,读者的注意力也自然就聚焦到传主形象上来。毫无疑问,司马迁具有高超的传记写作才能,所有进入传记文本的信息即使具有年代学的色彩,司马迁也更注重其对传主构成历史语境之意义的揭示。《乐毅列传》首段交代乐毅的身世:"乐毅者,其先祖曰乐羊。乐羊为魏文侯将,伐取中山,魏文侯封乐羊以灵寿。乐羊死,葬于灵寿,其后子孙因家焉。中山复国,至赵武灵王时复灭中山,而乐氏后有乐毅。"[1]这段文字从其先祖乐羊说起,勾勒了乐毅家族与魏国、中山国、赵国的历史渊源,看似是一些史实在时间层面上的铺陈,实际上是为乐毅的诸多历史活动如去赵适魏、由魏赴燕、功成遭猜忌于是再去赵国等人生抉择预先描绘了历史背景,简单的历史事实在传记写作中被加工成具有因果关系的历史环境因素。可以说,在司马迁那里,历史时间是以单个历史人物为中心而展开的时间,历史规律也是活动中的人及其历史关系所形成的规律。

　　在这方面,《资治通鉴》与《史记》大异其趣。在《资治通鉴·周纪》中,乐毅的活动被编织进自成一体的历史时间的经线中。司马光写道,公元前312

---

[1] 司马迁:《史记·乐毅列传》,北京:中华书局,"二十四史"版(简体字本),2000年,1897页。

年,燕昭王从礼贤郭隗开始广纳天下贤士,"于是士争趣燕。乐毅自魏往,剧辛自赵往。昭王以乐毅为亚卿,任以国政"(93页)。像《资治通鉴》中的其他众多人物一样,乐毅转瞬之间从似乎与己无涉的历史长河里浮现,来到燕国并受以重任。之后,公元前285年燕昭王与乐毅合议伐齐,前284年乐毅大败齐师,前279年燕昭王不信谗言、反加封乐毅等都次第叙写。可能是无法确定具体的编年,或者脱不了纪传体史书的影响,司马光将乐毅遭猜忌后的许多事包括死亡都放在了这一年:燕惠王即位后因旧隙而猜忌乐毅,乐毅逃亡赵国,通过书信为自己辩护,死于赵国等。在涉及乐毅活动的编年叙述中,司马光还穿插讲述了廉颇、蔺相如的故事,田单的故事等。这样,乐毅的故事就被分散在诸多的历史叙述之中。对形形色色的历史人物的分散叙事是编年体这一写作形式的必然结果。

编年史所网罗的是历史活动中的身影,那些无法直接参与历史尤其是政治史进程的人物如商贾博徒、文人学士等往往很难进入《资治通鉴》的视野,即使提及,也无法得其全貌。从传记学的角度说,这是编年史写作的一个代价,刘知幾在论《春秋》时早已指明:"至于贤士贞女,高才俊德,事当冲要者,必盱衡而备言;迹在沉冥者,不枉道而详说。如绛县之老,杞梁之妻,或以酬晋卿而获记,或以对齐君而见录。其有贤如柳惠,仁若颜回,终不得彰其名氏,显其言行。"[1]同时,编年史往往长于叙事,却疏于写人。前人对《左传》的论述可以证明,《左绣·读左卮言》说:"《左传》大抵前半出色写一管仲,后半写一子产,中间出色写晋文公、悼公、秦穆、楚庄数人而已。"[2]也就是说,编年体史书很难集中笔力去完整地再现一个传主的生平,《资治通鉴》亦难免编年体的这种局限。章学诚在《文史通义》中说:"盖包举一生而为之传,《史》《汉》列传体也。随举一事而为之传,《左氏》传经体也。"[3]编年体因事及人,人随事转,这可以说是此文类在传记写作方面的一个特点。

但是,正如刘知幾在《史通》中所说:"寻《史记》疆域辽阔,年月遐长,而分

---

[1] 刘知幾:《史通》,上海:上海古籍出版社,2008年,21页。
[2] 冯李骅、陆浩:《左绣·读左卮言》。
[3] 章学诚:《文史通义》,北京:中华书局,2012年,355页。

以纪传,散以书表。每论家国一政,而胡、越相悬;叙君臣一时,而参、商是隔。此其为体之失也。"①纪传体史书的长处同时也就成为其不足,毕竟人是历史中的人,尤其是在朝代更替、胡汉相互侵凌的历史转折时期,历史人物的关系更加复杂,以单个传主为中心的叙事活动就难以瞻前顾后、上下腾挪,以呈现纷繁杂沓的历史经纬。这时,编年体的分散叙事由于与更多的人和事相交织,反而显示出其不可替代的优势来。就此而言,《资治通鉴》的传记技法不可轻视。

二

匈奴人刘渊之子刘聪是西晋"永嘉之乱"的关键人物,西晋的覆亡、五胡十六国的崛起与刘聪的活动有重要的交集与关联。在描写这段复杂纠结的胡汉关系史、塑造刘聪这个历史形象时,《资治通鉴》发挥了编年体的优势,因为唯有从一个长时段、大历史的视角,刘聪历史活动的意义才能充分再现。司马光先是在晋武帝太康元年(280年)做如下铺垫:"汉、魏以来,羌、胡、鲜卑降者,多处之塞内诸郡。其后数因忿恨,杀害长吏,渐为民患。"(2575页)侍御史郭钦上疏请求将杂胡迁徙边地,以防后患,但晋武帝不从,是为五胡乱华张本。后来江统作《徙戎论》,警诫朝廷,也未能用。而晋武帝因为消灭了吴国,更加骄奢淫逸、肆无忌惮。西晋士人又崇尚清谈,世风日颓。八王之乱期间,刘渊势力渐强,屡被封任,后来成都王司马颖又封他为冠军将军,监五部军事。正是在这样的时代背景下,刘渊、刘聪父子启乱华之祸。晋惠帝永兴元年(304年),刘聪首次被提及:"渊子聪,骁勇绝人,博涉经史,善属文,弯弓三百斤;弱冠游京师,名士莫不与交。颖以聪为积弩将军。"(2698页)刘渊乘乱建国号曰汉,自称汉王,刘聪也随之登上历史舞台。刘渊父子的作乱有诸多的历史条件,且"其所由来者渐矣",如果不是分散叙事,我们就很难辨析其坚冰之至的种种成因。

其时天下大乱,晋惠帝被胁迫去长安,后又东归洛阳,终于在306年食饼中毒而死,晋怀帝即位。307年改元,是为永嘉元年。310年,刘渊病逝,刘聪成为

---

① 刘知幾:《史通》,16页。

叙事的主要对象。司马光详细描写了刘聪争权上位的全过程。太子刘和继位后担心刘聪强盛，于是开始兄弟相残，刘聪杀了刘和即位。次年，又担心自己越次而立，害怕嫡兄刘恭，于是趁他睡觉时，"穴其壁间，刺而杀之"（2757页）。317年，刘聪又杀害皇太弟刘义，为自己的儿子刘粲继位扫除障碍。刘聪为夺权而骨肉相残固然是历史事实，也是其生平的重要内容，暴露出其性格的残暴刻毒，但恰恰是编年式的分散叙事手法，刘聪兄弟之间的权力斗争被赋予了时代意义。司马光对这段故事的叙述是和上下文中西晋的八王之乱故事相互交织、互为表里的，因此边胡权斗就与晋室权斗形成了相互映射、相互解释、相互说明的互文性关系。在秩序崩乱的时期，无论是汉人还是胡人，在王权问题上都互不相让，骨肉相争。刘聪的凶残性格在特定的历史语境中被解读为某种历史的共性和必然性。因此，看似分散叙事，但人物个性与历史共性之间形成了声气相求的关系。

即使是关于刘聪荒淫好色的描写，也因分散叙事的技法而获得了意外的效果。刘聪稳定政权后，开始恣情任性，广纳妃嫔，他先后将刘殷的两个女儿、四个孙女纳为贵嫔、贵人，后来更立上皇后、左皇后、右皇后、中皇后，又有佩皇后玺绶者七人，整日淫乱于宫中，"希复出外，事皆中黄门奏决"（2776页）。刘聪任意设立皇后的行为前有晋武帝司马炎的游宴后宫作铺垫，后与陈后主、隋炀帝的纵情声色相呼应，分散之中获得了某种整一性，印证了绝对权力导致绝对腐败的普遍真理。当然，司马光也在分散叙事的同时注意从多个侧面揭示传主性格的一贯性。刘聪的任性使气既表现为对美色的贪恋，也表现为大兴土木，任用阉竖，不纳谏言。因为鱼蟹不供，他就杀了左都水使者刘摅；因为宫殿未成，他就杀了将作大匠靳陵；且去汾水观鱼，昏夜不归。手下劝谏，他也下令斩杀。

分散叙事使得《资治通鉴》能够不受单一传主集中叙事的束缚，可以同时引入多个历史人物，彼此连类，相互阐明。自荀悦《汉纪》倡导"通比其事，列系年月"的写作方法以后，袁宏亦在《后汉纪》中强调"言行趣舍，各以类书"的技法，即在编年的体例中将同类的人与事放在一起叙述。司马光对这种历史编纂法驾轻就熟，运用裕如，前文提及的乐毅与廉颇、蔺相如、田单归类记录即为一例。对刘聪的描写，司马光也频频采用这种方法。在介绍刘渊的族子刘曜时，《资治通鉴》

同时侧写了刘聪。刘曜常自比于乐毅及萧曹,时人莫之许也,惟刘聪重之,认为刘曜可以与汉世祖刘秀、魏武帝曹操相比,这就顺带肯定了刘聪对汉人历史的熟悉和过人的见识。刘聪封晋怀帝为会稽郡公,并问"卿家骨肉何相残如此?"晋怀帝回答说:"大汉将应天受命,故为陛下自相驱除,此殆天意,非人事也!且臣家若能奉武皇帝之业,九族敦睦,陛下何由得之!"(2777—2778 页)晋怀帝以亡国之君屈身为奴,言辞之阿谀、谄媚足见其为人之下贱;刘聪从晋怀帝的应答中获得了某种优越感,却无法从中自省,其粗鄙浅薄亦可见一斑。

因为是分散叙事,且各种历史事实按时间顺序排列,就不允许有太多的关于人物生平的冗笔,这在客观上造成《资治通鉴》叙事的经济性。《晋书·载记》对刘聪也有非常详细甚至芜杂的描写。如前人所说,《晋书》有"好采诡谬碎事,以广异闻""竞为绮艳,不求笃实"①的毛病,而载记是一种杂糅性的文类,兼有本纪、世家、列传、志等文类特征。《晋书·载记第二》关于刘聪的传记有许多荒诞不经的内容,如流星变腐肉,刘聪的皇后产一蛇一猛兽,宫中有鬼哭之声,犬豕四处交合,女人变为丈夫等。更有甚者,《载记》还详细记载了刘聪的儿子刘约魂游不周山、昆仑山的故事,刘聪白天见到死去的刘约的故事等等,严肃的传记仿佛变成了狗血剧。但《资治通鉴》除采纳公元 314 年流星坠地化肉外,余皆不取。即使是灾异记录,司马光也赋予其历史意义。陈远达是刘聪身边的谏臣,他屡次抗颜直谏,甚至差点招致杀身之祸。在解释流星化肉的奇怪现象时,他说:"女宠太盛,亡国之征。"(2808 页)刘聪对女色的贪恋是他擅权后最主要的行为表现,因此,司马光援引这一怪异现象时,有将诸多分散的活动统一起来加以解释的意义。

三

分散叙事而能够在叙事效果上超过一般纪传体的当数《资治通鉴》对安禄山(703—757)的刻画。《旧唐书·列传》"安禄山"条集中描写安禄山的出生、

---

① 刘昫等:《旧唐书》,北京:中华书局,"二十四史"版(简体字本),2000 年,1661 页。

童年、为互市牙郎、盗羊受刑及获释、通过贿赂赢得唐玄宗与杨贵妃的宠爱、谋反及被严庄、李猪儿杀害等,事件虽然也有时间上的先后顺序,但时间特点模糊,生平故事的向心性、情节性和逻辑性很强。与《资治通鉴》同时代编撰的《新唐书》"安禄山传"与《旧唐书》大体相似,略有增减。相比之下,《资治通鉴·唐纪》对安禄山的叙述其年代特征就非常鲜明,起讫从唐玄宗开元二十四年(736年)到唐肃宗至德二年(757年);跨越的文本空间也很大,从卷214到卷219,卷217、卷218则相对集中。也就是说,司马光用了21年、200多页的篇幅才完成了对安禄山生平故事的叙述,其分散叙事的特点十分鲜明。

既然摒弃了传统传记的承诺,《资治通鉴》就可以打破从出生开始写传主的惯例,技法上更为自由,就安禄山而言,其出场获得了史诗"从中间开始"的叙事效果。《资治通鉴》这样叙述安禄山的第一次露面:

> 张守珪使平卢讨击使、左骁卫将军安禄山讨奚、契丹叛者,禄山恃勇轻进,为虏所败。夏,四月,辛亥,守珪奏请斩之。禄山临刑呼曰:"大夫不欲灭奚、契丹邪!奈何杀禄山!"守珪亦惜其骁勇,欲活之,乃更执送京师。张九龄批曰:"昔穰苴诛庄贾,孙武斩宫嫔。守珪军令若行,禄山不宜免死。"上惜其才,敕令免官,以白衣将领。九龄固争曰:"禄山失律丧师,于法不可不诛。且臣观其貌有反相,不杀必为后患。"上曰:"卿勿以王夷甫识石勒,枉害忠良。"竟赦之。(6814页)

这是开元二十四年(736年)的事。这样引出人物,具有戏剧性特点,人物所有的争议性也得到展示,从而增加了作品的可读性。此后司马光才交代安禄山的身世:"安禄山者,本营州杂胡,初名阿荦山……"(6816页)这是对《左传》以"初"字引领追叙往事的继承和发挥。

在引出安禄山、史思明后,司马光复回到编年记事的叙事主流之中,对结党营私、妖人作乱、官员俸禄、笾豆之事、内政外交等分条缕述。开元二十九年(741年),在交代吐蕃寇边、突厥来朝报丧、东都洛水泛滥后,作者重新拾起安禄山的线索,说他如何"倾巧,善事人,人多誉之"(6844页),尤其是贿赂御史中丞张利贞，进而获得朝廷的赞誉。天宝元年(742年)，安禄山成为平卢节度使。天宝二年(743年)，"安禄山入朝；上宠待甚厚，谒见无时"(6856页)，安禄山也开始了其在唐玄宗面前的诌谀表演。

当安禄山在天宝十四年(755年)从范阳起兵谋反后，《资治通鉴》的叙事重点开始落在他的身上。杨国忠的轻率，官军的仓皇失败，郭子仪、颜杲卿、颜真卿的迎敌，哥舒翰的出征，安禄山的进犯，唐玄宗的出逃，杨国忠、杨贵妃的死亡，直到唐肃宗至德二年(757年)被李猪儿杀害，所有这些历史事件和安禄山的生平事件都编织在一起。

对安禄山而言，分散叙事的另一个好处是，传主的地位升迁被编织在唐王朝的整个官僚系统之中，从而可以揭示安禄山窃取高位的某种必然逻辑。天宝三年(744年)，安禄山以平卢节度使兼范阳节度使，"礼部尚书席建侯为河北黜陟使，称禄山公直；李林甫、裴宽皆顺旨称其美。三人皆上所信任，由是禄山之宠益固不摇矣"(6859—6860页)。安禄山的贿赂奸猾固然是他升迁的重要手段，但唐玄宗不纳谏言、李林甫弄权朝廷进而有意无意之间成为帮凶等，都是养虎成患的原因。李林甫是一个特别忌刻之人，尽管他不学无术，把"弄璋之庆"写成"弄獐之庆"，但却工于心计，《旧唐书·李林甫传》说他："耽宠固权，己自封植，朝望稍著，必阴计中伤之。"①《资治通鉴》也说："李林甫为相，凡才望功业出己右及为上所厚、势位将逼己者，必百计去之；尤忌文学之士，或阳与之善，啖以甘言而阴陷之。"(6853页)"口蜜腹剑"的成语就来自于他(世谓李林甫"口有蜜，腹有剑")。尚书右丞相张九龄就在他的挑拨下被贬为荆州长史，后遇疾而亡。在安禄山的问题上，李林甫的忌刻终于步步深入地酿成恶果："李林甫以王忠嗣功名日盛，恐其入相，忌之。安禄山潜蓄异志，托以御寇，筑雄武城，大贮兵器，请忠嗣助役，因欲留其兵。忠嗣先期而往，不见禄山而还，数上言禄山必反；林甫益恶之。夏，四月，忠嗣固辞兼河东、朔方节度；许之。"(6877页)这次王忠嗣阻击安禄山的失败为安禄山再次升迁大开方便之门，李林甫又出于嫉妒心，极力怂恿唐明皇让胡人掌握重权。《资治通鉴》写道：

---

① 刘昫等：《旧唐书》，2195页。

> 李林甫欲杜边帅入相之路,以胡人不知书,乃奏言:"文臣为将,怯当矢石,不若用寒畯胡人;胡人则勇决习战,寒族则孤立无党,陛下诚心恩洽其心,彼必能为朝廷尽死。"上悦其言,始用安禄山。至是,诸道节度使尽用胡人,精兵咸戍北边,天下之势偏重,卒使禄山倾覆天下,皆出于林甫专宠固位之谋也。(6889 页)

安禄山的狼子野心若没有合适的政治土壤,在唐朝国力鼎盛的时候,是很难得逞的。司马光将安禄山与李林甫的专宠固位之心联系在一起,为后人理解安史之乱、理解安禄山,提供了丰富的历史材料。同样,关于安禄山与杨贵妃的故事,也成为理解安禄山叛乱成因的重要注脚。

分散叙事还可以补足传主的一些边缘性活动,进而丰富传主的性格。《资治通鉴》在集中笔力叙写了安禄山的升迁得宠、权力扩张后,又在编年叙事的壮阔进程中零零星星地提及安禄山。比如安禄山与哥舒翰不和,唐玄宗让高力士做东调解,两人本有意握手言和,却因哥舒翰用"狐狸"向窟嚎叫的比喻而以为是在羞辱他是胡人,再次积怨。哥舒翰、安禄山的粗鄙,安禄山的躁急,这里都暴露无遗。安禄山最后被亲信严庄、李猪儿杀害,其直接原因就是因为他性情暴躁,经常动用刀斧惩罚手下。

更重要的,分散叙事打破了传统传记围绕传主选择并组织材料的写作方法,为传记技法的创新尝试带来了某种可能。海登·怀特在《元史学:十九世纪欧洲的历史想象》中指出,历史编纂始终存在着将实际发生的"事件"表现为历史记述的"事实"的过程,这个过程与语言、修辞、情节化活动、意识形态等有关。历史著述的各种概念化层面可以分为:(1)编年史;(2)故事;(3)情节化模式;(4)论证模式;(5)意识形态蕴涵模式。其中"编年史"和"故事"是历史记述中的"原始要素",但它们都含有材料从未被加工的历史文献中被选择出来并进行排列的过程。按照事件发生的时间顺序排列,就构成编年史;而对这些事件的开头、中间、结局进行过程性编码,就是故事。史学家在故事记述中绝不是简单地排列事件,而是包含着分析与解释判断。怀特将这些概括为三类:情节化(emplotment)解释,论证(argument)式解释,意识形态蕴涵(ideological implication)式解释。无论如何,传统的传记写作都包含着情节化、论证式解释和赋予意识形态的活动,因此影响了传记的真实性。

司马光将已经情节化、已经经过论证式解释和意识形态赋义的传记文本拆散,重新进行编年式的还原,也就是将已经模式化、定型化的历史叙事重新以初级形式呈现出来。司马光的这种还原当然不能导致旧材料变身为新材料,但却通过材料关系的调整以及某个传主的传材与其他传主传材或历史材料的重新组合,使得旧材料释放出新的意义来。前文关于刘聪兄弟之争与晋室八王之乱之关系的阐释、对李林甫在安史之乱中的推手之作用的分析,就来源于这种材料关系的重组。

因此,分散叙事作为《资治通鉴》中的一种重要的传记技法,值得进一步挖掘和研究。

刘佳林　上海交通大学人文学院教授,上海交通大学传记中心副主任,著有《纳博科夫的诗性世界》(上海人民出版社,2012),译有《纳博科夫传:俄罗斯时期》(广西师范大学出版社,2009)、《纳博科夫传:美国时期》(广西师范大学出版社,2011)等。

早期美国华裔女童自传的主体与认同：
林太乙《林家次女》与黄玉雪《华女阿五》

郑尊仁

内容提要：《林家次女》与《华女阿五》是两部20世纪初期华裔女性的自传，二书的作者都在美国度过成长时期。然而，由于彼此的家庭背景不同，他们长大后也有各不相同的面貌。本文探讨家庭传统、异国文化与跨国主体性之关系，并了解这些因素如何影响作者在自传写作中的认知。

关键词：主体　认同　华裔美国人　女性自传

前　言

林太乙的《林家次女》与黄玉雪《华女阿五》是少见的两部早期美国华人移民女性自传，这两本书的主角都是1930年代住在美国的华裔小女孩。黄玉雪是在旧金山出生长大的华裔第二代，是不折不扣的美国人。林太乙虽在中国出生，但自十岁后，便长住美国，直到三十六岁才迁居香港。两人的出生年代也十分相近，黄玉雪出生于1922年，林太乙则出生于1926年，只差四岁，因此基本上在同一时期于美国接受教育。当时的美国仍有排华法案，白人对待华人的态度仍充满误解与歧视。她们来自不同阶层家庭，却都在成长时期进入美国社会，经历了不同文化与种族差别待遇的冲击，再加上同为女性身份，也都有传统文化中相同的角色限制，这使得二人的自传有许多相似之处。

二书中所叙述的生命阶段也十分类似，《林家次女》叙述至十八岁，结束于林太乙高中毕业。《华女阿五》则结束于二十三岁,以黄玉雪自力更生开设陶器店,并在商业上获得成功作结。二书都是以童年及青少年等成长阶段为主,尤其是受教育的过程更是着重描绘,但长大成人至学校毕业之后的叙述就很少。这样的安排着重在成长阶段的描述,而不是长大之后的工作经历,这与许多功成名就之后,回顾一生经历的自传也有明显的不同。

《华女阿五》一书,描写黄玉雪从小刻苦努力,冲破各种藩篱限制,终于找到自己人生道路的成功故事。此部自传曾被汤亭亭誉为"华裔美国文学之母",也是美国亚裔文学研究必读之书。除美国外,也在英国、德国出版。还曾被美国国务院翻译为泰文、马来文、日文、缅甸文等多国文字。这样一部重要的自传,却同时也被亚美文学批评家赵健秀(Frank Chin)斥为将多样性的华裔美国人模式固定化,加深美国人对中国人的刻板印象。同一本书为何有这样两极化的评价?这点值得我们进一步探索。

另外林太乙的自传《林家次女》,所处理的自传主题与《华女阿五》几乎完全相同,也是从小到大的成长。不过全书是以略带轻松戏谑的语调,叙述各种经历。林太乙从小经历丰富,在中国出生,三十年代即出国留学。在人格养成时期便游历多国,其境遇可谓十分特殊。本书不仅可看到她从小的成长与转变,也可见到因文化差异所造成的身份认同与文化主体性之形成。

一、成长历程的自传

自传处理成长历程是很自然的事,但特别专注处理童年及青少年时期成长阶段的自传并不多。这两本自传却都不约而同地将重点置于人生的成长阶段,也就是说,他们着重处理的是儿童到成人这短短二十年左右的时间。至于结婚生子,以及其后长达数十年的工作经历则略而不谈。在成长的过程里,除了身体上的变化外,还有心理上的领悟。由于儿童的成长与教育历程经常是密不可分的,因此书中也常以受教育的过程为叙述重点。而小时候受的教育,不论是家里学的,或是学校教的,不但教导了知识,也塑造了人格,对人的一生都会产生重要影响。

以第一本自传来说,黄玉雪(1922—2006),出生于美国旧金山,父母均为由广东来美的第一代移民,家中共有九个孩子,她排行第五。父亲经营一间小小的成衣厂,同时也是基督教会的牧师。她的第一部作品就是以英文撰写的自传《华女阿五》(*Fifth Chinese Daughter*),叙述她自出生到长大成人的故事,全书共二十八章,约结束在二十三岁左右。

另一本《林家次女》是林语堂的二女儿林太乙(1926—2003)所写的自传,她是福建人,出生于北京。《林家次女》所述是她童年至青年的成长历程。由于林语堂经常来往各国,她也跟着四海为家。自传结束在高中毕业,约十八岁左右,其后的人生都是一笔带过。

这样的自传是把重点置于成长阶段,使得它与所谓的成长小说(Bildungstroman)十分类似。在成长小说的作品里,借着主人翁由小到大的成长,叙述他们的教育及社会化历程。其中除了可以看见个人的遭遇及家世外,还能看出当时的社会文化对一个人的形塑过程。主角经常因为年纪小,受困于威权的家庭或虐待孩子的学校,甚至是漂泊于冷血的社会底层,受尽欺凌。由一个懵懂无知的小孩,历经社会各种无情洗礼,逐渐成长,体会出人生的意义,最终获得一番成就。在早期,这类型小说的主角都是男性,例如狄更斯的多本名著。但近年来,这样的成长记录逐渐由单纯的儿童扩展到少数族群以及女性,其重点除了成长历程之外,也更加强调他们如何经过奋斗,挣脱加诸他们身上的无形枷锁,例如种族歧视、性别歧视等不公正待遇,最后获得成功的故事。在自传上,努力奋斗终至成功本是常见主题。但是此种自传中,要突破的是明显的人为禁锢与束缚,通常就是主流社群的偏见或是性别上的差异对待。

黄玉雪从小在旧金山的中国城长大,父母以19世纪的中国传统观念教育她。父亲是一位十分传统的中国男人,他将家中担子一肩扛起,在美国奋斗稍有所成,便将妻儿接来同住。他以自己从小接受的中国伦理道德要求家人,常以传统礼教规范小孩。这其中有的令黄玉雪受用无穷,例如绝对诚实的观念,使她一直受到雇主的信任。然而也有令她难以忍受的,例如打骂教育,重男轻女,还有父亲的绝对权威。在她家中,只要父亲开口,就是拍板定案,没有争辩余地。如果在外面受了欺侮,那一定是自己有错在先,父母会先检讨自己小孩,而不是去讨回公道。

一直到她上了二年制专科,接触了欧美社会学理论,她才惊讶地发现,原来小孩不是家庭生产力的来源,父母也不能要求孩子无条件顺从。美国已将孩子视为独立的个体,尊重小孩个人的选择。因此她的心理成长转变,可以归因于教育的启发。此外,她的打工经历对她造成极大影响。由于家境不好,黄玉雪在高中时期便到美国家庭帮佣,工作内容有打扫房子、洗衣做饭、照顾小孩等。在实际接触许多不同的美国家庭后,她发现西方人和华人的家庭有极大的不同,美国的爸爸会亲吻妈妈,也会亲吻小孩。他们对小孩的态度更是与自己父亲的表现截然不同。相比较之下,她更喜欢西方家庭的互动模式。她也曾在结束打扫工作后,独自坐在雇主宽敞清洁的屋子里,享受片刻的宁静。想起她自己的房间在地下室,而且又小又挤。不论是物质上还是思想观念上,都让她感到美国比较进步。而自己又正好就是美国人,只是身为华裔,为何就不能享有一般美国小孩的待遇?这种种因素加起来,终于在一个极具象征性的事件中爆发。由于她私下与男友出去,不巧被父亲察觉,两人大吵一架。玉雪在这次争执中,将学校学的社会学理论以及心中的不满一股脑儿全部倾倒在她父亲身上,父亲在惊愕愤怒之余,也发现无法再用中国传统礼教约束她,只能回以"你将来会后悔"之类的话。这件事在她的自传中,被视为一次人生的胜利。

黄玉雪从未在中国上过学,她的中文是由父亲启蒙,之后进入私塾办的中文夜校就读。在她的自传中,对中文学校完全没有好评,里面的老师就像她父亲一样,强调听话和权威。老师上课既无聊,又会打人。对她而言,在美国学校课业完成后,还有中文的功课要学,实在很痛苦。一直到她遇到一位喜欢以比赛决定分数的老师,才让她有了努力学习中文的欲望。虽然中文对她而言似乎无用又烦人,但直到她上大学,她自承思考问题时还是习惯使用中文,这让她在美国大学的课业上遭遇一些麻烦,不过很快就克服了,但明显看得出是坏的影响。这些中文学校的记述,其实与她心中的中华文化是相关的,都是负面的记忆。

但是她的美国学校教育就截然不同,美国小学老师亲切又温柔,当她哭泣时,白人女老师还会抱着她安慰,而她自己的母亲根本不抱她。大学的社会学老师教导她以独立个体的角度重新省视自己,让她找回自信,也找到自由。专科毕业后进入米尔斯学院,这是一所菁英私立学校,一个班级五六人都可以开课。在那里她学到独立思考,也找到她最大的兴趣:陶艺。米尔斯学院的院长对待她有如亲生女儿,千方百计帮她想办法继续学业。反而自己的父母对她的经济困境,只回以"没钱就不要念","自己去筹学费"等无情的话。在她看来,美国教育教导小孩独立自主,而华人教育是教导小孩习惯传统文化框架。

对黄玉雪而言,除了在专科学校上课时学到每个人都是独立个体这件事让她受到极大震撼外,另一次人生中的重要领悟,是在她二十岁时。当玉雪已经有了稳定职业,能够自力更生之后,母亲竟然又生了一个弟弟。这时的父母亲两人年纪都不小了,上美国医院需要会讲英语的子女陪同。此时她突然发现,父母亲竟然需要她的帮助,她这时才忽然了解到,原来长大不是一种解脱,而是严肃和痛苦的责任。

自传结束时,她开了一间陶器店,靠着白人顾客的捧场而生意兴隆,父亲也以她为傲。她已成为一个快乐的,靠自己双手创出无限希望的现代女性。

另一位传主林太乙的经历也十分特别,严格来说,她的正规教育只到高中毕业,也因此她所叙述的经历也就局限在这短短十几年中。但这十几年奔波于海内外,使她极难得地亲身体验东西方教育理念与教学方式的差异,尤其是价值观的不同。再加上林语堂个人独特的教育理念,将林太乙塑造成兼具中英文素养,又有独立思考能力的现代女性。

由于林语堂自己天资聪颖,学校考试只要花二十分钟准备就能轻松过关,因此他一直看不起学校。他还在 1930 年写过一篇《读书的艺术》,发表在《中学生》杂志,嘲笑学校教育之无用,林太乙还将此文其抄录在自传里。这样的文章林语堂写过不只一篇,另有一篇类似的《论读书》也被林太乙收录在自传中。这种对学校的藐视,造成小孩教育的偏差。林太乙的学校教育,经常被随意中止。原本在中国读小学,突然就转到美国,读了几年,又去法国。这三个国家语言文字以及社会文化完全不同,还好她们姊妹天资聪颖,衔接上没有太大问题,没有因此放弃学习,实属万幸。

在中文教育方面,由于林太乙曾经在中国念过几年小学,因此对于中文并不陌生。出国后,林语堂坚持自己教小孩中文,会开一些他认为重要的中文书籍或文章让女儿念。他在《课儿小记》中说,由于诸儿入学学不到中文,所以他自己教。至于教什么呢?

  笑话得很,一点没有定规。今天英文,明天中文,今天唐诗,明天聊斋——今古奇观,宇宙风,冰莹自传,沈从文自传,当天报纸!忽讲历史,忽讲美国大选总统,忽讲书法,都没一定。①

至于这样教法有无实效?以林太乙的说法,似乎教什么或怎么教都无所谓,因为"我是为爸爸而攻读中文的"②。由于放学后还要上中文课是很辛苦的,她背中文单字只是为了不想让爸爸不高兴,不是为自己。自传中说,是因为她对爸爸"怀了一点稚气的怜悯之心",才让她今天能认识几个汉字。

她到了美国,才发现原来白人也有当侍应生的,外国人不再是个个都有地位。美国的同学不来谦虚客套,林太乙同他们说自己成绩不好,他们就真以为她考坏了,而不会想到是客气话。这些国外生活的新鲜经历,使她了解自己是一个中国人。

不过林太乙心理上真正的巨大转变,应该是在四川饱受日军轰炸,亲历战火残酷的那段时期。虽然父亲把他们母女保护得很好,实际待在四川的时间也不长,很快就回美国了。但是她由一个和平静谧的环境回到战乱的中国,再辗转由福建到四川,经历许多困苦。到了四川,所住的房屋还被日军给炸了,最后林语堂才决定于重庆大轰炸的间隙中离开。童年时期这最后一次返国的战乱经历,无可避免地对她的心理造成影响。她在中国的最后一小段时期,正是日本轰炸重庆的同一时间。无止境的警报和爆炸,对刚由繁华纽约回来的小女孩而言,实在是太巨大的反差。这一路上的所见所闻,对一个已经懂事的青少年造成了极大的震撼。她自传中也说:"我变了个人,不再是回国之前那个无忧

---

①② 林太乙:《林家次女》,台北:九歌出版社,2007年,97页。

无虑的孩子。"①经过这段时期的洗礼,再回去美国时,看待事物的角度已然完全不同。她的这段经历,也促使她在高中时期就写作并出版了第一本小说。

林太乙的自传中,从未提及打工之事。她的父亲提供衣食无虞的环境,送她上美国的学校,也带她去法国读书。林语堂的英文著作《吾国与吾民》1937年在美国已印至第十三版,同年他的英文新作《生活的艺术》又被拥有数十万会员的美国每月读书会选为特别推荐书,不啻中了销售保证的彩票。林太乙前后两次入美国的私立学校念书,都不用缴学费,因为爸爸是名人。家中来往的客人,也都是中美两国的上流社会人士。这样的人生境遇,与黄玉雪自是截然不同。实际上,她能够以十八岁稚龄去耶鲁大学教中文,也是由于父亲的安排。当其他同学正在申请大学时,她却有了大学教职,又能出书。这些异于常人的好运,早已经引起美国中学老师的忌妒,而刻意不给她荣誉毕业生的头衔。由于这些都是靠着父亲的帮助才能得到,也造成林太乙的自传一直笼罩在父亲巨大的身影之下。

二、父亲的身影

在这两本自传中,父亲都扮演了贯串全书的重要角色。两位父亲的个人意志,一直主导着这两家人的生活。

《林家次女》这本书从头到尾都像是林家女儿的过往经历,而不是林太乙本人的自传。这本书题为《林家次女》,事实上也很符合全书主旨。她先是林语堂的女儿,其次才是林太乙。

她的童年经历受其父亲影响巨大,在民国初年的中国女性中,林太乙的经历是极为特殊的,她从小随着父亲四海为家。加上林语堂是个倜傥不羁的才子,对任何事情都有自己的创见,不管世俗的眼光。甚至可说是我行我素,恣意任性,也因此全家人便跟着他有着不凡的经历。作为林语堂的二女儿,她似乎永远摆脱不掉爸爸的控制,就连在中国小学读书时所用的英文课本《开明英文

---

① 林太乙:《林家次女》,160页。

读本》,都是她爸爸编的。她在对日抗战期间,能够脱离战乱中国,到美国读书,去法国滑雪,与秀兰邓波儿合影等,也都是因为林语堂的个人影响力与经济实力。她童年时期多次搬家,都与父亲有关。可以说如果她的父亲换了别人,这些事情都不会发生在她身上。

书中所附照片也反映出这点,她在书中的形象停留在高中毕业。林太乙本人附在书中大部分的相片都在儿童及少女时期,照相时父母经常陪在身边。全书年纪最大的一幅照片,是她高中毕业后所拍的。相片中她身着旗袍,父亲拿着烟斗,微笑着坐在一旁看她使用林语堂设计制造的中文打字机打字。

由于林语堂本人十分聪明,在哈佛拿硕士,到德国拿博士,对他来说都是轻而易举的事。他在中文方面造诣还是三十岁后才发愤自修而来的,因此他认为自修即可求得一切知识。林太乙的祖父年轻时叫卖糖果,靠自修才能入基督教神学院。林语堂本人也经历许多次经济困难,方能取得博士学位。但是他却不把女儿的教育当一回事,多次将其学业中断。林太乙中学毕业时得到荣誉毕业生的奖励,成绩很好,要申请任何大学都不会有困难,却因为父亲不准,而断了升学之路。林太乙内心十分在意父亲的专断导致自己无法顺利继续升学,书中在不同段落多次感叹父亲不让她念大学的这个决定。林语堂的看法是,只要有字典在手,任何学问都可以求得到。但林太乙自己却在书中说:

假使我有一张大学文凭,我一生经历会有什么不同,我时常这样想。①

林太乙对于自己的求学之路记述颇详,也看得出她有读书的天分。虽然书中尽量以略带幽默解嘲的口吻,叙述父亲的任性专断,并且辅以林语堂论学校教育的文章以证明其行为之合理。但是我们仍可看出她自己对于这件攸关人生的大事,不但无法参与决定,甚至连表达意见的发声权力皆无的无奈。其实她在自传中,经常感叹这件事。林语堂这位父亲,在林太乙的自传中总是以顽童的姿态出现,常做出旁人难以预料的事。会陪着女儿们玩游戏,听唱片;也不

---

① 林太乙:《林家次女》,208 页。

在意是否有儿子,还会教女儿读书写字。乍看之下,这似乎是位思想开明、作风西化洋派的民主父亲。但实际上林语堂对女儿却比黄玉雪的父亲还要专制,他不管女儿快要毕业,执意要去法国,让她从头读起,只为了自己想有个安静写作的地方。林太乙的母亲在法国似乎得了忧郁症,每天以泪洗面。林语堂却怡然自得,并说自己是世界公民,到哪里都可以住。他也不管女儿学业成绩优秀,就是不让她申请大学,所持理由又是很可笑的有字典就可以学习。对这件事林太乙在自传中以温和隐晦的方式反复提及许多次。虽然林语堂后来帮她找到耶鲁大学中文教师的工作,让同学们羡慕不已。但是也不能弥补她心中的缺憾。对林语堂而言,似乎所有家人都要依照他的想法而活。而林太乙对父亲主导的家庭生活,也未有过怨言,从没想过反抗。就连在抗战情势升高之时,林语堂还把全家带回中国,四处躲炸弹,不仅学习难以为继,连生命都有危险,她也觉得是难得的体验。

相较而言,黄玉雪的父亲就没有这样强烈地控制及主导家人生活。黄玉雪的父亲坚守华人传统道德,要求子女要绝对诚实。但他也十分重男轻女,观念老旧,生儿子就请客,生女儿则无。太太生了男孩,他先感谢上天让黄家有后,再感谢上天让太太没事。儿子有大书房,女儿只能两人挤一间地下室的小房间。他也灌输小孩伦理规范,他是家中绝对的权威,父亲只要发话,就是最后的决定。黄玉雪从小就习惯这样的家庭阶层伦理,不仅对父亲言听计从,就是有事要对父亲说,也得事先打好草稿,找寻适当时机询问。一旦父亲否决,她也了解不会再有翻案机会,也就不再提起。这样的行为模式,乍看之下,似乎比林语堂封建保守又更专制。而黄玉雪也极力在自传中将父亲塑造为中国各种不合理传统的代表,经常以长辈身份发号施令,她自己则是中国城里的灰姑娘,受尽欺侮却从不屈服。但是细观全书,她父亲虽说严厉要求家中的阶级秩序,但是当女儿自己申请奖学金去念书时,他并不干涉。女儿自己打工赚钱,他也没意见。他打玉雪和妹妹,是因为她们俩人在外面待得太晚,超过约定回家的时间,而美国的街头在深夜是很危险的。他不给女儿钱继续接受高等教育的理由是因为小孩太多,钱不够,必须把钱留给哥哥弟弟念书。虽然是重男轻女的老旧观念,但对家中有九个小孩的父亲来说,实在也是不得已。相较之下,林语堂没有经济困难,女儿念书还得奖,却强迫她中断学业。林太乙本人也没意见,这反映出其实林太乙的家庭与黄玉雪大同小异,都服膺父权。但黄玉雪因为已有西方教育与社会文化的影响,即使是女儿也认为自己要自寻出路,在书中多次以反抗父亲来得到自己所想要的事物。可是林太乙在自传结束的十八岁时期,很明显并未走出父权的掌握。而黄玉雪在相同的年纪却已经自己选择继续升学,并在无家人支持的情况下,靠着打工和奖学金完成学业。实际上黄玉雪长大后,与父亲产生的几次冲突,或意见不合的时候,最后总是以她的胜利告终。这不是偶然,也不只是父权的控制低落,而是更高的文化认同的结果。因为她心中一直认为,自己代表的是20世纪的进步美国,而父亲是19世纪的落后中国,二者是有优劣高下之分的,这也是她的自传被批评的主因。

三、文化主体与认同

林太乙从小跟着父亲四海为家,虽是福建人,却生在北京,住在上海。小时候她以为只有自己一家人和亲戚讲厦门话,因为周围的人讲的方言都不同。在上海时,对面住的是"广东仔",隔壁住的是"福州仔",都是他乡人,她母亲都不信任。林太乙说自己母亲"好像在异域建立厦门基地",不仅在家里讲厦门话,女仆也由厦门带来,吃的东西也是厦门的好。对她而言,厦门人和非厦门人是泾渭分明的,家里是厦门人的世界,归母亲掌管,即使是身为南京人的女佣黄妈,身为通州人的听差阿经,也都要听母亲指挥。林太乙的家中是厦门,但出了大门,就是上海。书中的标题,正清楚反映出这种身份认同的困惑。全书第一节标题即为"移植上海的厦门人",描述其移居上海的各种不适应。以厦门人的眼光,对于中国其他地区的生活习惯感到诧异,甚至有些鄙视。

上海是国际大都会,又有租界。除了中国各地的人之外,还有洋人和印度人。这让她自动将童年的空间分出两个部分,一是学校,一是家里,这是清楚可见的两个完全不同的空间。学校包括上学所遇到的一切,当地的男孩子会欺负她,校长也会处罚全班同学,校长还有权力命令同学去看护士,有砂眼的要被刮眼睛。走在街上,头发很长的印度人会瞪她,吓得她赶快跑回家。即使在家里的阳台,也会听到外边有人大骂粗话。对她而言,家以外的地方,就是完全不同的区域。这样的经验,也让她自外于所生活的上海。

不过上海毕竟还是中国,当林太乙全家搬到美国之后,更大的冲击在等着她。在全书后半另有一节,题为"移植美国的中国人",描述的是强烈的文化震撼。这已不再是中国国内的习惯差异,而是不同种族之间的文化差距。由饮食到教育,种种事情都和中国不同。尤其在1930年代,华人在美国受歧视的情况很普遍。"中国人的形象是留辫子,抽鸦片,迷信,好赌,怯懦的动物,白人根本不把他们当人看待。"①隔壁的邻居太太还帮自己的狗取了"宋先生"这样的中国名字。上学时,班上的美国孩子也会问她:"中国有桌椅吗?""你抽鸦片吗?""你是用敲鼓棍子吃饭的吗?"等各种奇怪的问题。书中另有一节题为"突然觉得自己是中国人",叙述第一次到美国时的情景。由于她们母女都穿着旗袍,去餐厅吃饭都会有许多美国人看他们,因为中国人很少来餐厅吃饭。当然也有正面的经历,例如六年级的老师蒲林顿小姐就告诉同学们说:"班里有个中国孩子,我们应该向她学习一点中国文化。"②并且请林太乙写书法,放在教室后方。还有全班同学与此书法合照的相片,附在自传之中。

林语堂似乎对孩子们的文化震撼有些担心,书中多次提及他就此事告诫孩子如何应对,林语堂说:

> 我们在外国,不要忘记自己是中国人。外国人的文化与我们的不同,你可以学他们的长处,但绝对不要因为他们笑你与他们不同,而觉得自卑,因为我们的文明比他们悠久而优美。无论如何,看见外国人不要怕,有话直说,这样他们才会尊敬你。③

林语堂甚至认为中国人不要有英文名字才好,所以林太乙的乳名叫阿No,她的英文名就变成Anor;而她妹妹的英文名居然就叫Meimei。书中也嘲笑美

---

① 林太乙:《林家次女》,86页。
② 同上书,105页。
③ 同上书,80页。

国人，主要是不懂得吃。吃螃蟹竟把蟹黄洗掉，也不了解动物内脏的美味。书中也记述林语堂曾故意捉弄白人，在火鸡大餐中翻找内脏。另有他们嘲笑黑人女佣的段落，则已近乎种族歧视了。

认同是明显可见的主要议题，林太乙生在中国，却长年在美国。其实她在中国时已经很少住在家乡，但却一直带着身为厦门人的骄傲，以戏谑的眼光看待发生在自己身边的一切外省及外国事物。事实上，不论在上海，在四川，在法国，或在美国，林太乙对于自身的厦门人认同从未改变，这个基本观念跟着她云游四海。当然，此观念之所以能根深蒂固地深埋在她心中，也与童年时期永远陪伴在身边的父母有绝大关系。母亲对于厦门廖家的深厚感情，也一直影响着女儿。

可是这种认同随着移居海外的经验日益积累而逐渐淡去，加上她对中国的印象仍在童年时期的三四十年代，使得她心中的中国，不论人、事、物都已经和书中所附的黑白照片一样，永远停留在照相的那一瞬间，再也不可能找到相同的复刻本。在她成年之后的文字仅有两节，其中一节题为"故乡不能再回去"，另一节为"春日在怀"，叙述她于80年代再回上海，却发现人事全非。不仅找不到儿时记忆，中国的实际状况也让这位常住美国的异乡游子感觉格格不入，有如到了一个完全陌生的国家旅游，其中的文化差异令她难以适应。虽说她内心一直以身为厦门人自豪，经常提及厦门廖家的独门厨艺，以及厦门的风光，但那似乎只存在于记忆之中了。其实林太乙当年由法国回美国时，就已经感觉到自己不再像第一次来美时的那般陌生，不知不觉已能和环境多多少少融在一起了。也就是说，早在十多岁时，她就已融入了美国社会，因此在文化主体上，她是有着双重认同的。

就如同书名所暗示，《林家次女》着重在林家一家人的生活，而《华女阿五》则更重视华人文化习俗的介绍。当面对美国文化的冲击时，林太乙是以林家人的角度看待；但黄玉雪是将自己的华人身份扩大，以自己在中国城内的经验代表所有华人，评骘东西方传统的差异及优劣。

《华女阿五》一书有许多介绍中华文化的文字，作者借由自身经历，介绍中国人的许多传统观念及文化习俗。书里有太多的中国文化介绍，已经是使本书不大像是自传，倒像是一本给美国人看的中国文化基本教材。她在书中经常以大篇幅文字描述华人的传统生活习俗，大至婚礼、丧礼的仪式进行，小至如何炖鸡汤，如何洗米等等。尤其是对中国菜的描写，几乎是各章都有。此外书中的家人角色如主人翁黄玉雪，妹妹玉宝，弟弟天恕，书中均以英文意译称之。如玉雪在书中即成为 Jade Snow。妹妹玉宝叫做 Jade Precious Stone，弟弟天恕叫做 Forgiveness From Heaven。以作者的中英文程度会将家人的名字如此翻译，且通篇均如此啰嗦称呼，实在令人难以理解。再加上其实书中其余华人却不一定这样称呼，如玉雪的华裔男友，便叫做 Joe，是个英文名字。而中国城的杂货店老板叫做 Uncle Jan，另外爸爸的朋友叫做 Uncle Bing，玉雪在米尔斯学院的好友叫做 Wan-Lien 等，却又是直接译音。可见黄玉雪是故意将自己的家人以奇怪的方式命英文名，她让家人成为书中极为特殊的存在，明显可见不是白人也不是黑人，而是名字含有特定含意的华人。这样的名字无疑增加了许多异国色彩，也容易为英语读者所辨认。这种安排与书中的许多中华文化介绍结合起来，使人感受到作者不仅在写自己的故事，也希望将华人文化介绍给美国人甚至是广大英语读者的企图。

　　此书以第三人称叙述，是其一大特征。作者在序言中说，如此作法是为了符合中国传统。但中国古典文学自《诗经》《楚辞》以下，以第一人称叙事者多不胜数，作者这个理由实在很牵强。而综观全书，虽然使用第三人称叙述，但是书中仍旧以黄玉雪的角度看所有事情，没有小说中常见的全知视角，其实也没有使用第三人称叙事的必要。因此笔者认为，第三人称的使用，除了作者自称的符合中国传统以外，其实也有和书中的批评中国事物脱离关系的想法。由于此书对于华人家庭及华人传统多有批评，而她自己又是不折不扣的华人，她心中对于自己的种族及文化还是有感情的，似乎不适合直接用"我"来行文。即使她心中的确是以西方白人角度看待华人，但仍不适宜直接以第一人称身份表达。再加上此书出版于 1950 年，当时的美国华人移民的观念自不如现今开放。由书中黄玉雪对自己的家庭教育叙述也可以看出，她的父亲把她训练成一个不轻易表露情感的人。她在书中提过，与父亲说话就是讲事情，没有个人意见。在这样的情况下，要她用"我"来叙述自己的事情，自然是很困难的。尤其对所讲的华人传统文化又语带批评,更是难上加难。

此书对于种族歧视不像《林家次女》那样轻轻带过,而是赤裸裸地直接描写。例如白人男同学趁她落单时,拿板擦丢她,还追着她一路嘲笑。这些事情她竟然不敢对父母说,因为她觉得爸妈一定也是先检讨她的错,这是他们教导她的华人传统习惯。此处的华人文化,似乎成了种族歧视的帮凶。在她大学毕业后,到社会上找工作,这种歧视就更明显。面试官不但不在意她的优异成绩,竟然还告诉她:

> 如果你够聪明,就该去中国人的地方找工作,你不可能在美国公司得到任何职位。我相信你应该知道,太平洋沿岸的种族偏见会限制你。[1]

在遭受不平等待遇的情况下,黄玉雪却成长为一位支持西方观点的人。她内化了美国白人基督徒的价值观,表现在自己身上。她没有挺身而出,反对歧视华人,而只是借由优异表现,证明华人是"少数族裔模范生"。其实在其自传第二十三章,她就坦承自己出外就读米尔斯学院两年后,再回到家里,已经觉得和以前的中国朋友难以交往,反而是和另一位年龄相仿的白人女孩成为好友。她当时就觉得自己像是一位中国城的旁观者,而不是参与者。

对《华女阿五》一书的批评,多集中在作者面对中西文化差异时,近乎一面倒地支持西方观点,反而对中国文化略带嘲讽,这点与《林家次女》的嘲弄西方正好相反。赵建秀指出,早期美国的华人写作出版的书籍,除了食谱之外,就属自传的数量最多。而这些自传的作者,又清一色全部是基督徒,包括黄玉雪在内。基于胡适大力推广国人写自传的事实及中国古代并无写自传的传统,因此他推断这些早期在美国出版的华人自传都和基督教的忏悔录传统有关。[2] 而19世纪白人基督徒对华人的许多刻板印象,也都会透过学校及教会教导给华裔下一代。这些刻板印象若再透过华裔作者以自传形式重新呈现,只会加深白

---

[1] Jade Snow Wong, *Fifth Chinese Daughter*. Seattle: University of Washington Press, 1989, 188.
[2] Jeffery Paul Chan *et al*, eds. *The Big Aiiieeeee！: An Anthology of Chinese American and Japanese American Literature*. New York: Meridian, 1991, 8.

人对华人文化的误解。在这方面,黄玉雪的自传显然就是个以华裔身份,却以西方观点介绍华人文化的明显例子。在全书末尾,玉雪的父亲在她事业有成后,很感慨地对她说,当年他来到美国,曾有一位堂哥来信劝他回中国。但是他拒绝了,并且回信说:"你不知道中国文化把女性贬抑及羞辱到何种地位,在美国,基督教的观念允许女性拥有自由及独立自主。我希望我的女儿们能够有基督徒的机会。"[1]如今玉雪真的闯出一番事业,让他觉得十分欣慰。这样的文字实在太明显有特定立场,毕竟此书在美国以英语出版,若说是在讨好美国读者,其实也不为过。

林太乙与黄玉雪的最大不同点在于,林太乙曾经在中国居住及就学十年,黄玉雪则无。因此黄玉雪介绍中华文化时,其实是以一位美国人的身份介绍自己在华裔家庭中的经历。这样的情况就类似于一位在美国出生长大却从未见过祖国的芬兰人或是越南人等等,以自己的家庭背景介绍其祖国文化。其中的以偏概全及写作立场的倾斜,自然是可以预料的。童年这段短短的十年时间其实对这二本自传造成了极深远的影响,因为它正好就是一个人的成长阶段。由于林太乙从小就在中国社会长大,她比较像是华人移民的第一代。而黄玉雪在美国出生,属于移民第二代。她虽然是华人,但直到尼克松访华后,她才第一次踏上中国土地。二人小时候这十年差距,却对主体认同造成极大差别。严格来说,林太乙只是住在美国的中国人,而黄玉雪却是华裔美国人(Chinese American)。就如同日裔美国人或非裔美国人一样,虽然有着不同于白人的肤色,不过内心有着对美国文化的认同,也是可以理解的。

结　语

《林家次女》写于作者七十岁时,所记叙的却是十八岁以前的事,所有的记忆自然是片片断断,不完整的。因此有一般自传作品常见的不连续性,及叙述的断裂性。再加上真实人生本就充满各种变量,社会、家庭、个人,任何一方面

---

[1] Jade Snow Wong, *Fifth Chinese Daughter*, 246.

都可能突然出现变化。例如书中原本叙述上学过程,但突然又成为国外生活的记录。这样虽符合真实,却也相对丧失了作品在表述上的统一。一些重要的议题,可能在刚开始描述时便戛然而止,无法达到凸显重要性或甚至是感动读者、引发反思的程度。例如林太乙本身的教育问题,美国老师的歧视,华人文化与美国文化的冲突等,在书中我们都能读到一点,但是却又都没有细说。可说是只开了头,却没有写结尾。

反观《华女阿五》出版时,作者还不满三十岁,儿时记忆还相当清晰,所以内容较为详尽。再加上它以第三人称叙事,因此作者可以任意安插所需要的情节与叙述安排,例如空间描述、事件穿插等。而这样的自由,可让全书更加完整统一,有助于作者表达自己所需要传达的意图。可惜作者在自传中加入了"让美国人更了解中国文化"①的企图,使全书显得驳杂,也因此丧失了对真实性的要求。

这两本书的立足起点也不同,林太乙写自传是为了怀想自己的过去,但黄玉雪是为了介绍中国文化。造成林太乙是以"家"的角度写作,而黄玉雪则是以"族群"的角度想事情。因此林太乙的自传大多是关于家庭的经历,偶有关于时局的分析,还有她那不同凡响的爸爸。但是黄玉雪的自传除了自己的成长经历之外,更多篇幅在介绍她所认知的中国文化。只不过由内容来看,她笔下的中国文化或许应该称为"中国城文化"或"唐人街文化"较恰当。

二书另有一不同点是,《华女阿五》初版于1950年,而《林家次女》初版于1996年。二书写作及出版有将近五十年的差异,这五十年来,美国社会对华人的看法也有很大变化,这也为这两本自传带来极不相同的面貌。

参考书目:

1. 纪元文、李有成:《生命书写》。台北:中央研究院欧美研究所,2011。
2. Chan, Jeffery Paul, Frank Chin, Lawson Fusao Inada, Shawn Wong,

---

① Jade Snow Wong, *Fifth Chinese Daughter*, vii.

ed. *The Big Aiiieeeee!*：*An Anthology of Chinese American and Japanese American Literature*. New York：Meridian，1991.

3. Davis, Rocio G.. *Begin Here*：*Reading Asian North American Autobiographies of Childhood*. Honolulu：University of Hawaii Press，2007.

郑尊仁 铭传大学华语文教学系副教授,中国传记文学学会理事。著有《台湾当代传记文学研究》一书及传记研究相关论文多篇。

巨人斑驳的身影

——"莎士比亚传记"的三个不同文本之比较

龚丽可

内容提要：本文主要借助杨正润《现代传记学》中的相关理论,对梁实秋的《名人伟人传记全集——莎士比亚》、赵澧的《莎士比亚传论》和刘丽霞的《艾汶河畔的天鹅》三个传记文本进行比较,发现这三个传记文本把伟大的莎士比亚的斑驳身影呈现在我们面前的同时,在传主材料组织成文本的结构模式、传主的作品在传记文本中的解读方式以及传记中所采用的文类话语方面又各具特点。

关键词：莎士比亚传记　结构模式　解读方式　传记文类

国内外学界关于莎士比亚的时代、生平、思想、创作的探讨一直是学术热点之一,研究成果可谓汗牛充栋。我国的莎学研究也有上百年的历史,除了大量以评介为主的论文外,还出版了许多全面、系统而简明的传论。其中,梁实秋的《名人伟人传记全集——莎士比亚》(台湾名人出版社,1980版)、赵澧的《莎士比亚传论》(北京中国人民大学出版社,1991版)和刘丽霞的《艾汶河畔的天鹅》(石家庄河北人民出版社,1999版)是较具代表性的传记文本。虽然三位作者写的是同一传主,却有很大差异。在《现代传记学》中,杨正润指出：相同的传主抑或相同的故事,可以采用不同的写法,"传记家可以使用不同的结构模式和叙事方法,也可以选择自己所需要的文类话语。作为书写主体,这些都体现了他的书写权力,也反映了他的整个风格和才能。"[1]从这个角度出发,便不

---

① 杨正润：《现代传记学》,南京：南京大学出版社,2009年,569页。

难发现这三个传记文本把巨人莎士比亚的斑驳身影呈现在我们面前的同时,在传主材料组织成文本的结构模式、传主的作品在传记文本中的解读方式以及传记中所采用的文类话语方面又各具特点。

一、结构模式

传记家在把大量传材组织成文本的时候,首先要解决的问题是:采用何种结构安排各种传材。"传主的生平、个性和对传主的解释是现代传记构成的三要素。"[1]生平记录了传主个人的经历或历史;个性在记录传主生平,揭示出其意义,叙述其生活的历史背景和情境中显示出来;解释则是以传主为中心,对传主的一生或一生中各种事件的因果关系的说明。生平记录了传主出生、成长、衰老乃至死亡的整个经历,其发展轨迹必然按时间先后顺序发生,传主的个性也是逐步发展而成[2],因此按时间顺序的原则组织传材必然是所有传记结构采用的基础模式。然而正如托多罗夫提过:"从某种意义上说,叙事的时间是一种线性时间,而故事发生的时间则是立体的。在故事中,几个事件可以同时发生,但是话语则必须把它们一件一件地叙述出来,一个复杂的形象就被投射到一条直线上。"[3]按照时序结构进行的叙述就是一种直线性叙事,事件的发生则是立体的,许多事件可能在不同的空间共时发生,这时还按照时序结构叙述就不适宜了,反而会使读者不容易看出其中的因果关系及人物关系,感到琐碎凌乱,这时场面结构就出现了。传记家把与传主有关的人物、事件等集中起来叙述,这就比仅按时序结构进行的直线性叙述更具有了阅读趣味性。另外,为了叙述方便,突出重点,还可以运用专题结构把传主的生平、个性或成就等分解成几个方面叙述。当然也可以把这些方法结合起来使用。由此,随着传记的不断发展,传记结构主要具有了4种模式:时序结构、场面结构、专题结构、复合结

---

[1] 杨正润:《现代传记学》,南京:南京大学出版社,2009年,88页。
[2] 参见杨正润:《现代传记学》,570页。
[3] 兹韦坦·托多罗夫:《叙事作为话语》,《西方文艺理论名著选编》(下),伍蠡甫、胡经之主编,北京:北京大学出版社,1987年,506页。

构。当然后3种结构仍然是以时序为基础。①

本文所选取的三个传记文本毫无例外地都采用了时序结构作为传材组织成文本的基础模式,除此之外,在其他结构模式的采用上又各具特点。梁实秋的文本采用了时序结构叙述莎士比亚从出生、童年、婚姻、事业到逝世的人生轨迹,为了让读者可以更好地了解莎士比亚其人其事其作品,在这种时序基础上,梁实秋又采用了多个场面叙述,把莎士比亚的戏剧作品放在生平记录中进行解读,这就使传记具有了丰富性与戏剧性,使读者对莎士比亚的一生有了一种真实的连续感和阶段感。梁实秋在《名人伟人传记全集——莎士比亚》中用了许多带有趣味性的题目,也即是一个个"场面",如"出生于爱汶河畔的史特拉福"、"十八成亲,娶妻清教徒"、"晋身贵族,购置新宅"、"名扬千里,戏剧界一宠儿"、"新主登基,宠遇尤加",就是以地点、时间、事件、成就、背景等一个个核心事件所组成的场面,并在当中加入了轶事、细节及对莎士比亚个性的评价内容。在总体上看,梁实秋的莎士比亚传记采用了时序的结构,但是在时序的框架之中采用场面叙事,这些场面不大,但归并了不少材料,其中包括莎士比亚生活中、创作中和他同朋友的小故事。梁实秋在传记文本中尽力保持莎士比亚的本来面目,不把他神话化,使读者不忽略其创作的具体语境和时代情况的同时,能更完整地认识莎士比亚经典化的过程,大大提高了传记的文学性和趣味性,让读者更真实、更亲切地接近了伟人。

赵澧的文本则是采用了专题结构和时序结构相结合的模式。他为了给读者提供一部知识性与学术性并重的全面介绍莎士比亚及其剧作的书,在文本中把莎士比亚的生平、创作、思想个性和戏剧人物塑造等分解成几个方面用专题结构的方式进行叙述。全书分成八个章节,构成八大专题。第一章把莎士比亚的生平和创作历程作为一个专题进行单独的叙述,在这一章中,赵澧把莎士比亚的出生、成长、婚姻、创作、晚年到逝世按时序结构进行了叙述,把莎士比亚的创作划分为几个阶段叙述,并在书中第17页附上莎士比亚创作年表,同时在叙述过程中穿插一些关于莎士比亚的轶事趣闻,如赵澧在文本中讲述了关于莎士

---

① 杨正润:《现代传记学》,571页。

比亚的一个传说：

> 那时,伯贝奇正在上演《理查三世》,一位崇拜他的夫人约他晚上去她家私会,以叩门三下、自称理查三世为信号。哪知此事被莎士比亚从旁听见。当晚他便抢在伯贝奇前面到了那位夫人家中,如法炮制,并受到夫人的礼遇。等到伯贝奇来到门前叩门,说是理查三世驾到时,莎士比亚叫人传话说:"征服者威廉已抢在理查三世前头了。"[①]

这个传说让读者看到了莎士比亚愉快乐观的处世态度,以及机智诙谐的性格特点,在加强传记的文献性的同时,也使传记具有一定的阅读趣味性。第二章到第四章,按照戏剧体裁的分类,把莎士比亚戏剧划分为历史剧、喜剧、悲剧三种类型,并分别以此为专题进行概述,对莎士比亚37部戏剧逐一进行了思想的和艺术的分析,这三章可以帮助读者对莎士比亚作品的有一个微观的认识。第五章到第七章把莎士比亚的思想及其发展历程、莎士比亚戏剧中人物和人物塑造以及戏剧的情节与结构方面分别作为专题进行概括和总结,找出莎士比亚戏剧的一些特点和可供我们借鉴之处。这三章使用的方法则是宏观与微观相结合。最后一章则是作为一个专题对四百多年来围绕莎士比亚及其剧本的研究和评论两方面的情况进行介绍,同时就莎剧在中国的流传和研究状况提出个人看法。可以说这本传论对莎士比亚生平,以及其所处的时代进行了充分描述,并且对莎士比亚代表戏剧作品进行了全面而深入的分析,眉目清晰,突出重点,带有较强的史料性和学术性。

刘丽霞的文本采用的结构模式是以时序结构为基础,当中穿插场面结构,与梁实秋的书写结构模式相似,但是除了地点、时间、事件、成就、背景场面之外还运用了人物场面结构,对和莎士比亚的经历和命运有关系的人或对其一生起过重大作用的人用单独小章节集中叙述。如"大学才子"、"黄金搭档"、"明星陨落"就是一个个人物场面叙述。全书按时序分为五章,每章里面由若干场面

[①] 赵澧:《莎士比亚传论》,北京:中国人民大学出版社,1991年,20页。

组成,使叙述更富有故事性。

二、作品解读方式

  因为传主的作家身份,解读作家的作品自然对读者认识传主有重要的参考价值,因此传主的作品自然成为传记者关注的重点。那么在传记文本中解读其重要作品,叙述作品的创作历程,分析其作品成败得失,并评价传主的文学贡献等就必然成为了作家传记文本中的重要内容。"文学世界总是丰富多彩,那些优秀的作品脍炙人口,为读者所熟悉,作家本来就是公众人物,为读者所关注"①,因此杨正润认为"传记家可以把传主的作品同其经历和个性结合起来,探析其背景和动因,就可大大增加传记的趣味性"②。

  作为人类文化史上的一个伟大奇迹,莎士比亚的戏剧作品自问世以来,一直被历代学者、评论家、作家进行广泛而深入的研究和评价。对莎士比亚戏剧的解读必然成为写其传记的基础与重要组成部分。比如描写莎士比亚重要作品的创作经过、创作背景和所涉及的人物及事件、戏剧人物思想的变迁、人物塑造的发展经过、戏剧如何搬上舞台、当时观众的反应和评价以及作品给其命运和写作生涯带来的影响等。从而把对莎士比亚作品的解读融入到其生平和命运叙述中。

  梁实秋是中国近代著名的学者、文学家、翻译家,他翻译了莎士比亚全集,对莎士比亚戏剧的解读,可以说是主要采取译介的方式,经过他个人的视角和感受,融会了自己的见解,具有不同于他人的个性特点③。他在传记文本中对莎士比亚戏剧的解读主要是介绍该剧的版本历史、故事的取材来源、本剧在舞台上的历史、著作的年代、戏剧中人物的评析以及戏剧成功的原因分析等。如在其传记的"取材独到,推陈出新"这一章节里作者介绍了莎士比亚的一部成功剧作《罗密欧与朱丽叶》的创作历史背景,叙述了这个剧本搬上舞台的经过

---

①② 杨正润:《现代传记学》,265 页。
③ 李伟昉:《梁实秋莎评研究》,北京:商务印书馆,2011 年,245 页。

（如何取得上演执照、如何进行角色分配，准备哪些道具服装、如何使用布景、如何做广告宣传直至正式上演等），并且分析了此剧成功的原因：

> 部分由于精巧的舞台技术和优美明晰的台词，然而全剧最大的动力却在角色的描摹刻画之上。在英国舞台上，还不曾出现过像莎氏这样才气纵横的人，能够塑造出栩栩如生的人物。他在早期剧本中已偶或显示出这种迹象，但却要到加入"大臣"剧团后，才开始在舞台上塑制了一系列逼真的人物，不止令当时的人惊叹激赏，即便今人也叹赏不止，这种刻画角色的气势力量自然原已蛰伏在他体内，但是如无有利条件，则永远也开不出花来。①

看莎士比亚的戏剧，读莎士比亚的作品，除了赞叹之外，那种发自心灵深处的真诚感动，是无法言喻的。莎士比亚的戏剧，其实就是整个人生的戏剧。我们在读它们的时候，就可以感觉到世界上各种人物，林林总总的个性，都在眼前，生龙活虎地扮演我们自身的角色。莎士比亚创造出一系列生动鲜活、性格复杂的人物形象，在这些人物形象身上自然地流露出他对于生活的态度，渗透了他对人生和人性的思考，从而使他成为一个极富张力的作家。在梁实秋看来，莎士比亚是"唯一不在戏里对当代的伦敦人评短论长的剧作家……是个心性安定不下来的人"②。他就像一个万能的魔术师，轻点魔杖，一出出栩栩如生的人生百态，即刻展现。梁实秋认为"要形容莎氏不应该用'艺术'，而要用'自由'，他有自己的一套，有自己的法则。詹姆士登基时，莎氏已是各种舞台巧艺的专家了，而且亦是各种语言技巧专家，自有一股滔滔滚滚的力量，流辟出自己的川渠"③。他早期的作品，人物受制于外在的压力胜过内心的挣扎，但随着年事渐长，天才横溢的莎士比亚，深悟出人生的哲理，所以作品张扬个性解放，宣泄情感自由，生动形象地展示出了人性的不同层面，他开始针对人性种

---

① 梁实秋：《名人伟人传记全集——莎士比亚》，台北：名人出版社，1980 年，89 页。
② 梁实秋：《名人伟人传记全集——莎士比亚》，174 页。
③ 同上书，171 页。

种,做更尽善尽美的描述。故而,梁实秋说"在他的作品里,戏剧的骨骼和诗的装潢得到匀称的布置。所以他的戏剧可以在书斋里读,亦可到舞台上演。在读的时候我们可以玩味他的美的诗句,可以领悟他的道德的意义;在演的时候,我们可以接受较鲜明的印象,可以感到情感上的刺激"①。人们完全可以体会到莎士比亚的作品所具有的博大、深刻的思想意义与哲理。因此,梁实秋在传记文本中解读莎士比亚戏剧作品时,没有刻意去挖掘其主题,对其不隐恶不溢美,只是力图从戏剧创作的历史语境出发来分析剧本的初始动机,并在此基础上延伸。看似复述、介绍的成分居多,实则内容相当丰富,蕴含文学功力,体现了梁实秋学术研究的客观性和层次性。

赵澧的文本对莎士比亚作品进行内容复述式与文学评论式相结合的解读。莎士比亚在其作品中充分展示了其所处的时代、家庭环境、社会地位、经济状况以及他机智诙谐的性格、幽默风趣的谈吐等品质。他的剧作大都来源于旧有剧本、编年史或者民间故事等,但是他能够博采众长,在改写中注入丰富、新颖的内容以及自己的思想,从内容到形式进行创新性革新。赵澧在传记文本中并不是简单地复述莎士比亚剧作的内容,而是在入情入理的叙述中将自己对作品的评价、人物分析等有机地统一起来,在对莎士比亚其人、其剧作的充分的感性叙述基础上,论证莎士比亚的思想及其发展历程,分析莎士比亚戏剧中人物形象特征和人物形象塑造的规律,论证戏剧的情节与结构在文学史上的突破,这在文本章节标题中清晰地表现出来。如赵澧论证莎士比亚的思想及其发展历程时提到:

《哈姆雷特》作为莎士比亚思想转变的标志,不仅反映着他的社会政治思想的变化,也反映着他的社会伦理思想的发展。只是,在这部作品里,社会政治的主题和伦理道德达到了紧密统一的境地。如果说克劳狄斯身上既表现了莎士比亚对暴君政治由怀疑而至否定,又表现了莎士比亚对克

---

① 梁实秋:《莎士比亚是诗人还是戏剧家?》,《梁实秋文集》第8卷,《梁实秋文集》编辑委员会编,厦门:鹭江出版社,2002年,597页。

劳狄斯作为一个"人"的毫无道德的鞭挞和否定;那么,在哈姆雷特的母亲身上,他就主要是对她进行了道德沦丧的讨伐和否定。①

刘丽霞的文本则是对莎士比亚的戏剧做内容复述式的评价,并对莎士比亚在构思戏剧过程中的心理状态及思想做了深入的探索和细致的描述。如作者在书中第三章最后一节"快乐王国"提到的莎士比亚喜剧《皆大欢喜》,作者对此剧的内容作了概括复述,并对莎士比亚构思此剧过程的内心思想进行了探析:

> 1599年夏天,莎士比亚大概在百忙之中产生了思乡之情,于是他以家乡沃里克郡的亚登森林为背景,创作了《皆大欢喜》。……
> 莎士比亚在该剧中还体现了以德报怨、以爱胜恨的思想。②

作家的生活态度、理想追求、精神气度、个性气质、性情旨趣、文化选择、价值取向等,既表现在他的社会活动和日常生活中,也表现在他的创作中。刘丽霞的传记文本描述了莎士比亚的生命状态与生活经历全貌的同时,也对莎士比亚的重要作品进行了仔细的阐释。莎士比亚的一生是传奇而富有戏剧特色的,莎学界有一句话,叫做"说不尽的莎士比亚"。他的剧作里塑造了众多性格复杂多样、真实生动的人物形象,剧作内涵丰富,需要反复地、持续地、多元化视角地去发掘。刘丽霞介绍莎士比亚戏剧时,除了复述剧本主要内容,还探讨了莎士比亚在其著作中时常流露出的宗教性。她认为虽然莎士比亚的宗教意识谈不上十分强烈,但纵观其著作,还是会发现其时常流露出宗教感情。如在《威尼斯商人》中4幕1场鲍西娅在法庭上劝诫夏洛克应该慈悲一点的那段著名的言论,清楚地表明了莎士比亚对基督教博爱、仁慈等教义的赞同;《亨利四世》中亨利四世的儿子兰开斯特斥责约克大主教的4幕2场,莎士比亚借兰开斯特

---

① 赵澧:《莎士比亚传论》,139页。
② 刘丽霞:《艾汶河畔的天鹅》,石家庄:河北人民出版社,1999年,166—167页。

之口将《圣经》与宝剑作比,《圣经》象征和平和生命,宝剑象征战争与死亡,也可看出莎士比亚的宗教倾向。① 可以说刘丽霞在文本中将文学世界与莎士比亚所处的日常世界打通,把他与其作品融合在一起,既描述了他的生平、时代、作品等问题,而且从深层次对作家的心理状态与精神历程作了富于独创性的发现、阐释与演绎。

三、文类话语

传记书写是一个完整的程序,书写的本质其实就是在一定结构框架中的叙事。而传记文本中某些部分的叙事,具有传记文类的特点和要求,发挥着特定的功能。② 梁实秋、赵澧和刘丽霞在三本传记文本中对作为传记文类话语的开场、终场、传记的书名、章节标题、序言和附录的选用不尽相同,各有其特点。

梁实秋的传记书名采用的是人物传记最常见的命名方法,以传主莎士比亚命名。章节的标题则是对叙述场面的章节内容的文字概括,这些标题清晰地标示出莎士比亚的生平经历,对莎士比亚的出生、成长、婚姻、创作发展、时代背景等作了概括,即使没有细读传中的具体内容,我们也可以对传主的经历有大致的了解,同时还赋予了传记趣味性。序言部分在书中没有出现,直接进入开场,介绍莎士比亚的出生地及家世,终场写到了莎士比亚的逝世,但是文本并没有以其死亡为结束,因为这样很容易形成伤感沉重的气氛,而是接着叙述了莎士比亚逝世后的一些细节,在后记中对莎士比亚的一生进行总结,并作出评价,让读者再次总体认识莎士比亚及其对人类文学史作出的贡献。最后在书后附上一张年谱,按时间顺序排列传主一生的大事及戏剧创作的具体年限,更便于读者查阅。

赵澧的传记更倾向于学术性和知识性,因此也用了传记最常见的命名方法。书名为《莎士比亚论传》,这样的书名清晰、庄重、简明,便于读者选择,章

---

① 刘丽霞:《艾汶河畔的天鹅》,178—179 页。
② 杨正润:《现代传记学》,607 页。

节标题直接运用专题内容的文字概括,显得庄重严肃。因为作者在序言第 6 页里就强调了这是介绍莎士比亚及其剧作的一部知识性和学术性并重的著作,因此在开场就先提出"莎士比亚问题"。

许多学者同意文豪莎士比亚就是那位出生在斯特拉福镇、曾经做过演员的莎士比亚,但从 18 世纪末、特别是 19 世纪中叶开始,不断有人对莎士比亚的著作权问题提出了怀疑。怀疑者们认为,莎士比亚名下的作品并不是莎士比亚这个人而是当时另一个出身高贵或受过高等教养的人所撰写的。于是出现了十分有争议性的所谓"莎士比亚问题"。最先被认为莎士比亚著作的真正作者的是同莎士比亚同时代的大哲学家和政治家弗兰西斯·培根。早在 1772 年,就有人提出培根是莎士比亚剧作的作者。梁实秋的《是培根还是莎士比亚?》就是缘起于西方有关莎士比亚真实性问题的讨论。在梁实秋看来,莎士比亚是实有其人的,而培根是哲学家,不是诗人,与莎士比亚绝不是同类型的人。而到了 19 世纪中叶,有人认为莎士比亚的剧作是以哲学家培根和社会活动家沃脱·拉里为首的一个小组集体创作的。继培根和拉里之后,又有多人被认为是莎剧作者,有人还说莎士比亚剧作的作者不是斯特拉福镇的那个名叫威廉·莎士比亚的乡下人,而是另一个威廉·莎士比亚。甚至还有人认为莎剧的作者不是某一个人,而是一个多人集体创作的产物,各种说法层出不穷。尽管长期以来经过无数学者的辛勤努力,已收集到并在继续发现大量可靠的莎士比亚生平材料,证明确有威廉·莎士比亚其人,且就是今天流传于世的莎剧的作者,但直到今天,怀疑莎氏剧作著作权的仍大有人在。赵澧在文本中引用一些官方文献和同时代人的评论来证实莎剧的著作权是无法否认的,莎士比亚其人的存在也无可置疑。比如"在斯特拉幅镇的教区记事簿上登记的有关于威廉·莎士比亚受洗、结婚、丧葬的年月日期;在伦敦出版商工会的名册里也登记有诗人的两首长诗出版和部分剧作上演的日期;另外,他在家乡买房置产、到京城申请并荣获家徽、随同剧团进皇宫领取赏金等等事实,都无不有正式的文字记载传世。……莎士比亚的踪迹还确凿地存在于同时代人的言谈著作之中"[①]。同

[①] 赵澧:《莎士比亚传论》,3—4 页。

时,对于关于莎士比亚那些传说性质的材料,赵澧提倡采取分析研究的态度,不要尽信其真,也不要尽斥为伪,足见其力求客观、公正的严谨学术态度。

赵澧在终场最后一章"莎学400年"介绍了近四百年间莎学研究的重要成果,内容涉及莎士比亚研究和评论,并总结了四百年来莎学的得失,显示出作者专业的学术性视角,可谓是一份有价值的莎学研究资料。

刘丽霞的传记文本相对来说更倾向于趣味性。书名带有强烈的文学色彩,采用生动的意象作为传主的象征,命名为《艾汶河畔的天鹅》,象征着莎士比亚从一个名不见经传的小演员到文学巨匠的蜕变。大章的标题也与书名一样取得形象生动,概括了莎士比亚的出生、成长、成名等经历。"代序"部分介绍了传记的写作创意,告诉读者这部传记的突出之处。开场就是一个地域场面的介绍,类似小说交代故事发生的时间、地点、人物、背景。终场则是用本·琼生的一首赞诗来结尾,诗中出现的"艾汶河可爱的天鹅",和书名相呼应,让读者恍然明了书名的出处。最后列出主要参考书目供读者参考使用。

梁实秋、赵澧和刘丽霞分别撰写的莎士比亚传在结构模式、作品解读和文类话语使用方面不尽相同,各具特色。梁实秋的文本是叙述、比较、分析、评论相互融合;赵澧的文本可以说是一部传论结合、评介交汇的评传,分析、论证多于叙述,学术性较强,但相对少了一些传记的生动性和趣味性;刘丽霞的文本则像一本小说,更具文学趣味性,但从传记真实性的角度看,容易让人对其可靠性产生质疑。然而,无论他们撰写风格多么不同,都给读者留下了莎士比亚这位伟人斑驳的身影,使读者从不同视角对这位戏剧大师其人、其事、其剧的全貌有所了解。

龚丽可　贵州大学外国语学院教师,浙江大学人文学院在读博士。

英国17世纪社会转型与圣徒传记的流变*

李凯平

内容提要：英国17世纪的社会转型对圣徒传记的写作范式产生了深远影响，传者对原有的规范进行了变革，但其功用性仍然是立传的核心。从文本交际的角度出发，可以看出圣徒传记作者是如何专注于对传记叙事的操控，最终消除读者怀疑，确保文本施为作用顺利进行。

关键词：社会转型　圣徒传记　神性　施为作用　传记契约

17世纪的英国正处于由封建社会向资本主义社会过渡的时期，社会阶层分化、利益结构重组等导致社会动荡加剧，新旧势力冲突不断。这一时期发生的一系列重大事件，如内战的爆发及此后的王政复辟、宗教迫害、光荣革命等，突出体现了转型社会的一些特征。传统权威的流失、社会权力的转移，带来社会制度（体制）的变迁和社会发展方向发生变化。这一系列的巨变，极大动摇了英国原先的社会文化基础。在价值多元化的语境下，根深蒂固的"君权神授"思想受到普遍质疑，以保皇派和英国国教精英为代表的主流宗教与政治权威被打破，稳固的王权统治不复存在，政权更迭频繁。这种社会巨变从当时历史著作叙述话语的变化中也能略窥一二，如沃尔夫（D. R. Woolf）所言，"在1640年之前，几乎所有人文主义叙事历史著作……致力于从有利于王权的角度叙述英国历史，并强调过去的道德与政治价值对培养属下和统治的作

---

* 本文为国家社会科学基金重大项目"境外中国现代人物传记资料整理与研究"（编号：11&ZD138）阶段性成果。

用。"但截止到 1660 年之前,"出现了多部英国历史,它们以不同的程度敌视国王甚至斯图亚特家族"①。

实际上,不仅历史著作体现了社会转型期的深刻变革,传记作品同样如此。根据传记理论家尼科尔森的论述:"任何一种文学类型都无法达到传记对'时代精神'的敏感程度;广大读者对任何文学写作形式的要求都没有像对传记那样产生明显、直接的影响。传记发展主要是对传记鉴赏品味的发展。"②学者阿尔提克(Richard Altick)也通过研究发现传记是艺术作品和历史著作形式的结合,因此其规范与模式随着时代而变迁。作为"整体文化的产物",传记的"规范与模式、关注重点与压制的内容都由其产生的各个时代中的各种压力、兴趣、渴望、焦虑所决定"。该学者由此指出,传记是"文学形式"与"社会体制"的结合。③ 此外,17 世纪正是英国近代科学取得突破之际,在此影响下,传记的科学性大为增强,传者开始摒弃荒诞不经的材料,逐渐开始以科学考据的精神处理历史史实。上述种种巨变都对当时传记的主要形式——宗教人物传记产生了巨大冲击,使 17 世纪的圣徒传记读者对"圣徒传记文本越来越挑剔"。④这客观上要求英国当时最重要的传记形式——圣徒传记需要重大的"范式转换"(paradigm shift)。

然而,作为盛行于中世纪的主流传记文学体裁,圣徒传记具有高度的规范性特点,它"虽然写于不同的时代或地点,但是必须抹平差异、强调统一性,鼓吹社会所认可的神性典范,甚至传者在创作中对客观事物的阐释也必须遵守这种模式。"⑤具体来说,它是"针对公认为具有某些神圣品质的个人所撰写的第三人称传记⋯⋯它的关注焦点与其他传记类型显著不同,将传主生平作为神圣

---

① D. R. Woolf, "Narrative Historical Writing in Restoration England: A Preliminary Survey," in W. Gerald Marshall, ed. *The Restoration Mind*. London: Associated University Presses, 1997, 210.

② Harold Nicolson, *The Development of English Biography*. London: Hogarth Press, 1927, 135.

③ Richard D. Altick, *Lives and Letters: A History of Literary Biography in England and America*. New York: Knopf, 1966. xiv.

④ W. Gerald Marshall, "The Interpenetrations of Time: Izaak Walton and the Transformation of Hagiography," in W. Gerald Marshall, ed. *The Restoration Mind*. London: Associated University Presses, 1997, 194.

⑤ 唐岫敏等:《英国传记发展史》,上海:上海外语教育出版社,2012 年,5 页。

性、宗教授职、正确生活方式"的示例。① 因此,传者在撰写传记时关注的是作为圣徒群体中成员之一的传主,需要突出其集体身份而非个性化的特点,因此必须按照固定程式记录传主生平主要事迹,并通过超自然的神迹、显灵突出恶人受罚、上帝显灵、治愈疾病、预卜未来、异教徒皈依、传主的坚定信仰感动上帝等叙事主情节。正因为其相对封闭、保守、千篇一律、缺乏新意,在社会转型的背景下,原先占统治地位的圣徒传记逐渐走入穷途末路,读者不再相信其中充满迷信色彩、鼓吹圣徒显灵的描写。对于传记作者而言,不仅需要顺应时代的要求对传统圣徒传记的形式和写作手法作出重大革新,更促使其对读者的重视达到空前的程度。

在此背景下,17世纪的圣徒传记作家已开始意识到传统圣徒传记的局限性,即它无法在新的历史转型期继续取信于读者,这需要他们实现更高程度的现实主义水平,提升传记叙事的真实性。自16世纪兴起的宗教改革对罗马教廷提出挑战以来,后者所倡导的传统圣徒传记普遍受到新教人士质疑,尤其是其中浓墨重彩渲染的圣徒显灵事迹被斥之以伪装成基督教信仰的魔法、迷信、偶像崇拜行为。在新教人士看来,对圣徒显灵的描写既不能证明传主的神性,也不能以此阐明基督教义,作用只能愚弄读者。英国新教圣徒传记开山鼻祖之一约翰·福克斯(John Foxe,1516—1587)直言不讳地指出:"我们所处的时代和未来都将出现反基督的信徒,与基督的信徒不同,他们通过显灵标榜自己。"②他率先革新了圣徒传记的写作原则,并将显灵斥之为"天主教时期放肆、令人发指的虚构"③。本着这一原则,他通过重写中世纪圣徒传记扬弃了前人所强调的显灵神迹,并利用写成的新型圣徒传记服务于新教教义的宣传。神职人员兼圣徒传记作家西奥菲勒斯·盖尔(Theophilus Gale,1628—1678)也认为,尽管传记中应当围绕"善良、英勇的灵魂"展开写作,但传记作家还应当追

---

① Laurie Aikman, "Religious Biography." *Encyclopedia of Life Writing*: *Autobiographical and Biographical Forms*, ed. Margaretta Jolly. London/Chicago: Fitzroy Dearborn Publishers, 2002, 741.
② Helen L. Parish, "'Impudent and Abominable Fictions': Rewriting Saints' Lives in the English Reformation." *Sixteen Century Journal* 32 (2001): 48.
③ Ibid., 65.

求更高程度的现实主义水平。① 17 世纪著名的神职人员兼圣徒传记作家萨缪尔·克拉克(Samuel Clarke,1675—1729)则直言不讳地指出,传统的圣徒传记是"谬误的历史,"并因而导致读者受虚构事实和证据的"可悲误导"。②西奥多西娅·阿林(Theodosia Alleine)虽然在她为自己丈夫所著传记中沿袭了传统的圣徒传记手法,但她也认为"'圣者的传记'中应反映现实主义是'现实与事实的一生;这一生不能构想出来、而应具有实质性内容'"。③此外,由于普鲁塔克、塔西陀等古希腊、罗马时期经典传记作家写作风格在当时的影响,进而为重视行为与成就的中世纪传记另辟了蹊径,新型圣徒传记开始在 17 世纪的英国兴起,对传主的关注重点逐渐从外部的各种成就转为内心的虔诚品德。因此对传主神性(sanctity)的重视也转为刻画其人性的一面,即将突出超自然的显灵事迹转为刻画宗教人物虔诚、高尚的品格,向现实主义迈进的趋势也使圣徒传记更接近于培根所说的"有纪念意义的人物生平"的传记定义,最终使该文类成为"17 世纪英国各种传记形式中最广泛创作的体裁"。④

尽管圣徒传记的传统叙事模式发生了重大变革,但其核心特点"功用性"⑤在英国社会转型期却得到完好保留。16 世纪英国人文主义作家托马斯·布吕维尔(Thomas Blundeville,1522—1606)将此特点总结为"首先我们从中了解了上帝的旨意……其次通过学习智者所树立的榜样,我们可以让自己的各种举动更为明智……第三,我们可以效仿善人善行、从善如流,也可以恶人的行为为鉴以免重蹈覆辙"。⑥ 即便在 16 世纪经历了文艺复兴和宗教改革的冲击后,功用性依然是圣徒传记的关键特征。显然,此文类并非仅记录传主的生平或向受众宣传传主的事迹。实际上,它的主要目的是实现对读者的教化功用,以促使其产生虔诚的信仰,说服他们相信传主事迹中所体现的宗教原则与教义,使其全

---

①② Marshall, 204.
③ Ibid., 204-205.
④ Allan Prichard, *English Biography in the Seventeenth Century*: *A Critical Survey*. Toronto: University of Toronto Press, 2005, 30.
⑤ 唐岫敏等:《英国传记发展史》,7 页。
⑥ Judith Anderson, *Biographical Truth*: *The Representations of Historical Persons in Tudor-Stuart Writing*. New Haven: Yale University Press, 1984, 216-217.

力以赴地效仿传主的善德与典范行为,最终维持其现有的社会文化建构。对此,17 世纪圣徒传记作家、《斯汤顿传》(Life of Staunton)的传者梅奥(Mayo)阐述了他撰写圣徒传记的出发点:"总之,我内心的愿望和诚挚的祈祷是希望上帝用这部叙事作品使世界更美好,让那些对教规、戒律无动于衷的人能被圣者的事例和行为所打动。"①1626 年,菲利普·斯塔布斯(Philip Stubbes, 1555—1610)在其所著《凯瑟琳·斯塔布斯夫人传》第二版的前言中称,这部著作中"品德高尚的生平中充满罕见、精彩的示例",自己出版此书的目的是"歌颂上帝并启迪人们如何实现真正的神性"。② 由此可见,尽管受到社会转型期的巨大冲击,但圣徒传记这一文类最突出的目的依然是激励读者效仿、产生某些行为,因此对此类传记的评价标准取决于能否对读者产生期待的成效。因此,读者与作者之间的文本交际具有至关重要的作用,对传主生平的记录必须服务于上述目的,即文本应当通过追求对读者产生最佳效果,实现"以言行事"的效果,因此需要审视卓有成效的文本交际背后的因素。

现代叙事学家邓尼斯·芒比(Dennis K. Mumby)认为,叙事"既是一种值得学界观察的交际现象,(从认识论上讲)也表明其以社会现象研究为特别导向"③。圣徒传记作为叙事体裁之一,本质上也是读者与作者之间的交际。传记文本在特定的社会环境中被赋予意义,其目的旨在通过阅读过程达到某种社会功用,例如说服其效仿典范人物的言行举止,令其皈依入教,规范读者的言行,而叙事内容的真实与否则是次要的。对此,海登·怀特(Hayden White)也指出,"重要的是从施为作用(performative force)而非清晰性或真实性的角度,对话语实施评估"④。言语行为理论(Speech Act Theory)正是衡量叙事对读者群体所产生的"施为作用",该理论将关注重点由语言本身转向语言所产生的

---

① Donald A. Stauffer, *English Biography before 1700*. Cambridge: Harvard UP, 1930, 90.
② Jon Bruce Kite, *A Study of the Works and Reputation of John Aubrey (1626-1697) with Emphasis on His Brief Lives*. Lewiston: The Edwin Mellen Press, 1993, 51.
③ Dennis K. Mumby, *Narrative and Social Control: Critical Perspectives*. Newbury Park: Sage Publications, 1993, 2-3.
④ Hayden White, *The Content of the Form: Narrative Discourse and Historical Representation*. Baltimore: Johns Hopkins University Press, 1987, 39.

行为效果,并重视读者与文本之间的交际过程。其中的著名理论家之一简·奥斯丁将交际中使用的话语区分为两类,一类为描述事态、报告情况的记述式话语(constative utterance),另一类则是完成行为、实现意图的施为式话语(performative utterance)。根据这一理论,可以将圣徒传记视为传者与读者之间通过语言为媒介载体开展集体性交际的客体,即通过记载传主的生平经历完成记述式功用,而施为式功用则体现在促使读者产生预期行为。著名叙事学家费兰(Phelan)与雷蒙—凯南(Rimmon-Kenan)也分别指出了叙事中所包含的上述两大功能,因为"叙事不仅是故事也是行为,即由某人在某个场合向他人讲述故事以实现某种目的"[1],而且"语言既是一种媒介也是一种行为"。[2] 显然,圣徒传记这一文类的主要价值在于施为功用而非记述功用,因此人们对此类传记的评价在于前者。具体而言,需要从传记契约、立传权威、消除多重阐述可能等因素分别考察其施为效用。

在语言交际过程中,为确保交际活动的顺利进行,说话人与听话人应当自愿参加交际过程,这是施为效用发挥作用的前提。在传记书写与阅读过程中,参与交际的意愿体现于双方所签署的"传记契约",[3]即文本交际的成功开展建立在传者与读者间相互信任的基础之上,因此,圣徒传记的作者必须力求通过辩白、解释、证明、意图声明等方式说服读者与之建立直接交流并使其相信传者撰写传记过程中的真诚、可信和叙事的真实性,即传者需表明自己并未编造传主的生平,传记中的事实也是真实可靠的。针对传记事实的真实可靠性,国内学者许德金曾在自传研究中对此作出总结并归为三类:"(1)类似于小说的文本内不可靠性;(2)文本外不可靠性,这仅适用于严格意义上的非虚构性自传;(3)文本间不可靠性,这指的是同一位自传作家对自己同一段生平经历所撰写

---

[1] James Phelan, *Narrative as Rhetoric: Technique, Audiences, Ethics, Ideology.* Columbus: Ohio State University Press, 1996, 8.

[2] Shlomith Rimmon-Kenan, "How the Model Neglects the Medium: Linguistics, Language, and the Crisis of Narratology." *Journal of Narrative Technique* 19 (1989): 164.

[3] "传记契约"的概念来源于法国学者勒热讷提出的"自传契约"概念。

的两部自传之间所存在的分歧。"①若对第三条略加修改,使文本间不可靠性指传记文本与其他相关文本的叙述差异,即可将上述分类用于圣徒传记研究。一部圣徒传记作品,需要遵守文本内、文本外、文本间的真实可靠性。即首先必须确保文本内部的叙述不出现自相矛盾之处;其次文本内的记录必须与文本外部的真实世界相对应,传者不应捏造事实;最后,文本中的叙述必须与宣教共同体广泛认可的文本中的叙述相一致。在圣徒传记中,对传主的叙述可以违反历史真实性原则,但必须遵守整个宣教共同体中的信仰与价值观体系。它的具体体现是传记写作前的经典文本,这既包括阐明教义的《圣经》与教父著作,也包括经典圣徒传记。其核心是教会中广泛认可的传统与规范不得违反,否则即便叙述属实也会被斥为缺乏可靠性并失去对读者的说服力。此外,上述3个层次的真实可靠性还存在等级关系,即第三层次的真实可靠性具有统摄性,传者甚至可以为此不惜违反前两个层次的真实可靠性。归根结底是因为该文类的最终目的是宣教,道德教化功用远远高于论证该功用所使用材料的历史真实性。这也从另一个侧面说明为何传者在撰写圣徒传记时常先入为主地预设传主的形象,再撷取历史事实与事件对此加以证明,而非通过历史事实总结出传主的人物形象。

在此文本交际过程中,如读者不愿终止自己对传记真实性的怀疑,而是去挑战叙事的可靠性时,文本交流的基础便不复存在了。在此情况下,作者首先必须消除文中编造事实的痕迹。如前文所述,17世纪的圣徒传记作者为取信于读者,通过创新打破了对神性的传统表现手法。他们通常采用说服和现实主义手法,一改原先刻板的说教,以循循善诱的劝诱赢得读者的信任;注重人物性格刻画,将原先片面突出传主超自然的神性表现改为刻画传主作为优秀教徒个人所展示的优秀品格和美德;此外还在传记中加入了轶事、证言,甚至传主的日记、书信等自传性材料以增强说服力。例如,在《伯纳德·吉尔平传》(1629)中,传者乔治·卡尔顿(George Carleton,1559—1628)首次在英国圣徒传记中

---

① Dejin Xu, *Race and Form: Towards a Contextualized Narratology of African American Autobiography*. Bern: Perter Lang, 2007, 37.

采用了传主的私人书信作为证据,并通过对此的解读增加传记的可信度,同时通过大量轶事刻画传主的人物性格与优秀品德,最终服务于传者道德教化的立传动机——"我认为这种(写作)方式将在许多善良的人心中点燃热情,促使他们效仿正确的行为,只是他们无法完美做到这一点。"[1]其次,在传者与读者达成传记契约之后,传者还需要充分的立传权威,方能有效地开展文本交际活动。言语行为理论有效地阐明了这一过程。通过对社会关系的考察,该理论认为交际的成功、有效取决于说话人的权威、身份。例如,无论是代表政府向另一国宣战、在婚礼上宣布新郎和新娘成婚、抑或是在足球比赛中宣布进球无效等语言交际行为,都需要言语行为的发出者具有特定的权威、资质。若由普通人而非总统或外交部长对外宣战,则无法产生应有的施为作用。在诗歌与小说等文类中,批评界往往关注于作品的美学层面与写作手法、技巧。而在圣徒传记中,作者为保证文本交际的顺利展开所应具备的充足的立传权威则不仅使其作品更加真实可信。究其因,社会与宗教规范决定了读者对叙事作品的看法,读者在阅读传记作品过程中也会有意识或无意识地重视传者的权威、身份。因此,17世纪圣徒传记的传者依然以教士为主,但根据新教改革浪潮中打破等级秩序、倡导教徒平等的原则,推动了传记民主化进程,不仅原先专为帝王将相和教士立传的惯例被打破、各行各业的人物逐渐成为立传的对象;某些享有盛誉的传者依靠其积累的良好信用,也开始崭露头角,撰写出具有说服力、可信度的圣徒传记,在当时教派纷争和手册论战(pamphlet war)中发挥重要作用。此外,传者还借用此前经典圣徒传记的范式使自己的传记文本获得权威,即利用文本间真实可靠性提高所撰写文本的真实性。由于整个宣教共同体的信仰基石之一是耶稣、使徒、先知、圣徒等模范人物的言行,因此通过对此复制、仿造,使传主的生平获得了可靠性。例如,在保皇党人对国王查理一世所著传记中,对其遭到革命党人处决一幕的描写往往套用圣经中对耶稣受难的场景,并以此提高传主神圣性的可信度。艾萨克·沃尔顿(Izaak Walton,1594—1683)在其《约翰·多恩传》中描写传主作出人生的重大抉择时,甚至借用《圣经》中对大卫王

---

[1] Stauffer, *English Biography before 1700*. 68-69.

的叙述模式,将多恩同样刻画为响应上帝召唤、虽罪孽深重却在悔过自新后依然获得上帝的怜悯的人物,最终完美地诠释了传主由天主教改信英国国教,由追名逐利的浪荡公子向上帝的卫道者(God's doorkeeper)的重大转变。最后,传者必须推动并掌控文本交际过程,确保读者能够按照其希望的方式解读文本。为实现这一目的,一方面圣徒传记通常句子较短,使用的措辞较为平实,句子结构较为简单,同时尽量避免其中的晦涩与含混不明之处。为达到这一要求,传者应当尽量清晰地描述平实的事实,这使传记更便于读者阅读,也因而未能留给读者自由阐释的空间。另一方面,传者为突出传主的神性,还应压制传主的世俗一面。根据学者约翰斯顿对现代传记的论述,传者在与读者的文本交际中的职责是"如实、丰富地刻画人物性格及其成就、人格、性情,以及传主核心人格中所隐含的内容,并尽可能忠于传主的生平"。① 但由于传主的世俗一面对于文本交际的作用不大,读者无需解读传主的世俗生平,他们只需通过传主的突出事迹获得激励并以此为榜样积极效仿。这导致17世纪的圣徒传记仍然流于片面化的人物肖像,专注于人物的宗教生活。在以功用性为中心的创作背景下,传者将世俗的关注领域排除在传记叙事之外,其所展示仅仅是宣教共同体中所关心的传主的神性,并促使读者对其事迹的效仿。诚如理查德·巴克斯特(Richard Baxter,1615—1691)在《约翰·简威传》(*Life of John Janeway*,1673)中所言:"我在阅读这部叙事时,它会教导我如何更好地在处世、辞世时充满信仰、希望和爱。你们同样可以学到这些,这就是我向你们推荐这部作品的目的。"②

显然,中世纪盛行的传统圣徒传记中所突出的传主种种显灵、神迹,既无法通过读者的阅读过程促使他们加以效仿,在现代科学即将诞生的前夜也不具有可信度。它突出宣传了天主教的价值观和教义特点,势必在当时新教占主导地位的英国社会中难以为继。基督教新教所推崇的新型圣徒对上诉特点加以扬弃,但传记中的核心功能非但未减弱,反而大大得到加强。

---

① James C. Johnston, *Biography: The Literature of Personality*. New York: Century Co., 1973, 242.
② Stauffer, *English Biography before 1700*, 90.

李凯平 文学博士,上海交通大学传记中心兼职副研究员,主要从事传记研究。近年发表论文《论塞缪尔·佩皮斯的日记艺术》(2012)、《论奥布莱对短篇传记创作的超越与创新》(2012)和《英国传记发展史》(2012)中16世纪和17世纪部分章节的写作。

历史性与文学性之间

——评《艾丽丝·门罗:书写她的生活》

陈 茜

内容提要:罗伯特·撒克的《艾丽丝·门罗:书写她的生活》是一部真实性与文学性兼备的传记,撒克在此部传记中基本按照时间先后顺序叙述了艾丽丝·门罗从出生至2009年的人生历程,甚至对门罗的家族历史也做了非常详尽的考察,这凸显出了此部传记的真实性;另外,撒克还试图追随门罗自传式的创作方法,以门罗的现实人生和文学创作生涯互为参照的方式对门罗进行解释,此种独特的创作手法即是此部传记文学性的体现。

关键词:《艾丽丝·门罗:书写她的生活》 家族历史 叙事间性 传记

罗伯特·撒克(Robert Thacker),美国学者,著名文学评论家,于大学二年级的暑期来到加拿大,之后分别在加拿大滑铁卢大学获得硕士学位,加拿大马尼托巴大学获得博士学位,1983年回到美国,曾任美国加拿大研究协会会刊《美国加拿大研究评论》(*The American Review of Canadian Studies*)主编,现任教于美国圣劳伦斯大学,为该大学达纳教授和加拿大研究项目主任(Dana Professor of English and Chair of Canadian Studies),主要从事加拿大文学研究、美国文学研究,尤其专注于研究美国女作家维拉·凯瑟(Willa Cather)和加拿大女作家艾丽丝·门罗(Alice Munro)。他从1976开始研究门罗,至今已有三十多年,已公开发表相关学术论文数篇,其中《"引人遐想、耐人寻味的叙述":读艾丽丝·门罗的〈恨、友谊、追求、爱和婚姻〉》发表在我国的《外国文学》期刊上①，我国研究门罗的学者周怡也曾表示撒克教授为其研究提供了很多帮助，如此看来，不管是在国外还是在国内，撒克教授都被公认为门罗研究的资深专家。

《艾丽丝·门罗：书写她的生活》这部传记更是撒克教授研究门罗三十多年以来的总结之作。总体而言，此部传记资料详实且学术气息浓厚，在此部传记中，他不仅详尽地介绍了门罗的家族历史背景和个人生平，同时又聚焦于门罗的文学创作之路，着重考察了门罗的文学创作生涯，并将其与门罗的日常人生联系在了一起，他试图用门罗的日常人生和现实人生互为参照的方式来对门罗进行解释，使得此部传记既具有真实性又不失文学性，同时又具有一定的学术价值，普通读者通过此部传记可以了解门罗的生平，而对相关学者的学术研究工作来说，此部传记又具有非常重要的参考价值。本文拟从传记的真实性与文学性这两个方面来评述此部传记。

一、真实性：家族历史的详尽考察及其意义

艾丽丝·门罗 1931 年 7 月 10 日出生于加拿大安大略省威汉姆镇，父亲经营一家狐狸养殖场，母亲是一名教师。自 1976 年至今，她共出版 14 部短篇小说集，三获加拿大总督文学奖，两获加拿大吉勒文学奖、布克国际文学奖，2013 年获得诺贝尔文学奖，被誉为"当代短篇小说大师"、"当代女契诃夫"，文学成就颇大，关于她的传记或相关专著自然也不少，例如凯瑟琳·谢尔德里克的（Catherine Sheldrick）的《艾丽丝·门罗：双面人生》(Alice Munro: A Double Life, 1992)、布洛杰特（Blodgett）的《艾丽丝·门罗》(Alice Munro, 1988)、艾尔萨（Ailsa）的《艾丽丝·门罗》(Alice Munro, 2004)、科罗尔·安（Coral Ann）的《艾丽丝·门罗》(Alice Munro, 1998)，而罗伯特·撒克的《艾丽丝·门罗：书写她的生活》(Alice Munro: Writing her Lives, 2011)则是国外迄今为止最完整

---

① 罗伯特·撒克：《引人遐想、耐人寻味的叙述：读艾丽丝·门罗的〈恨、友谊、追求、爱和婚姻〉》，沈晓红译，《外国文学》，2014 年第 5 期。74—79 页。

的一部门罗传记。

　　与上文所列举的这几部传记相比,撒克的传记时间跨度最长,既较为完整地描述了门罗从出生到2009年的人生历程,并考察了她的家族历史。虽然凯瑟琳·谢尔德里克在《艾丽丝·门罗:双面人生》中也对此有所描述,但她只是简略列出了门罗家族大事记,撒克在《艾丽丝·门罗:书写她的生活》中则用了一整章篇幅详尽地描述了门罗的家族历史。大部分的传记家可能只会像凯瑟琳那样以年谱或大事记的形式简要呈现传主的家族历史,但撒克却是以专章来详述门罗的家族历史,这表现出了撒克对门罗及其家族历史考察的深入性,在一定程度上来说,也凸显出了此部传记的真实性。严格说来,家族历史应算是一种历史文献。将历史文献写入个人传记,一方面体现出了传记的历史性与真实性,但另一方面又不得不考虑家族历史的过多考证是否会背离传记的主要任务——记录传主的生平、传主的人格和对传主进行解释[1],毕竟家族历史的写作核心通常并不在传主本人身上。那么罗伯特·撒克这样写是否有意义?

　　门罗对自己的家族历史有着十分浓厚的兴趣,她曾撰文介绍自己的家族历史,撒克对其家族历史的描述也借鉴了门罗的一些文章。实际上,门罗对家族历史的兴趣源于她创作的需要。为门罗做了三十年代理人的弗吉尼亚·巴伯(Virginia Barber)曾提到过这样一件事:不管何时,只要门罗完成一部作品集,她总有一段时间会说:"我再也写不出别的故事了——我已耗尽所有的素材。"有一回,当门罗再次如是说时,巴伯对她说:"你已经写了太久关于家庭的素材,你为何不写写回忆录,有关家族历史的回忆录?"[2]门罗听取了她的建议,回到苏格兰赖德劳(Laidlaw)家族发源地寻找创作素材。门罗的短篇小说《荒野小站》(短篇小说集《公开的秘密》的第五篇)用书信体和回忆录的形式讲述了1850年代西蒙·赫伦、乔治·赫伦两兄弟去休伦和布鲁克斯的荒野之地开辟土地、建造家园的故事,西蒙·赫伦在一次伐木中被一棵倒下的树枝砸死了。门罗的祖先亦是苏格兰拓荒者,1850年代,包括门罗祖父在内的

---

[1] 杨正润:《论传记的要素》,《江苏社会科学》,2002年第6期,172—178页。
[2] Virginia Barber et al. "Appreciations of Alice Munro." *Virginia Quarterly Review* 82.3 (2006) 96.

三位赖德劳兄弟离开霍尔顿(Halton),定居在休伦县莫里斯镇(Morris),其中一个兄弟也是在开垦农场的时候被一棵倒下的树砸死的。① 时间、地点、行为三方面的高度相似,显而易见,门罗此部短篇小说的创作素材就是来源于家族历史。

家族历史是门罗文学创作的一个重要来源,详述她的家族历史有助于理解她的文学创作,收集其先辈们的各种故事,与门罗的小说创作进行比照是有价值和意义的。撒克曾说:"当我开始着手创作这部传记时,我就发现家谱(genealogy)是那么令人着迷——尤其是门罗自己的家谱,但同时也牵涉她的先祖们参与其中的更大的移民模式(immigration patterns)。"②作为研究门罗数年的资深学者,正是对作家文学创作生涯的研究激发出了撒克对门罗家族历史的浓厚兴趣。

从撒克的描述中,我们还能够感知门罗家族独特的宗教文化和拓荒者精神,它们同样对门罗的整个日常人格发展、文学创作风格产生了不容忽视的影响。她的父系赖德劳家族是苏格兰的长老会教徒(新教,The Orange),母系卡姆奈伊(Chamneys)家族是爱尔兰的圣公会教徒(天主教,The Green)。门罗曾说自己的整个童年都生活在这两种教派的敌视之中,熟悉门罗的人都知道,矛盾是她性格的一大特征,她反复几次封笔后再写作,获得诺奖之后,她对是否继续创作表现出模棱两可的态度。儿时就身陷于根深蒂固的家族宗教冲突之中,无从选择,势必会对其矛盾性格的形成有一定影响。童年的重要经历对作家至关重要,尤其是童年时期主观上的某些感受,在某种程度上,这些童年经验和感受不仅会影响到作家的性格形成,也会影响到作家的文学创作。此种家族宗教冲突在门罗的小说中也时常可见。她在带有自传色彩的小说《女孩和女人们的生活》中写到女主人公戴尔的父亲家族是长老会教徒,母亲家族是爱尔兰天主教教徒,而戴尔和弟弟欧文均是在父亲家族所属宗教受洗的。原小说中表述母亲家族在这一问题上显出的是"令人吃惊

---

① Catherine Sheldrick Ross, *Alice Munro:A Double Life.* Toronto:ECW Press,1992, 9.
② 周怡:《从艾丽丝·门罗看加拿大文学:罗伯特·撒克教授访谈录》,《外国文学研究》,2013年第4期,9页。

的软弱或慷慨"。① 从中我们可以看出小说中的女主人公和门罗本人一样身陷于家族宗教冲突以及由此带来的矛盾与困惑之中。

从撒克的考证中我们还可以读出赖德劳家族勇于探索的家族精神,此种家族精神也彰显于门罗的人生历程和创作之中。门罗的祖辈詹姆斯·赖德劳(James Laidlaw,1763—1829)原先在自己的家乡是一位备受尊敬的牧羊人,55岁时带着家人来到了上加拿大,想要开辟一片新天地。他的这次"离家"不难让人联想到门罗1970年代抽身婚姻生活的长途旅行。步入中年的门罗想要从婚姻生活中走出来,不管是为了寻找创作素材,还是为了找回单身生活的自由感,都能见出她探索新生活的勇敢,她的这种勇敢与赖德劳家族精神是一脉相承的。而此种勇敢在她笔下的人物身上也能找到。《忘情》中的路易莎在丈夫离世后一个人撑起家族钢琴厂并独自养育儿子和继女,《真实的生活》中的多丽像男人一样打猎、骑马;《孩子们留下》中的鲍玲为爱勇敢地与情人私奔……

综上所述,一方面,家族历史是门罗小说创作的源泉之一,可视为理解其文学世界的一个切入口;另一方面家族宗教文化和家族精神对门罗的人格发展、文学创作风格均产生了重要的影响。因此,撒克对门罗家族历史的书写既强化了整部传记的历史性,也未背离传记写作的初衷,反而是相当有必要的,而且撒克在描述门罗家族历史之时也并没有离开门罗,他总是时不时地就插入门罗自己对家族的考证,这样就更不至于脱离传主太远。另外他还能抓住某些有趣的小细节,这样的小细节则增添了整部传记的趣味性和可读性,例如詹姆斯·赖德劳所写的那封引诱儿子罗伯特和威廉姆去北美的信等。②

二、文学性:独特的叙事间性

一部好的传记应该做到历史性和文学性的统一,历史性体现在传记中所描

---

① 艾丽丝·门罗:《女孩和女人的生活》,马永波、杨于军译,上海:上海译文出版社,2013年,110页。

② 詹姆斯·赖德劳去加拿大时,他的两个儿子罗伯特和威廉姆由于留恋家乡,并未与他同行。与他同行的是另外两个儿子瓦尔特和安德鲁、女儿、孙子、和怀孕的儿媳艾格尼丝。

述的传主的生平和事迹等应当真实可靠;传记和文学都以文字为媒介,可以使用相同的文字表达方法和技巧[①],因此从某种程度上来说,传记的文学性应当体现在文学式的创作方法上,而叙事间性就是此部传记最独特的创作方法,也集中体现出了此部传记的文学性。

传记既不像文学那样可以随心所欲地书写,也不像历史那样客观地记录真实事件,传记是介于文学与历史之间的,那么传记就具有此种介于真实与虚构之间的独特间性,由于传记是在叙述传主的生平,本身即为一种叙事,因此笔者将传记中的此种独特的间性定义为叙事间性(inter-narrative)。可以说每一部传记作品中都存在此种叙事间性,任何一位传记家也无法做到完全客观真实地呈现出传主的生平,传记家所呈现出的传主生平只能是相对的真实,在此种真实之中会有传记家的虚构、传记家的解释。事实上,合理的虚构和解释是传记必不可少的组成部分。正是传记家的这些合理的虚构、解释与传主真实的生平之间构成了此种独特的叙事间性,此种叙事间性也体现出了传记的文学性。

在《艾丽丝·门罗:书写她的生活》之中,也存在此种叙事间性,然而由于门罗本身的创作就具有自传色彩,因此撒克的此部传记中就存在三层叙事间性。撒克是本着从真实到虚构再回到真实的创作原则:由传主的家族历史和真实人生为出发点,进入作家的小说创作,建构两者之间的关联性,再由虚构的小说世界回到真实的人生,此种创作原则在"真实"与"虚构"之间构建了一层叙事间性。传记家的此种创作原则又与传主的创作原则相对照。艾丽丝·门罗的小说创作一直游走于真实与虚构之间,她的小说有自传色彩,总是书写"真实"与"想象"中的生活,"实在的现实"与"虚构的想象"彼此呼应。传主的创作原则也在"真实"与"虚构"之间构成了一层间性。传记家追随传主的创作原则,试图把握甚至是还原传主的创作过程,用传主的小说世界解释传主的真实人生,传记家还原的传主的创作过程与传主真实的创作过程之间不可能完全一致,因此又构成一层叙事间性。这三层独特的叙事间性即彰显出此部传记独特

---

① 杨正润:《传记的界线——史学、文学与心理学的考察》,《荆门职业技术学院报》,2007 年第 11 期,1—8 页。

的文学性。三层叙事间性的图示如下：

```
    传记家              传主
   ┌────┐            ┌────┐
   │真实│            │人生│
   └─┬──┘            └──┬─┘
     │     ←──────→     │
   ┌─┴──┐            ┌──┴─┐
   │虚构│            │小说│
   └────┘            └────┘
```

这三层叙事间性使得门罗的现实人生和小说世界相互交织缠绕,造成多重意蕴。罗伯特·撒克的此种解释,始终本着运用真实求证和合理解释的原则,因此并未由于意蕴的多重性而有失传记的历史性,反而是此种意蕴的多重性加强了传记的文学性。

母亲是门罗笔下不可忽视的一个重要女性人物形象,而现实生活中,门罗与其母亲的关系也较为复杂。撒克在介绍门罗家庭背景之时就谈到她的母亲。为了论述的需要,现将其原文描述分为以下四个部分：

(1)……安妮·赖德劳渴望中产阶层的生活,以此为目标……渴望离开下城,去威汉姆。

(2)门罗在塑造《沃克兄弟的放牛仔》中的母亲形象时,借鉴了自己的母亲。写道："她走起路来像是一个购物小姐……"

(3)门罗曾在回忆孩童时光时说她"是母亲关注的对象"……

(4)……她的关注点是想塑造一个人。我不想成为的那种人。①

上文中(1)(3)两部分都是现实中门罗母亲的情况,出生贫穷的农村,凭借自身努力成为了一名教师,她对城市和中产阶层生活都有极度渴望。据门罗自己回忆,在家中的孩子里,母亲对她的关注最多。这部分内容可认为是门罗真实的人生,此部分没有具体交代门罗对母亲的态度。而(2)(4)是小说中母亲的情况,在小说《沃克兄弟放牛仔》中,叙述者的母亲与门罗的母亲极其相似。罗伯特·撒克由部分真实的人生,进入到了门罗的小说世界,引用小说中的对"母亲"的描写来补充说明现实中门罗对"母亲"的态度,从中我们可看出,门罗对自己母亲塑造

---

① Robert Thacker, *Alice Munro: Writing her Lives.* Toronto: Emblem McClelland & Stewart Ltd, 2011, 79.

自己的行为是反感而抵触的。门罗的母亲存在于真实空间,小说中叙述者的母亲存在于虚构空间。身处对立时空的两者,因为某种相似性,又能够互相解释和补充,可以说门罗小说中的母亲形象来源于现实生活中的母亲形象,而罗伯特·撒克则用小说中的母亲形象来补充解释现实中的母亲形象,这是传记作者从真实走向虚构,用虚构解释真实过程中构成的第一层叙事间性。

虽说门罗的小说常取材于真实生活,但小说一定有虚构,不可能完全等同于现实,这是作家本人创作中形成的叙事间性。门罗小说《渥太华河谷》中年幼的叙述者某次在教堂里内裤的松紧带坏了,母亲仅仅用安全别针来替她解围。门罗虽在一次访问中说过这件事是真实的,但她并未对此事做出评价。小说中母亲从未放低的说话声,对女儿严格冷漠的态度以及以女儿视角所描述的母亲的精致穿着,应当是文学性的加工。从中我们可以看出女儿对母亲沉默式的反抗与不满。究竟哪些部分是虚构的,哪些部分是真实的,只有作家本人知道。撒克在介绍1943年安妮·赖德劳带着女儿艾丽丝和茜拉去渥太华河谷的卡尔顿普莱斯(Carleton Place)附近拜访亲戚时,即将门罗小说中这一关于安全别针的故事添加到了此处,并解释说当时的艾丽丝是很羞愧的。但儿时身处同样情景下的门罗是否真是这种心态,或者说有可能是现在的门罗回忆起当初的经历才感知到的一种羞耻感,我们不得而知。撒克试图兼顾门罗真实的现实情况和小说中的虚构情节,但很明显他永远无法完全还原门罗现实生活和小说世界之间的关系。因此撒克所追溯的门罗的现实人生和小说世界与艾丽丝自己的真实人生和小说世界之间构成第三层叙事间性。为了清晰呈现出这三层意蕴层,现以母亲形象(现实与小说)为例,作图示如下:

	具体解释	艾丽丝·门罗/小说主人公的情绪
罗伯特·撒克	直接概括小说中的内容补充解释艾丽丝·门罗真实的生活状况	羞愧
艾丽丝·门罗	小说:母亲从未放低的说话声、对女儿严格冷漠的态度、精致而古怪的穿着	无声的反抗和不满
艾丽丝·门罗	现实:电台采访时提到小说中这一细节真实发生,但并未解释自己当时的心理。	空白

除了解释母亲形象及门罗同母亲的关系以外,撒克还用小说《爱的进程》中的父母亲形象解释门罗祖父母的关系及宗教信仰,用《办公室》中的女主人公与房东之间的冲突来解释门罗1960年到1961年的生活状况等等。由于门罗的小说自传色彩浓厚,她也多次在公开场合承认自己小说中的情节均取材于现实生活,因此,撒克将虚构的小说世界与真实的现实人生相联系的方式,是根据真实的情况,进行合理的解释,也并未违背历史性原则,相反,由此种写作方式构成的三层叙事间性反而是此部传记独特文学性的体现,而三层叙事间性所营造出的多重意蕴有差别有联系,细致深入地呈现出了门罗的现实人生和小说人生。

综上所述,撒克的《艾丽丝·门罗:书写她的生活》是一部历史性与文学性兼备的传记作品,通过阅读此部传记,我们不仅对作为女儿、母亲、妻子的门罗有所了解,更对作为女性作家的门罗有所理解,追随门罗自传性的创作方法,我们更是看到一个穿梭于现实与虚构之间的多面门罗。

陈　茜　浙江师范大学硕士研究生,研究方向为比较文学与世界文学。

反自我主义的自传实践:弗吉尼亚·伍尔夫的《往日速写》

颜 芳

内容提要:《往日速写》是现代自传写作的一个重要文本。本文试图从反自我主义这个视角去阐释伍尔夫这部自传作品中独特的自传理念与写作方法。《往日速写》以其自身实践对自我主义的自传传统进行了全面清算,并继而对自传自我展开了别样的规划。一方面,她强调他人和世界对自我的约束和影响,竭力在与非我的关系中呈现自我,另一方面,她将自传自我区分为"过去我"和"现在我",从而将自我呈现为某种"过去我"与"现在我"交互影响的动态过程。最终,伍尔夫在"非自我主义崇高"的理想之中,通过"安农"式的诉诸人类普遍性的匿名歌唱,力图超越个人和自我的局限,走向与大众的联结。

关键词:《往日速写》 反自我主义 自传 自我

弗吉尼亚·伍尔夫的《往日速写》(*A Sketch of the Past*)[①]之所以持续进入当代自传研究视野,与它令人惊异的未来指向密不可分。人们发现,这部写于

[①] *A Sketch of the Past* 译法的焦点在于 sketch 一词,根据 *Longman Dictionary of Contemporary English* (2001),该词主要有两种释义,一是指绘画中的速写或素描,二是指简述或者梗概。目前译法有《速写过往》、《往日杂记》等。本文将 sketch 译为速写,因速写一词既可对应绘画中的快速写生技法,与该作品中大量出现的场景制造(scene-making)技巧恰能呼应,又能对应一种文学技法(literary sketch),突出该作品异于一般自传的简短篇幅。

1939—1940年的自传作品①恰好回应了当代自传理论最为关切的一些问题,例如自传作者与自传传主的分裂,"过去"的难以捕捉及其幻觉特征、虚构与事实之间脆弱的边界、想象与回忆的复杂关系等。②伍尔夫所设想及实践的女性自传,"废除(undoes)了传统的自传实践与自传理论的诸种假定"。③可以说,伍尔夫的自传实践与以往自传的差异,是自传观念的革新与方向的殊途,不仅具体问题的不同,若借用阿尔都塞的范畴,更应该看作是自传"总问题"(problematic)的更迭。

自我主义(egotism)并不是一个规范的哲学/心理学术语,唯我主义(solipsism)或许更能概括其所指,但是"自我主义"、"自我主义的"却是伍尔夫反复提及的常用词汇,故依此沿用。从1905年开始创作散文伊始,伍尔夫就非常厌恶那种总是说"我"的文章,反对与她同时代的许多作家的"赤裸裸的自我主义"。④ 在1920年1月26日的日记里,她有过如下著名表述:"该死的自我主义(egotistical)的自我,毁掉了乔伊斯和理查森"。乔伊斯小说中的现代主义英雄式的自我主义以及多萝西·理查森所建构的女性主义自我主义都不被伍尔夫所认可。⑤ 正是基于这一特点,《伍尔夫传》的作者赫敏·

---

① 虽然伍尔夫自己把《往日速写》称作"回忆录"(memoir)或者"笔记"(notes),但目前大多数研究都将它视为伍尔夫最重要、最成熟的自传作品。根据菲利浦·勒热讷的定义,自传和回忆录的区别是,"在回忆录中,作者表现得像是一个证人……它是个人所隶属的社会和历史团体的历史。……相反,在自传中,话语的对象就是个人本身。……很多作品包含一部分回忆录因素和一部分自传因素……我们不应当只看数量,而要看到两部分中哪一部分从属于另一部分,作者想写的是他个人的历史还是他的时代的历史"。他还认为,自传的一大特征就是描述自己个性的历史。据此,本文认为《往日随笔》应属于自传而非回忆录。参见菲利浦·勒热讷《自传契约》,杨国政译,北京:生活·读书·新知三联书店,2001年,4—5页。

② Diane Cousineau, "Virginia Woolf's *A Sketch of the Past*: Life writing, the Body, and the Mirror Gaze." *Auto/biography Studies* 8.1 (1993) 51.

③ Leila Brosnan, *Reading Virginia Woolf's Essays and Journalism*. Edinburgh: Edinburgh UP, 1999, 150.

④ Hermione Lee, "Virginia Woolf's Essays", *The Cambridge Companion to Virginia Woolf*. Ed. Susan Sellers. Cambridge: Cambridge University Press, 2010, 104.

⑤ 有研究认为,伍尔夫反对的不是乔伊斯本人的自我本位的自我,而是抱怨乔伊斯人物角色的过度的内在性,如Hugh Kenner所指出的,在《尤利西斯》头50页里,只有主人公斯蒂芬主体的内在事件,而对伍尔夫来说,重要的是在公共事件与私人思想之间的自由移动,如两者分离就会变得狭隘和局限。见Anna Snaith, "Virginia Woolf's Narrative Strategies: Negotiation between (转下页注)

李(Hermione Lees)将"创造一个没有自我(free of ego)、不自命不凡的世界这一愿望置于伍尔夫生平的中心"。① 更为重要的是,自我主义与伍尔夫所处的自传传统之间存在着根深蒂固的联系。自传是作为"现代西方文明的伟大神话之一——自我的神话的最令人着迷的方面之一"而出现的。② 伍尔夫更直接指出了自我主义与自传之间存在着的天然联系,她在对托马斯·布朗爵士的批评中提出了这个观点:"他那浩瀚无边的自我主义为所有心理小说家、自传作家和宣扬及传播那种窥视我们私人生活的忏悔录的人们铺好了道路……'我关心的世界就是我自己;我只将目光投向我自己框架中的微观世界;对于别的世界我只当作地球仪,仅仅为了娱乐而偶尔拨动。'"③这种完全聚焦于自身世界的排他性视野,正是此前自传特别是男性自传的核心症结所在。

众所周知,伍尔夫的写作大多具有强烈的自传性,她终其一生探索的核心就是自我,而她最想写的文类可能正是自传,"事实上有时候我甚至想,只有自传才是文学——我们剥落小说的壳,最终到达的那个核心,只存在你或者我。"④而写作《往日速写》时,战争爆发迫在眉睫,伍尔夫已经开始计划自杀。生命走向终点时对人生加以回顾和总结的凝重、数十年来自传性写作经验的累积,加之对自传/传记文类的熟稔及其卓越的自传/传记

(接上页注) Public and Private Voices", *Journal of Modern Literature*, 20.2 (1996) 136。另有众多研究并不同意伍尔夫的这种观点。例如认为乔伊斯的自我主义是同他的无政府主义话语相联系的一种反抗压制的策略,见 Jean-Michel Rabaté, *James Joyce and the Politics of Egoism*. Cambridge:Cambridge University Press, 2001. 27。还有研究认为,理查森的女性主义意识是一种政治争论的方式,如果理查森像伍尔夫一样拓宽意识以及超出了单个的女性意识,那么她可能会在女性主义的论争中失败,就像有些女性主义者认为伍尔夫从中失败了一样。见:< http://dorothyrichardson.org/PJDRS/Issue1/Contents_assets/Matz1.htm > Retrieved: Dec. 31, 2014。

① Jacqueline Rose, "Smashing the Teapots: A Review of *Virginia Woolf* by Hermione Lee." *London Review of Books*, 19.2 (1997). < http://www.lrb.co.uk/v19/n02/jacqueline-rose/smashing-the-teapots >. Retrieved: Dec. 25, 2014.

② 菲利浦·勒热讷:《自传契约》,106 页。

③ Virginia Woolf, "The Elizabethan Lumber Room." *The Essays of Virginia Woolf*. Vol. 4. Ed. Andrew McNeillie. London: Hogarth Press, 1994, 58.

④ Virginia Woolf, *The letters of Virginia Woolf*. Eds. Nigel Nicolson and Joanne Trautmann. New York: Harcourt Brace Jovanovich, 1977 - 1982, Vol. 5. 142.

理论建构能力①，这诸种因素促使伍尔夫得以在远高于一般自传写作水平的层面之上开始自己的自传写作。《往日速写》不仅是一部非凡的自传，更是对自传本体的撼动与开拓。与自传本质最为相关的、也是她毕生大为批判的自我主义和自我主义的自传传统，应当看作是作者提笔写作时最重要的前理解之一。本文认为，"反自我主义"不仅是贯穿这部自传始终的一个重要线索，以此为视角，还能较好地解释其中最为重要、最具革新性的那些自传理念与手法。本文试图回答：这部作品到底对自传中的自我主义认识论根源做了哪些清理？在这样一种必须涉及自我的文类里，又提出了哪些关于自我呈现的解决方案？这种反自我主义的自传实践的目的和愿景又是什么？

一

自传假定了自我与世界、文学与历史、事实与虚构、主体与客体的对立，这正是其难以成为稳定文类的根本原因。② 自传本身内含的诸多二元对立的排斥性的文类规定，是阻止它更具包容性地容纳各种多元形态的自传性写作的最大障碍。伍尔夫正是以其实践从认识论层面清理了自传所必然涉及的一系列概念，并对其中僵化的二元对立和因果机制进行了重构。这些概念围绕着自传中的"我"为核心，还包括伍尔夫思维体系中的"我"所依附的"回忆"、"过去"、"现在"等概念。同时，她还提出了"影响"、"看不见的存在"等关键性概念。

自传中的"我"，当然是首要的问题。从标题中的"速写"（sketch）即可看出，伍尔夫回避了那种浓墨重彩、纤毫毕现式的自我再现的方式，而选择了类似后期印象主义绘画的"速写"技法。《往日速写》的主体部分并非一般自传中常

---

① 例如伍尔夫在《新传记》、《传记艺术》等论文中对斯特拉奇为代表的"新传记"的关注及命名，以及提出了传记中作为史实的"花岗岩"与作为个性的"彩虹"难以兼容的观点等。以上文章均已成为现代传记理论的基石。

② Laura Marcus, *Autobiography Discourses: Theory, Criticism, Practice.* Manchester: Manchester UP, 1994, 7.

见的关于自我的线性的、纪实的描述,而是若干个由她有意塑造的虚实相间的场景与瞬间,而这些场景与瞬间又往往由他人(如父母、兄弟姐妹、家中的访客等)构成或参与。可以说,其中作为自传史实的"花岗石"的部分少得可怜,如果想从这部作品获得足够的关于伍尔夫个人史的材料将是非常困难的。考虑到这是一个计划自杀的作家剖白自己的最后机会,其"简陋"程度若非纳入伍尔夫总体思想体系中去考察将是令人费解的。究其原因,乃是因为伍尔夫所致力于的正是对以往自传传统的哲学前提的总清算。或者说,是力图以新"我"驱逐(dislodge)旧"我"(the old "I"):"《往日速写》的叙事者处处容忍了在旧的自传规划中所不能容忍的那些不可能性(impossibility)与非合意性(undesirability)。"①

这个"新我"突出地表现为自我的"缺席",呈现出"非主体化"的表象。如果带着传统的阅读期待去读这部作品,将会产生巨大的困惑或者说"非合意性":这是自传吗?为什么作者很少正面描写、述说和评价自己?为什么作者大部分对自我的描述都是依托于对他人的描述之上?正因如此,有研究甚至认为,"在伍尔夫的自传中人们总感到有一件事情漏掉了,而这漏掉的正是伍尔夫自己",因为比起一般自传对自我的揭示,这部自传更多的是"伪装"(camouflage)甚至"欺骗"(deception),"这是一种以神秘的方式排除了作者自身的自传"。②但是,确乎如此吗?

伍尔夫的自传冲动显然不同于其同时代男性作家如劳伦斯或者乔伊斯的那种忏悔式自传冲动,当男性作家描写着一个精力充沛的竭力认识自身的自我时,伍尔夫则"从不朝着自我性(selfhood)努力",相反,自我对她来说如"有刺在身"。③ 这是因为,在伍尔夫的思想体系中,自我与男性、攻击性、专横跋扈是

---

① Sidonie Smith, *Subjectivity, Identity and the Body: Women's Autobiographical Practices in the Twentieth Century*. Bloomington: Indiana University Press, 1993, 87; 100.
② Daniel Albright, "Virginia Woolf as Autobiographer." *The Kenyon Review* 6.4 (1984) 2; 14.
③ Thomas C. Caramagno, *The Flight of the Mind: Virginia Woolf's Art and Manic-Depressive Illness*. Berkeley and Los Angles: University of California Press, 1992, 154.

同义关系,"女性从自我中解放出来是对女性自身的保护"。①然而这并不意味着这是一部排除了作者自身的自传。毋宁说,伍尔夫极大地拓展了自我的边界,将"非我"——传统自传认知中的作为主体对立面的他人的自我或客体世界——包容地纳入了自我的规划。也就是说,他人与世界,也是自我的重要组成部分,是自我之所以成为自我的重要的甚至(在伍尔夫看来)最为根本性的支撑条件和形成原因。这就是伍尔夫相对于男权中心主义以及自我本位主义(包括女性自我本位主义)所提出的对如何在自传中表现自我这一问题的解决方案。

与自圣奥古斯丁以来形成的男性自传传统的"对独一性的冥思(contemplation of singularity)"极不相同的是,女性自传往往是基于"对关系的探索",女性对自我的理解,往往来自于自我对他人的理解。② 这可能正是传统女性自传往往呈现着"非主体化"的心理学成因。例如在维多利亚时期的女性自传中,女性总是从家庭关系中建构自身,她们多从母亲、女儿、妻子的身份来描述自己,将自己的生平再现为女性之善的种种情节。③无独有偶,伍尔夫的《往日速写》也是在家庭关系中构建自身,家人及她与家人的关系正是她的关切核心,然而,这并非意味着伍尔夫重蹈了维多利亚女性自传的覆辙。

在伍尔夫的观念中,自我与他人的主体性不是对立和冲突的,反之,她恰恰要通过他人的主体性去实现自己的主体性。《往日速写》中显露出作者对此有明确的自觉意识。"当我描述14岁的自己时,我必须要描写奈莎和索比,而且要极其详细地描写他们,因为他们就是我的生活(they were as much my life as anything)",在回忆索比与自己的成长息息相关时,她说,"那时候,他来到我房间与我争论问题……那是一个我们同时从童年中浮现的瞬间(we were both emerging from childhood),每一次当他从克利夫顿或者剑桥回来的时候,更多

---

① Jane Marcus, "Thinking Back through Our Mothers." *New Feminist Essays on Virginia Woolf*. Ed. Jane Marcus. Lincoln: University of Nebraska Press, 1981, 9.
② Susan Babbitt, "Review of *Women and Autobiography* Edited by Martine Watson Brownley and Allison B. Kimmich." *Hypatia* 18.3 (2003) 217.
③ Linda H. Peterson, *Traditions of Victorian Women's Autobiography : The Poetics and Politics of Life Writing*. Charlottesville : University Press of Virginia, 1999, 20.

的他,更多的我(more of him, more of me),就出现了"①。伍尔夫并不在二元对立的逻辑中通过他人的非主体化来实现自己的主体性,而是找到了超越这种二元对立的主体性实现方式。例如,她在对父亲的批判中折射了反抗父权压迫的自己,她对母亲的依恋呈现了对母爱渴求的自己,她对哥哥索比的描写特别是回忆索比与她谈论希腊文化、让她了解伊顿和剑桥的世界时则勾勒了智性萌芽的自己,可以说,在这部自传中伍尔夫似乎消失了,实际上又无处不在。这里不妨引入对伍尔夫的《罗杰·弗莱传》的相关研究加以辅助说明。《罗杰·弗莱传》曾被普遍认为是一部失败的传记,因为人们发现这是一部"没有罗杰·弗莱本人的《罗杰·弗莱传》"。② 然而,露丝·赫伯曼(Ruth Hoberman)却认为,伍尔夫创造了一种女性主义传记写作方式,在其中"将个人性与他人的互动相融合……将历史变为亲密与影响(intimacies and influence)的记录而不是冲突的记录"。③ 上述结论几乎可以完全运用于伍尔夫同一时期写作的《往日速写》中。

　　伍尔夫至为强调"影响"在自传/传记中的作用,在《往日速写》中,她指出了"看不见的存在"(invisible presences)这一最关键的传记因素是如何被传统传记所遗漏的。所谓"看不见的存在"指的是"其他群体对我们的影响;公共舆论的影响;他人的所思所说对我们的影响;那些磁石般吸引我们让我们与之趋同的人或物,或者使我们厌恶、让我们决意不与之相同的人或物对我们的影响",她认为这些从来没有在她阅读的传记作品中得到过分析,即使有也只是肤浅的分析。④虽然即使是在观念最为陈旧的自传/传记中,也必然会涉及对传主有重大影响的其他人物或者经历,但是伍尔夫自有其独到之处,这充分体现在她那著名的"溪中之鱼"的比喻中:"我把自己看作是一条溪流中的鱼,弯曲

---

① Virginia Woolf, *Moments of Being: Unpublished Autobiographical Writings*. Ed. Jeanne Schulkind. New York: Harcourt Brace Jovanovich, 1976, 120.
② Adam Parkes, *A Sense of Shock: The Impact of Impressionism on Modern British and Irish Writing*. Oxford and New York: Oxford University Press, 2011, 172.
③ Ruth Hoberman, *Modernizing Lives: Experiments in English Biography, 1918 – 1939*. Carbondale: Southern Illinois University Press, 1987, 193 – 197.
④ Virginia Woolf, *Moments of Being*, 80.

着,保持一定位置,但是无法描述我所处的溪流本身。"①伍尔夫对此解释道:

> 正是通过这种看不见的存在,回忆录的主体才被这样或那样拉扯着,正是它们使得这个人保持在一定位置上。想想社会带给每个人无边无际的影响吧,社会在每个时代都会发生变迁,在每个阶级都会发生变动,如果我们不能分析这些看不见的存在,我们就对回忆录的主体一无所知,生平写作将重新变得无用。②

这里最引人注意的是,伍尔夫认为"溪流"(看不见的存在)相对"鱼"(回忆录主体)而言,是决定性甚至是强制性的存在。对这种决定性作用的极端强调,正是伍尔夫的特异之处:"鱼"如此受制于"溪流",乃至于它弯曲、不能动弹,甚至最终,"鱼"沉溺于"溪流"本身的力量,乃至于忘却自己是"鱼",在"无我"中达到某种崇高体验。

伍尔夫将他人结构性地纳入自我建构之中,并非意味着倒退到此前女性自传的非主体化阶段。相反,这是一种内含独特理念的自主行为,恰恰意味着伍尔夫作为女性、作为作家达到了主体意识成熟的阶段。如前所述,女性自我往往在与他人的联系中形成,而其中最为重要的就是母女纽带,伍尔夫故去的母亲对她来说就是最强烈的"看不见的存在"。相比她在第一部自传《回忆》(*Reminiscences*)中有意与母亲拉开距离,选择以"观察者"(observer)而非"亲历者"(experiencer)作为叙事角度,在《往日速写》中伍尔夫已经是一个成熟的女性以及艺术家,那种与母亲拉开距离的需要不存在了,故而,伍尔夫坚定地陈述她与母亲的联系,在对家人的描述中编织着自我,因此,如果说伍尔夫在《回忆》中试图用区隔(separation)来形成自我身份,那么《往日速写》则反映了她通过关系(by relation)来定义自我的努力。如果说《回忆》中的叙事者"我"意味着身份认同的模糊,或者说意味着伍尔夫的"不在"的话,那么《往日速写》中的

---

①② Virginia Woolf, *Moments of Being*, 80.

"我"则代表着伍尔夫的"存在"。①只是这种存在是伍尔夫式的:没有溪流,鱼将无从寄身;没有鱼,溪流也将无从感知;二者辩证相依、互为实现,才是自传自我的主体存在方式。

二

"溪流"是《往日速写》中不断提及的意象。在伍尔夫的思想中,它除了指空间层面上的支撑自我存在的他人、社会和世界等,还有另一个重要所指,即时间层面上的支撑自我存在的过去与现在。她写道:"我写下这些,是为了让过去遮蔽(现在)这破碎的表面,从而恢复我对现在的感知,那么让我,像一个光着脚踏入冰凉河流的孩子,再次沉入那条溪流……"②可以说,除了在空间维度上进行了反自我主义的自传主体规划之外,伍尔夫在时间维度上也对自我主义的线性逻辑进行了废黜与重构。

乔治·高斯朵夫(Georges Gusdorf)的论文《自传境况及其局限》(1956年),常被视为当代自传理论的开山之作,他在文中指出:"准确地说,自传承担了跨越时间去重建生平之统一性的任务"(Autobiography properly speaking assumes the task of reconstructing the unity of a life across time),自传作者对那些分散的个人生平的要素进行整合,将它们重组为可被理解的概述。③在这个经典论断中,自传作者实际上自居为全知全能的、对自己生平的最权威解释者的角色。而自传作为一种"回顾性"叙事④,主宰了关于自身历史的叙事,也就是主宰了自传本身。然而,越是力图在时间中将自我重建为统一体,越容易陷入自我主义的迷醉。如假定"今日之我"与"往日之我"具有同一性,将二者不

---

① LuAnn McCracken, "The Synthesis of My Being: Autobiography and the Reproduction of Identity in Virginia Woolf." *Tulsa Studies in Women's Literature* 9.1 (1990) 67–72.
② Virginia Woolf, *Moments of Being*. 98.
③ Georges Gusdorf, "Conditions and Limits of Autobiography." *Autobiography: Essays Theoretical and Critical*. Ed. James Olney. Princeton: Princeton University Press, 1980, 35–37.
④ "当某个人主要强调他的个人生活,尤其是他的个性的历史时,我们把这个人用散文体写成的回顾性叙事称作自传。"参见菲利浦·勒热讷《自传契约》,3页。

加区隔地视为一体,自传便有演变为"个人神话"的危险。在压倒一切的回顾性视角的叙事中,读者很难察觉到一个正在写作中的"我"的存在,因而极易放弃批判性而沉浸其中,陷入共鸣,从而与作者在其个人神话的建构过程中形成"共谋"。即使叙述者即今日之我在自传叙事中出面,也往往是作者意志的实现途径;即使自传总是竭力呈现反身姿态以辩护今日之我对往日之我的叙事合法性,例如叙述者即今日之我经常被邀请出场;但其目的却是促请读者对自传叙事更加信任,从而更积极地加入到自传文本意义的生产中来。

伍尔夫却斩断了今日之我与往日之我的看似天然的联系,在时间维度上对自我进行了重新的规划。在《往日速写》中,她鲜明地将自我区隔为:"现在我"(I now)与"过去我"(I then)。"5月2日……我写下这个日期,是因为我想我为这些笔记找到了一种可能的形式。那就是说,让它们包含着现在——至少是足够多的现在,以便提供一个(让过去)站立其上的平台。把这样两个人——现在我、过去我——拿来比较将会是非常有趣的。甚至可说,这个过去是被现在这个时刻所强烈影响着的。"[1]这其中最为值得注意的是伍尔夫将"现在我"和"过去我"看作是"两个人"的表述。一般自传叙事中出面的叙述者仍是作者当下意志的代理人,作者虽然能够意识到并且往往向读者主动交代自己"正在写作"这个行为,以及今日之我无法完全复现往日之我这个自传写作事实上的、也是本质层面上的困境,但在时间序列上仍然难以放弃自我的连续性。然而,伍尔夫却从不试图弥合过去我与现在我的裂痕,甚至将这种分裂视为自传之根本前提。"现在我"和"过去我"是"两个人"的表述意味着:消失的"过去我"并没有消失,反而具有了某种能动性和意志力,甚至可以成为与"现在我"比肩而立的另一个主体性存在,这个发现无疑是惊人的。

伍尔夫特殊的时间观与她上述观点的形成密不可分。在伍尔夫的观念中,个人生命的历史不是横向的流逝,而是纵向的层叠。[2] 也就是说,过去并未消失,而是存在于某个另外的时空中:

---

[1] Virginia Woolf, *Moments of Being*, 75.
[2] 刘佳林:《时间与现代自传的叙事策略》,《扬州大学学报(人文社会科学版)》,2001年第5期,26页。

> 我看见它——过去——就像一条身后的小路；一条由场景（scenes）、情绪（emotion）构成的带状物（ribbon）。……我要在墙上插一个塞子；然后从中聆听过去（listen in to the past）。我将重现1890年的8月。强烈的情感必然会留下它的痕迹，问题只在于我们如何才能与之依附，这样我们就能从开始起重新活过（live our lives through from the start）。①

正是因为在伍尔夫的理念中过去相对于当下的时空不是历时性替代的关系，而是共时性共存的关系，自我当然也可以相应地区分为"现在我"、"过去我"两个并置的存在。

基于这种对自我在时间维度上必然断裂的深刻认知，《往日速写》中的自我建构不再是不假思索地将过去、现在混为一谈，而是呈现着"现在我"与"过去我"的交互影响，在过去与现在的不断穿梭中，将自我还原为在过去与现在拉扯之中的某种居间状态，或者说是在时间维度上不断游移的某个过程。这种交互影响突出表现为："过去我"的现在性，以及"现在我"的过去性。

首先，在自传中对"过去我"的现在性的暴露，开启了对自传写作及对回忆行为合法性的持续质疑。伍尔夫不惮于呈现写作和回忆行为的有限性以及人为性。在描述第一个回忆即她趴在母亲膝头前往某处时，她这样写道：

> 也许我们是在前往圣伊芙斯的路上；但是根据那时的光线（应该是晚上）来判断，更有可能的是，我们其实是在返回伦敦的路上。但是艺术性地假设（artistically to suppose）前往圣伊芙斯会更为便利，因为这样我就能谈到我的另一个记忆……②

她还承认，"我假设回忆补充了我所遗忘的那些事情，这些回忆看起来是独立地发生着的，事实上却是我正在使它发生（making it happen）"③。再比

---

① ③ Virginia Woolf, *Moments of Being*, 67.
② Ibid., 64.

如，她主动承认自己通过想象来塑造母亲，"去想象她当时在想些什么，她的嘴里会说出些什么，这是一件多么困难的事情！我开始想象了；我编造了（make up）一个夏日午后的景象。"①伍尔夫始终让读者明显地感受到"现在我"是如何形塑"过去我"的，让"过去"包含着足够多的"现在"，并将"现在"看作是"过去"得以呈现的唯一平台。在一般自传中，这个平台趋近于透明，从"现在"跨越到"过去"似乎毫无阻隔，"过去"被描述成宛在眼前的逼真幻象。但事实上，"过去我"每时每刻都在被"现在我"所操控，被选择、重组和理想化，只是这个过程被遮蔽了。伍尔夫则充分解密了这个动态而矛盾的过程，暴露着"现在我"对过去不停地肯定又否定、承认又修正的种种痕迹。正如她在小说中经常展露意识发展的矛盾过程一样，伍尔夫在自传中也还原了运动的、变化的、甚至矛盾的探索自我的过程。保存在英国萨塞克斯大学里的《往日速写》原稿中的大量修改痕迹表明，这种实验性写作形式虽然看起来像是伍尔夫为了日后更为精致的艺术创作所积累的笔记或者原材料，但实际上却是她精心为之的永久之作。因为在伍尔夫看来，再现过去的唯一方式是：过去被呈现为动态的作为过程的过去（as process, in motion）。②

相应的，回忆也不再是边界分明的稳固的客体，而只能看作是"现在我"与"过去我"对话中的某种暂时的约定，或者说是想象与事实的某种混杂物。她从不为自己回忆的可信性背书，"这就是我的最初的回忆。但是，作为我生平的陈述它们是误导性的（misleading）；因为那些不记得的事情同样重要；甚至也许那些不记得的事情更重要"③。她还坦诚回忆行为对呈现事实以外的人类感情的无能，"在无以计数被我的速写所遗漏的事情中，那些最重要的被遗漏了——那些直觉、情感、激情、依恋——没有词语可以来描述它们，因为它们每月都在变化"④。可以说，伍尔夫通过突出回忆的当下性和主体性两个方面，对

---

① Virginia Woolf, *Moments of Being*, 87.
② Phyllis Frus McCord, "'Litter Corks That Mark a Sunken Net': Virginia Woolf's 'Sketch of the Past' as a Fictional Memoir." *Modern Language Studies* 16.3（1986）250.
③ Virginia Woolf, *Moments of Being*, 69.
④ Ibid., 79.

回忆本身进行了革命性重构。也可以说,伍尔夫的回忆,特别是她制造的那些场景,是为了反抗她自身真实的经验而制造的,因而那些回忆并不是关于原始事件的直接回想,而是伍尔夫制造的第二现实(a second reality),这第二现实相对于第一现实(原始事件或原始经验)来说更为条理分明、更为包罗一切,故而可以认为,《往日速写》不是客观的个人历史本身,而是"关于回忆的回忆"(recollections of a recollection)。① 这正是"现在我"对回忆加以充分改造的结果。

其次,不仅"过去我"具有当下性,"现在我"也深为过去所影响。这个看似寻常的结论,必须要放到伍尔夫的思想体系中才能凸显其独特内涵。在伍尔夫看来,"如果生命有一个根基,如果生命是一个需要不停填满的碗——那么我的碗毫无疑问就是这个回忆。"②将回忆作为生命的根基还不够,她接着说,"在那些瞬间我找了极度的满足,不是因为我正在回忆过去;而是因为在那些瞬间我最充分地活在了现在(living most fully in the present)。因为当现在被过去所支撑的(backed by the past)时候要深邃千倍,而当现在极其靠近地压过来,就像照相机的胶卷放置眼前时,你将失去任何感觉。"③也就是说,主体难以依靠切近现实来认识自己,而只能隔着足够的距离,在时间"溪流"的纵深处才能感知自己的存在。由过去支撑的现在,"给自传主体带来一种全新视野,这种看向过去的视野使得主体对现在的感知发生了深刻的转换,从排他性的视觉感知转变为包容了其他所有知觉"。④ 也就是说,"现在我"无法单独完成对主体的建构,正如要让过去包含着足够多的现在一样,现在也要包含着足够多的过去,从而让自我从现在意识的专断独行中解放出来,容纳来自其他时空和其他个体的感觉和存在。

---

① Virginia Hyman, "The Autobiographical Present in *A Sketch of the Past.*" *Psychoanalytic Review* 70 (1983) 27-28.

② "这个回忆"指的是她半梦半醒躺在圣艾芙斯的婴儿室里听到海浪拍岸的回忆。Virginia Woolf, *Moments of Being*, 64.

③ Ibid., 98.

④ Teresa Prudente, *Specially Tender Piece of Eternity: Virginia Woolf and the Experience of Time.* Lanham: Lexington Books, 2008, 26.

不仅如此，在某些瞬间，过去甚至还有可能比现在更为真实，从而吞噬和取代现在。伍尔夫认为，"那些瞬间——在婴儿室里的、在通往海岸的路上的瞬间——比现在这个瞬间更为真实，我刚刚已经尝试了。……有时我能比这个早晨更为完整地回到圣伊芙斯。我能达到这种状态：就好像我在那里，能够看到事情发生一样"[1]。也就是说，回想过去是不够的，伍尔夫甚至还要回到过去。《往日速写》因而是一次通往过去的激进的实验，开启了一个无法预料的心理历程，这个历程是如此成功，以至于回忆者可能真的会以幻觉和疯狂的方式在过去中迷失自己，从而让过去成为了现在。或者说，想象的过去排挤和取代了现在，因为这种过去比现在更为生动、更为"现在"。[2]在这回到过去的实验中，伍尔夫进一步展示了自我的有限性。"我发现制造场景（scene making）是对我来说最自然的标记过去的方式。场景总是自行安排的（arranged itself），典型的，持续的。……将这些场景写出来的责任感是否就是我写作冲动的起源？"[3]也就是说，"场景"具有某种强大的自主性，"迫使"作者为他们代言。因而在某些瞬间，自我的现在意识可能会被回到过去的强烈冲动所冲击和压迫，当下的自我在迷狂中被挤压成"过去我"呈现自身的通道："（在回忆中）我很难意识到我自己，而只有感觉本身；我只是狂喜和迷醉之感的容器（the container）。"[4]至此，继在时间维度上强调自我分裂为"现在我"、"过去我"之后，伍尔夫更进一步展示了"过去我"所具有的统领自我意识的强大迫力：不是由现在言说过去，而是由过去言说现在，甚至是过去"反噬"了现在，从而更加鲜明地区别于那种以上帝般的现在意识主导着个人历史叙事的自我主义自传神话。

既然如上所述"过去我"和"现在我"彼此强烈地互为渗透，那么是否意味着伍尔夫对二者的区分是个多此一举的规划？必须要看到，对"过去我"和"现在我"的区隔相当于以之为两极，为自我的展开打开一条漫长的时间轴（或者

---

[1] Virginia Woolf, *Moments of Being*, 67.
[2] Evelyne Ender, *Architexts of Memory：Literature, Science, and Autobiography.* Ann Arbor：University of Michigan Press, 2005, 73.
[3] Virginia Woolf, *Moments of Being.* 122.
[4] Ibid., 67.

用伍尔夫的比喻来说,形成了一条由现在的水面和过去的水底过去构成的溪流),而自我就存在于这两极之间的张力结构中。写"过去我"时,不得不意识到现在,写"现在我"时,也不得不顾忌过去,因而必须在两极间保持两厢互看。在这样一个自我规划中,再没有纯粹的过去自我,也没有纯粹的现在自我,而只有同时意识到过去和现在的自我。或者说,只有"过去我"和"现在我"对话中的自我。这就最大限度地避免了由单一现在意识主导的自我抒情,从而获得更为全面和均衡的视野。正如有研究指出,《往日速写》的叙事在某种"自由的联系"中展开,作者在过去事件与当下意识间轻松地转换,"这种自由和随意正显示了伍尔夫作为作家掌控自己艺术的自信";无论是作为童年记忆的海德公园22号的家庭世界,还是伍尔夫成年后所进入的布鲁姆斯伯里文学圈,《往日速写》以更加包容和平衡的视角,同时再现并且衡量了这两个世界,这是她早期自传中所没有做到的。[1]

同时,"过去我"和"现在我"的张力又从根本上阻止了自传自我的一次性生成,现在不停地"发明"着新的过去,而新的过去又不断构成着新的现在,自我因而成为在过去和现在两极间不停滑动的无数可能。这正是自我存在的真实状态,如伍尔夫所说,"一个变动的自我才是一个活着的自我"(A self that goes on changing is a self that goes on living)。[2]《往日速写》展示了一种永动的自我生产机制:"我今天所写下的,一年后将不可能再写出来。"[3]自我取决于"现在我"和"过去我"的即兴遇合,因而可以包容自我的无数形态,特别是为那些曾经在传统自传观念中(如伍尔夫父亲所主编的《国民传记辞典》)无数被遮蔽的、参差多态和晦暗未明的自我形态开启了大门。正是在这个意义上,琳达·安德森(Linda Anderson)将伍尔夫看作自传批评的"关键人物",因为她"把主体构想为分裂的主体,探索了碎片化的、未完成的和被压抑的精神领

---

[1] Christopher C. Dahl, "Virginia Woolf's 'Moments of Being' and Autobiographical Tradition in the Stephen Family." *Journal of Modern Literature* 10.2 (1983) 190–193.

[2] Virginia Woolf, *The Death of the Moth and Other Essays.* London: The Hogarth Press, 1942, 248.

[3] Virginia Woolf, *Moments of Being*. 75.

域",从而"动摇了男性主体所主张的'普遍的我'(universal 'I')及其统一(unity)和自信(confidence)"。①

结　语

综上所述,伍尔夫分别从空间与时间维度对自我主义的自传自我进行了全面清理,自我因而不再聚焦于自身框架中的微观世界,而是被呈现为"一个与世界、他人、回忆、经验和无意识对话的场所";也就是说,被置于主体间性的多重网状结构之中。②相应地,伍尔夫自传的美学终点也没有止步于自我本身,而是将自我托付于某种更为宏大的存在之中,这也就是在《往日速写》中反复提及的"完整"(wholeness)。完整既是治愈一切伤害的"卡塔西斯",也是消泯一切差别的无上狂喜:

> 那就是我们——我是指所有人类——都与此模式相连;整个世界是一个艺术作品;我们都是这个作品的一部分;哈姆雷特或者贝多芬四重奏都是关于这个我们称之为世界的庞然大物(vast mass)的真相。但是没有莎士比亚,也没有贝多芬;确定以及肯定的是,也没有上帝;我们就是词语,我们就是音乐,我们就是事物本身。③

在这个著名的段落中,没有叙述者,只有叙述本身;没有"我",只有"我们";没有主客体的界限,只有主客一体化的狂欢;也没有神,只有世界及其无垠,自我消融于语言、群体、客体及世界中。这正是一种"非自我主义的崇高"(nonegotistical sublime)。④ 伍尔夫的自传实践正是无限地趋近于这种美学理

---

① Linda Anderson, *Autobiography*. London: Routledge, 2001. 102.
② Leila Brosnan, *Reading Virginia Woolf's Essays and Journalism*. Edinburgh: Edinburgh UP, 1999, 151.
③ Virginia Woolf, *Moments of Being*, 72.
④ Christine Froula, *Virginia Woolf and the Bloomsbury Avant-Garde: War, Civilization, Modernity*. New York: Columbia University Press, 2005, 26.

想的诸般努力。如果说,以"自我主义的崇高"作为终极目的的传统自传助产了现代性意义上的自我诞生,将大写的"我"昂然地立于天地万物之间,那么伍尔夫则以"非自我主义崇高"的美学,在自传中探讨着小写的"我"甚至"无我"的可能。这无疑为"自传为何"、"自传何为"等重大问题提供了重要的替代性方案。

然而,伍尔夫在自传中对个人声音不加强调反加限制,作为一个自称的也是公认的女性主义者,是否意味着自甘退回女性尚未觉醒前那漫长黑暗和寂寂无名的历史状态中去呢?是否意味着放弃了走向读者和大众,而只是沉溺于自我指涉的无限循环?为阐明这些问题,有必要对《往日速写》与伍尔夫同一时期写作的未竟残篇《安农》(Anon)之间的关联加以再评估。

"没有莎士比亚,也没有贝多芬"以及"我们就是词语,我们就是音乐"等表述,极为类似于伍尔夫所构想的在大不列颠土地上流浪着的无名歌者安农与广泛的听众一齐歌唱的情景。"听者丝毫不关心安农的名字,安农也从未给自己取名。……每个人都分享了安农歌里的情感,并补充了歌里的故事",因而"安农是门外响起的普遍的声音(common voice)"。①安农一词被认为是匿名(anonymity)的某种缩写,安农因而就是无名或匿名的艺术家的代称。安农与大众之间互为协助、互为匿名,在普遍的声音和情感中联合起来共同吟唱,这正是晚年伍尔夫所设想的艺术创作的理想状态,同时也可看作是她的"非自我主义崇高"理想中的核心思想:安农与大众的关系,实际上也正是自我与非我(他人、世界等)的关系;安农以匿名为渠道与大众联结,而自我也正是通过隐匿而得以与非我联结。正如只有莎士比亚和贝多芬消失于作为词语和音乐本身的"我们"之中时,这种非自我主义崇高才能达成。

安农与大众的合唱一直在人类文学和艺术史上以某种形态存在着,直到个人主义的命名行为——出版、著作权——杀死了安农,早期文学中的群体中的

---

① Virginia Woolf, "Anon." See: Brenda R. Silver, "'Anon' and 'The Reader': Virginia Woolf's Last Essays." *Twentieth Century Literature* (Virginia Woolf Issue) 25.3/4 (1979) 382.

作者被文艺复兴以来的个人的作者及其孤立状态（isolation）所取代了。[1] 如果说，安农在获得名字的瞬间因外在于大众而走向了死亡，那么，为自我命名的冲动是否最终也会使自我走向绝境？而自传，特别是充满了大写的"我"的自我主义自传，是否加速了人类陷入彼此隔绝的进程？这正是伍尔夫向自传本体所发出的终极之问。

《往日速写》因而是一曲力图复活"我们"意识的安农之歌。只要安农还在说着我们的思想，只要他还是我们自己（he is ourselves），只要有"一种普遍的生活"（a common life）联结着，安农就不会与听众分离。[2] 伍尔夫的反自我主义的自传实践正是要在自传中恢复狭隘的自我主义的自我意识所无法企及的安农式普遍性，通过超越自我和个人的局限，为人类共同的情感和经验而歌唱。如同她描述自己童年性侵经历时所说，她感到伍尔夫并非生于1882年1月25日，而是生于千年之前，从最初的直觉中就已获得历史上千千万万女性祖先的类似的经验。[3] 正是通过诉诸人类的普遍性，《往日速写》向读者和大众表达着联结的渴望与合唱的吁请。从这个意义上说，伍尔夫的反自我主义自传实践因而也是行动的和政治的。

颜　芳　华中师范大学文学院文艺学博士研究生。

---

[1] Brenda R. Silver, "'Anon' and 'The Reader'：Virginia Woolf's Last Essays." *Twentieth Century Literature* (Virginia Woolf Issue) 25.3/4 (1979) 360.

[2] Virginia Woolf, "Anon," see：Brenda R. Silver, "'Anon' and 'The Reader'：Virginia Woolf's Last Essays", *Twentieth Century Literature* (Virginia Woolf Issue) 25.3/4 (1979) 398.

[3] Virginia Woolf, *Moments of Being*, 69.

试析虹影自传体小说的"虚"与"实"

朱旭晨

内容提要：对比阅读虹影自传体小说《饥饿的女儿》及其续篇《好儿女花》和散文集《小小姑娘》、《53 种离别》等，可以明显感受到作家个体经历及情感流变对创作的直接影响，一言以蔽之，即虚实相生。具体而言，则体现为作者自传体小说结构的艺术化设置、情节细节的故事性构想、叙事意象的理性化凝练。

关键词：虹影　自传体小说　真实　虚构

始于 2004 年的《亚洲周刊》"全球中文十大好书"评选活动，自 2006 年起分设"小说类"、"非小说类"两种。2009 年虹影的《饥饿的女儿续　好儿女花》获"小说类"第二名，居张爱玲《小团圆》之后。这两部作品的文体共性引发出笔者对自传体小说艺术虚构与自传纪实问题的思考。关于《小团圆》的创作，张爱玲生前曾与好友言及是自己"最深知的材料"[1]，说"在《小团圆》里讲到自己也很不客气，这种地方总是自己来揭发的好"。[2]《小团圆》的自叙性由此可见一斑。2010 年虹影接受凤凰卫视《名人面对面》节目访谈时说："绝对是百分之百的故事。自传，就是自传，你可以沿着我书中描写的每一个地方、每一个细节，就可以找到我的家。……六号院子……八号院子……那个眼镜……书里面的程光头，还有很多书中描写的人物全都在那里。"[3]可见，这里强调的仍是作品的纪实性。纵然如此，他们却被多数读者和评论家视为小说。带着对自传与

---

[1] 张爱玲：《小团圆》，北京：北京十月文艺出版社，2009 年，5 页。
[2] 同上书，2 页。
[3] 虹影：《谁怕虹影》，北京：作家出版社，2004 年，137—138 页。

自传体小说的文体思考,笔者反复阅读虹影自叙性作品,包括自传体小说、散文集、随笔集等,认为虹影以其颇具前沿性的思考与书写提出并部分回答了困扰传记研究者的一些理论问题。本文拟从虹影散文、随笔与自传体小说对照阅读中,初步梳理自传体小说的"虚构"技巧及其呈现"事实"的变异与效果,以此就教于同行学者及文学爱好者。

一

一般而言,自传体小说是"以作者的亲身经历为素材、经过艺术处理而成的小说","作者自身的经历构成了小说创作的源泉",其"主人公就是作者的化身和投影"。[①] 虹影两部自传体小说中,作为叙述者的"我",无论是《饥饿的女儿》中的六六,还是《好儿女花》中的六妹,均系作者的自我指涉。两部作品,作者均未采取多数人物传记常用的流水账簿式的纵向结构,而是截取人物生平中最具转折意义的短暂时段,将叙事指向某种私密的揭橥及其对人物内心世界的影响。同样重要的是,作者不断偏离现时叙述的轨道去追溯过去,并交织进另一隐秘的倾诉,形成复线或网状辐射的结构模式。在头绪繁复、颇具魅力的叙述结构中,现时叙述、逆时叙述以及时序交错段落的不断变换,赋予其自传体小说一种强烈的现代性色彩,达致大跨度大幅度的叙事效果。这种艺术处理使得虹影两部自传体小说突破、超越了阶段性传记的框架和内蕴。

虹影的私生女身份及其18岁不辞而别出门远行一再被作者言说,已是确凿的个人生活实情。问题是这一身份的道破在时间上是否与其离家流浪紧密衔接?其初恋情人历史老师的自杀是否正处于虹影获知身世之际?"记不清从几岁开始我发誓要离开那个出生的山城,也记不得在十八岁那年我是在哪一天离开它的。"[②]"只等十八岁成人见生父那一刻,所有的秘密揭开,化为逃离故乡的行动。"[③]这是虹影散文《两块大洋》和《十二岁》中的记述。如果我们相信

[①] 菲利浦·勒热讷:《自传契约》,杨国政译,北京:生活·读书·新知三联书店,2001年,译者序。
[②] 虹影:《谁怕虹影》,90页。
[③] 虹影:《53种离别》,南京:江苏文艺出版社,2013年,26页。

散文的纪实性,则可以说离开故乡是作者多年的心愿,萌芽于童年时期。缘于冷漠的家庭氛围,缺少关爱、不快乐的童年生活。小时候,"母亲连看都不肯多看我一眼",①并"一直尝试着把我送人"。六岁那年春天母亲让大姐把我带到老家忠县,第二年八月才捎来口信,"让幺姨送我回重庆上学"。②"父亲对我不亲热",③"十二岁的我,没有新衣,没有玩伴,没有人肯跟我说话。"④虹影生长在一个八口之家,虽然贫困,但父母哥姐俱在,然而她却有种孤儿之感,乃至在短篇《孤儿小六》中说出"我多么希望有人向我走过来。真的,诱拐者,我又在等你"⑤这般夫子自道的话语。虹影散文虽多未标注写作时间,且直接收入文集,很难整理出详细准确的创作顺序,但这不妨碍我们的推断。第一,即便没有私生女这样的身世,虹影也会选择成年后离家流浪,追求"只有离开家才会得到"的"自由","寻求诱拐我的人"。⑥第二,虹影离家的时间应该是得知身世并见过生父后,即1980年"十一"之后。《好儿女花》亦说:"我18岁,弄清自己是一个非婚私生子的身世后,离家出走。"⑦离家16年后,虹影创作《饥饿的女儿》。那时,她远在英伦,逃离故乡的确切日期已然淡远,于是便依旧时习俗和回忆推算出最接近事实的时间段。虹影母亲和生父出生于20世纪上半叶,习惯按阴历记事。他们记忆中女儿的生日是阴历八月二十三,虹影自己记的是阳历9月21日。虹影18岁正是1980年,那一年阴历八月二十三是阳历的10月1日。于是,虹影将《饥饿的女儿》主体故事浓缩进"我"18岁阴阳历生日之差的十几天中,搭建起私生女身世与逃离故乡行动的因果链条,形成包裹整体叙事的外层框架,引发读者对自传叙事时序与结构及故事深层意蕴的关注与思考。"我"的初恋对象是已有妻女的历史老师,"我"故意引发他的关注、情感,并跑去他家,与之发生性爱举动。虹影散文中关于历史老师的相关记述极少,但两部自传体小说都写到了

---

①③ 虹影:《小小姑娘》,南京:译林出版社,2011年,15页。
② 虹影:《53种离别》,15页。
④ 同上书,25页。
⑤⑥ 虹影:《我们相互消失》,西安:陕西师范大学出版社,2009年,108页。
⑦ 虹影:《饥饿的女儿续 好儿女花》,南京:江苏人民出版社,2011年,129页。

这位无名教师。《饥饿的女儿》中"我"得知自己的私生女身世并见过生父后因身体虚弱,几日未去学校,偶遇同学方知历史老师已经自杀。这完全出乎"我"的意料,"我"跑去办公室、图书馆,因为历史老师说过"报纸和书是通向我们内心世界的桥梁",①"我"要知道他为什么自杀而且一字不留。查阅、思考后,"我"恍悟"我们两个人实际上都很自私,我们根本没有相爱过",②他"只顾自己离去,把我当做一桩应该忘掉的艳遇"。③青春期少女突如其来的初恋被突兀斩断,徒留一个"未婚先孕"、手术流产的凄苦收稍。④ 于是"这些年,我有意回避这个人"。⑤ 然而时隔30年,创作《好儿女花》的虹影再次想起这位历史老师,承认"自己爱他",并从中明白"一个男人的爱情既能损害你的意志,也能温暖你受伤的心,即使他已成了一个鬼"。⑥ 历史老师的出现看似偶然,实则必然。他之于《饥饿的女儿》,犹如《好儿女花》结尾处母亲去世7个月后"我"产下私生女,乃是生活本身创造的奇迹。于是,"我"与历史老师的情感纠葛亦成为贯穿全书的线索,这一主一辅身世情感两条线索的并进、散射及完成共同催促着"我"逃离故乡的脚步。

虹影母亲病逝于2006年10月25日,作者由京返渝为母奔丧。《好儿女花》便以母逝奔丧为叙事起点,作者自当天的母女感应写起,"我"接到母亲病危消息,即刻订机票赶航班飞回重庆,葬礼翌日飞回北京。四天三夜的时间里,母亲后事的办理构成全书大框架,"我"对母亲婚外情感及晚年生活真相的追寻是叙述主线,"我"的婚恋状况作为隐线又埋伏其间,形成彼此缠绕粘连的复杂网状结构。既有依时推进的丧事叙述,又有环环相扣追索真相的悬疑设置,还有故事套故事的嵌套式结撰。时序、线索层叠交错,粗看斜逸旁出,细读则脉络分明题旨突出。

治丧过程作为全书框架统领着现时叙事。去世当天搭灵棚、守灵,第二天

---

① 虹影:《饥饿的女儿》,北京:北京十月文艺出版社,2012年,243页。
② 同上书,242页。
③ 同上书,254页。
④ 同上书,252—260页。
⑤ 虹影:《饥饿的女儿续 好儿女花》,95页。
⑥ 同上书,96页。

做道场、追悼会,第三天火化。期间亲朋好友往来吊唁,丧事隆重,母亲生前形象初步还原。身为作家的"我"因见母亲遗体所穿鞋子码数不对而有所疑惑,又听姐姐们议论母亲的婚外情人,于是"决心好好调查找到证据,让她们明白,母亲是怎样一个人",①叙事迅即进入虹影极为擅长的世情悬疑模式,高潮迭起、参差错落。伴随"我"的一番寻访,母亲多情而磊落、卑微又细致、忍辱负重关爱儿女、孤寂凄苦简朴智慧的形象树立起来。母亲去世,小姐姐也在,小姐姐的情人"小唐"也来奔丧,于是,"我"和小姐姐"二女侍一夫"的情形亦浮出水面。这条线索写起来很复杂,头绪纷繁。作者以分头叙述的方式一面时或忆及"我"丈夫,一面紧锣密鼓地讲述小姐姐和小唐的故事,直到葬礼结束小唐离去后,"我"的一句"他是我丈夫,还轮不到你对他做什么"②才揭开谜底。

  虹影在接受《子午书简》访谈时说:"奔丧三天中,我的心一直在流血。回到北京一刻不停地,我想我要把这些写下来。"③翻开《好儿女花》,我们看到文末清晰标注着初稿完成于2009年5月3日。这说明《好儿女花》的成书并非一蹴而就一气呵成的,过程中势必有作者的斟酌取舍等艺术处理。复杂缠绕爱恨交织的亲情,节外生枝的特殊婚姻,一件件一桩桩,正如作者借小唐之口道出的"这个家每个人都有秘密"。④"一回到这儿,就想起过去,心里就生满霉点。"⑤纷繁杂乱的往事如何梳理,被风吹乱的线团怎样扯出线头?虹影有着足够的冷静和韧性,她知道开笔前的抽丝绕线,创作中的情感把控,后期的修改润饰影响制约着作品的质地,找到那个如"天打五雷轰"的契机方可"行前密密缝"。⑥既然内心翻滚的激情和创作欲望源于奔丧,那么,丧事叙述也就成了不二之选。作者将所有疑惑、追索、审判、释然、忏悔,那些长短粗细各异的线头嵌入这四天三夜的奔丧之旅一并发酵,最终化为爱的追悼与承继。

---

  ① 虹影:《饥饿的女儿续 好儿女花》,46页。
  ② 同上书,249页。
  ③ 李潘、虹影:《追悼母亲的安魂曲》,下载网址 http://tansuo.cntv.cn/humanities/ziwushujian/classpage/video/20100508/100334.shtml? ptag = vsogou。
  ④ 虹影:《饥饿的女儿续 好儿女花》,199页。
  ⑤ 同上书,200页。
  ⑥ 同上书,封面。

二

框架确定后,决定文本成败的便是情节安排与细节描写。

虹影的私生女身份究竟由谁揭晓? 小姐姐的复仇计划是怎样实施的? 谁目睹了母亲晚年拾垃圾的场景? 既是以小说笔法完成自传,情节设置细节描绘必然不全是生活的原样复制,真实基础上的作者匠心总会有踪迹可寻。

"在我十八岁生日那天,大姐说我当年像一个破皮球,被母亲、父亲,还有生父在区法院里踢来踢去。"①这是散文《上法庭》的记述。《饥饿的女儿》则是另一个版本。作者安排了一个巧合性情节框架,即下乡插队的大姐在"我"阳历生日那天回家,小住几日,又在"我"见过生父后离开。其间大姐断断续续为"我"讲述家史,包括母亲、大姐生父袍哥头子、大姐、父亲及其他兄姐的故事,但却在母亲怀"我"并遭父亲打骂处戛然而止。作者有意将"我"的身世之谜留待母亲揭晓,而没让大姐脱口说出。这样处理一方面可以减少道德冲撞指数,将母亲与小孙在饥荒年代特殊状况下(出船在外的养父几个月没有消息,家中五个孩子嗷嗷待哺,母亲又被街道主任王眼镜整治等)患难扶持中发展起来的爱情和"我"一波三折的诞生过程化为较易接受的故事,一方面为尾声部分"我"几年后的情感变化做好铺垫。同时,无意中为续集"我"对母亲的理解、与生父的梦中和解预设了空间。这种母女接力式的情节安排,前面看似散漫的铺垫正如"我"漫长暗淡的童年,而突如其来的真相披露则是"我"孤寂迷乱的少年岁月里最具震撼力的事件,这样的消息原本该由母亲亲口道出。这样的情节安排使得行文节奏亦因此而张弛有致富于变化。

如前所述,《好儿女花》将故事开端与结束时间集中于母亲的后事,但单纯一次热热闹闹的白喜事难以撑起近28万字的叙事大厦。对母亲婚外情感及晚年生活真相的追寻因其时代与阶层代表性而拥有一定分量,但与自传体有些微偏离。惟有加入"我"的成分方才名副其实。于是,"我"的情感婚姻无可回避

---

① 虹影:《小小姑娘》,10 页。

地成为叙述之一极。当初"二女侍一夫"带给"我"的伤害,在"小唐"移情别恋后,受害者角色置换为小姐姐。"小唐"出场仅两天一夜,小姐姐们设计好复仇方案,抓紧一切时机意欲实施。"我"作为"小唐"的前妻,不想母亲的丧事节外生枝,更不想姐姐们用残忍的方式报仇。"我"立场明确,姐姐们商议和行动时都回避着"我"。小姐姐有没有惩罚"小唐"?惩罚的详细情形如何?对此,置身事外的"我"无法知悉,于是作者采取小姐姐叙述的方式来补足第一人称叙事盲区。这种方法虹影一再使用,从《饥饿的女儿》大姐和母亲的讲述,发展为《好儿女花》的众声喧哗:大姐、二姐、小姐姐、小米、小唐、守礼、春姐、马妈妈、莫孃孃、王贵香孃孃等。仅小姐姐与"小唐"在南都事,"我"就先后听过小米、小唐两次讲述,而小米是听大姐讲,大姐听小姐姐讲,"只是角度不同,口气不同",受害方不同罢了。① 由不同人物讲述同一事件,一方面可以提升事件发生的真实感可信度,一方面便于表达作者立场的中立客观,有助于廓清真相。然而对"小唐"的报复"我"只听到小姐姐的一面之词,犹如幻觉梦境,读者不妨视为虚写。

　　母亲拾垃圾的情形同样如此。"我"第一次听到欺负母亲一生的街道主任王眼镜说出母亲拾垃圾的话时,还以为她是"想伤害我","想看我难过"。②"我"寻机求证于邻居马妈妈,得到"不是我亲眼看见,是有人看到的"③的答复,"我"仍安慰自己"那完全是马妈妈虚构的"④。直到好友梅惠子电话告诉"我"记者Y在江边垃圾山与母亲推心置腹采访到的详细情形时,我才理解为什么莫孃孃会说母亲死得好苦好冤,母亲晚年生活真相渐渐清晰。然而,作者说"她讲的关于母亲的事,几分真几分假,已不重要"。⑤ 什么才是重要的?在回答荒林教授等人的访谈时,虹影说:"我想母亲一生中有两个时期是很黑暗的,一个是在她怀上我的时候……第二个黑暗是她晚年捡垃圾。"⑥作者设想一

---

① 虹影:《饥饿的女儿续　好儿女花》,235页。
② 同上书,164页。
③ 同上书,188页。
④ 同上书,189页。
⑤ 同上书,200页。
⑥ 同上书,300页。

生背负着"坏女人"名声的孤苦的母亲,在晚年卑微的日子里,通过捡垃圾回到四十多年前与"我"生父萌发爱意相互扶持彼此依赖的艰难岁月,用曾经的爱情照亮现状的黑暗。这是母亲的惨况,也是母亲的智慧。"我"因此更懂得母爱的博大深沉,也更悔恨自己没有给过母亲一个拥抱,没有好好陪伴母亲。虹影由"不知道该不该写"母亲捡垃圾情节,①到最后以好友电话转述的方式将实情和盘托出,其过程之艰难、痛苦是可想而知的。拾垃圾情节彰显出母亲以亲情爱情抵抗黑暗的坚忍,同时也释放出长年堆积在作者心里的"黑暗和爱"。②

三

《饥饿的女儿》第 18 章结尾处非常对景地引用了一首油印杂志上的诗,虽未写出诗题和诗人姓名,但我们知道那首诗叫《在灾难面前我们都是孩子》,诗作者就是虹影第一任丈夫赵毅衡教授。作为一个讲故事的人,虹影是沉着冷静的。她会设置悬念留有余地,更擅长凝练意象传递慧心。虹影说母亲"习惯灾难,忍受灾难",③面对丈夫以西方性解放理论和萨特与波伏娃情感模式为旗帜的性爱观婚姻观及各种践行,她也只有像母亲那样"习惯"和"忍受"。是的,灾难面前,我们都是孩子。母亲如是,"我"亦如是。雨中奔跑的小女孩。虹影一再言及那雨中奔跑的小女孩便是创作时的自己。④ "无论任何时候拿起笔来,我只是那个在雨中长江边奔跑呼喊的女孩,渴望更多的人能听见自己的声音。"⑤虹影口中、笔下的小女孩就是《饥饿的女儿》中的六六,即幼年的"我"。"我"跟五哥拾豆子,五哥的腿被缆车压伤,我要沿着长江奔跑去找母亲,让她回来救五哥。那时,雨下个没完,"我跌到了,马上爬起来,继续跑……我挂满雨水的脸露出了笑容"。这充满诗意和隐喻、无助又无辜、带着急切执着和童

---

① 虹影:《饥饿的女儿续 好儿女花》,300 页。
② 同上书,写在前面。
③ 同上书,264 页。
④ 虹影:《谁怕虹影》,142 页。
⑤ 虹影:《53 种离别》,27 页。

年纯真清透的眼神与心思、在细雨中呼喊的五岁半小女孩,正是作者颇具原发性的思考、想象与创作力的渊薮,也是作者赤子之心的形象化阐释。

　　小桃红、红色笔记本与《好儿女花》。母亲年轻时因逃婚只身来到重庆,外婆病重后舅舅们抬她来重庆投奔母亲。母亲竭尽孝道救治外婆,但每每念及多年不曾联系照顾外婆,便愧悔莫及,祈求外婆原谅自己,外婆却始终没有点头。直到送外婆遗体回乡与外公合葬时,母亲看到外婆在外公坟前遍植的小桃红,才明白外婆早已原谅了自己。小桃红是母亲的乳名,外婆以这种方式传递心意,美好又温暖。虹影有篇散文,题曰《红色笔记本》。红色笔记本是母亲的遗物,"里面竟夹满我历年寄给母亲的卡片和照片"。①《好儿女花》对此做了新的记述,将其一分为二:红色笔记本"几乎全是什么家里开支、孩子得病看病的事……本子后部分大多页码被撕掉"。②"一叠大透明塑料袋,里面竟是关于我的报道的剪报,还有我的照片……有一叠撕下的纸片……不错,是本子里撕下的那部分……母亲记着我生父寄到二姐那儿我的抚养费,还有王孃孃代她去见生父的时间和钱的金额……"③粗略比较,不难发现作者构思《好儿女花》的匠心所在。《饥饿的女儿》给了读者一个因常年做苦力而身体变形丑陋、亦较少表现出爱心的母亲形象,那是18岁"我"离家之前的印象。母亲病逝后,虹影悲痛万分,后悔没有更多关心母亲。女儿的出生又让虹影对母爱和母亲有了真正的理解,她认为没当母亲时,对母亲的回忆"总觉得欠缺了一点",④因此,《好儿女花》中的母亲形象较之前更丰厚智慧,也更真实宽容。于是,散文中的"红色笔记本"分解为笔记本和塑料袋,记录收藏内容也做了些微变化,并设计了母亲将"透明塑料袋"留给好友王贵香托其亲手交给"我"的情节。⑤母亲以珍藏我的卡片照片资料剪报的文件夹表达对我的关爱和原谅,这与外婆的做法如出一辙,同样美好又温暖,母亲爱"我"的那份苦心与智慧瞬间照亮了"我"。我

---

① 虹影:《53种离别》,29页。
② 虹影:《饥饿的女儿续　好儿女花》,255页。
③⑤　同上书,276页。
④ 沈星、虹影:《对话虹影》,下载网址 http://v.ifeng.com/history/wenhuashidian/201203/e9f202c4-a22d-4f6b-8dd7-95c2b9677380.shtml。

把《饥饿的女儿》献给母亲言说对母亲的怀念,又以母亲乳名的另一种称呼"好儿女花"命名第二部自传体小说,因为它是写给母亲的一封长长的信,是"追悼母亲的安魂曲"。虹影将《好儿女花》题献给女儿,祈望女儿的理解与原谅。从外婆、母亲到虹影,她们都以隐喻的方式表达自己最深沉真挚而无私的爱与宽容,家族女性的精神承传亦由此可见。

小蝌蚪。《好儿女花》结尾有个奇妙的梦境:一大一小两只蝌蚪在宽阔无比的江里游向对岸,小蝌蚪对大蝌蚪说:"真好,前一世你是我女儿,这一世你是我母亲!我们俩永远在一起,永远不分离。"① 访谈中虹影说她在刚出生的女儿脸上看到了母亲的笑容,② 意外而欣慰。读虹影作品,我们会发现其中不时出现似幻似真的情节,诸如阁楼女鬼、会跳舞的猫、古老的葡萄树、新邻居青玉的死等。生活于长江流域,自幼置身于长盛不衰的巫文化氛围中,虹影身边不乏离奇神异之人事。这里,母亲化身小蝌蚪入梦便成为既合情理又神奇迷幻的意象,寄托着"我"与母亲彼此的思念和不舍,诉说着爱的神话与不朽。作为全书的收梢,圆融精湛又温暖美好。

从《饥饿的女儿》到续篇《好儿女花》,我们看到作者在处理生活素材时,从框架到动作、意象都做出了指向明朗的艺术运思。两部作品叙事时间越来越集中短暂,文本厚度与反思力度却越来越强大,内容由黑暗苦难变得温暖明亮,风格从冷酷凌厉到清新简洁。虹影是成功的,她的自传体小说不仅记录着个人生活与心灵成长的轨迹及家族秘史,而且映照出长江南岸新旧时代底层人民的生存境况,虹影也因此而成为草根代言人,被市民选为重庆城市形象推广大使。其自传体小说虚实相映的处理方法为传记事实的叙述提供了可资借鉴的经验。当读者不再纠缠于一事一字的真伪时,豁然开朗的感觉将油然而生。

---

① 虹影:《饥饿的女儿续 好儿女花》,288 页。
② 李潘、虹影:《追悼母亲的安魂曲》,下载网址 http://tansuo.cntv.cn/humanities/ziwushujian/classpage/video/20100508/100334.shtml? ptag = vsogou。

朱旭晨 女,黑龙江伊春人,复旦大学文学博士,燕山大学教授。研究方向:中国现当代文学、海外华文文学、传记文学及影视艺术。著有《秋水斜阳芳菲度:中国现代女作家传记研究》(2006)、《小说创作美学》(2002)等。

"边缘"的深度与广度[*]

——北美华人女性自传体写作谱系研究

宋晓英

内容提要：中国大陆出生的北美华人女性自传体写作自成谱系，展示着"边缘人"母题的深度与广度。其传主或书写"寓言"，展示着身为"少数民族"向西方主流社会参与、渗透的历程；或再现"创伤"，从文革"受难者"向"反思者"视角嬗变；或揭示"文化混杂者"、"世界人"貌似自由，实则"悬空"或流放的生命真相。其主题嬗变、发展，从"家国"或"寄居"多元角度出发，揭示了"现代人""无根"的必然命运。

关键词：北美华人女性自传体写作　谱系　"边缘"

边缘人（Marginal Character）指从群体控制中逃离或被主流社会忽视、排挤的人，有"自觉"的边缘人和"他决"的边缘人两种。北美华人女性自传体写作者自认是母国的边缘人，逃离故土是其"自觉"的选择。到达异国他乡，她们沦为"少数"民族，被"他决"为"多余的人"。自陈香梅1962年出版英文自传《一千个春天》（Anna Chennault, Lin Yutang. *A Thousand Springs*: *The Biography of a Marriage*, New York：Paul S. Eriksson, 1962）始，经发展与嬗变，北美华人女性自传体写作已自成体系且方兴未艾，因此，对其进行学术总结已成为必要。

此处"自传体"的概念是英文 autobiography 的同义语，涵括自传、自传体散

---

[*] 国家社会科学基金项目"北美华人自传体写作发展史研究"（编号：11BZW113）成果。

文、自传体小说、回忆录等。判断其是否具"自传性"依据有三:一,菲利普·勒热讷的《自传契约》中所言,作者本人在作品题名、献辞、前言,或其后的访谈录、创作谈中有否声称这是其个人亲历,或"自传"。二,《自传契约》中还强调了"自我"、"个人"、"个性化历史"等,认定其文类特点是私人生活的写照,尤其是他"个性的发展历史"。① 三,美国批评家华莱士·马丁说:"自传是有关个人如何成长或自我如何演变的故事。"②据此,鉴别某些"回忆"性文字是否"自传体",须强调"自我演变"与"成长"的因素。如"德龄公主"的英文回忆录《清宫二年记》(又译《童年回忆录》)大部分文字介绍的是宫廷生活,重在向欧美读者展示"东方太后"的形象,其"个人""成长"的内容较少,因此不拟纳入"北美华人女性自传体写作"体系。

关于自传体写作中"真"与"隐",即"真实性"与"文学性"的关系,理论家大多同意:"自传性"文字是"以作者自认为是真实的事实写成",③"自我是不可能完整而精确地再现出来的",即任何回忆都会有偏差,所有生命轨迹的再现都是选择与提炼的产物。因此,论者认为,传主事迹只要与"历史记载"、"文献证据"等基本相符就可以了。当然,论者在努力辨析:一、不同传主在不同背景与书写目下对同一事件记载的差异;二、同一个,或同一类传主不同时代回顾视角、语言、技巧的变化;三、除作者主观上"先行"的意图外,客观的意义上,其事迹是否昭示于读者另外的"真实",其形象是否为"少数概率"?因为记忆、情感、商业化等因素,作者在"为尊者讳"、"为逝者讳"中如何滤掉了"自传事实",简化了"我"的成长中真实复杂的背景?或"我的故事"与"别人的关系",即"传记事实"如何被修改了?还原传主道路上的"历史事实"还需找哪些证据与参照等?

---

① 菲利浦·勒热讷:《自传契约》,杨国政译,北京:生活·读书·新知三联书店,2001 年,201 页。
② 华莱士·马丁:《当代叙事学》,伍晓明译,北京:北京大学出版社,2005 年,67 页。
③ 徐颖果:《关于自传的真实性》,《美国文学研究》(第四辑),济南:山东人民出版社,2008 年,319—330 页。

一、寓言:"美国神话"与"东方女神"

边缘人的身份主要由"他决"的阶级压迫、种族隔膜等铸成,但也不排除"自觉"的心理动因。其"自觉"既可能表现为"独立"的旁观者(outsider)立场,如后殖民主义理论家爱德华·萨义德的《格格不入》(Edward W. Said. *Out of Place*: *a Memoir*, New York: Knopf, 1999),也有可能表现为一种"自处"的闭锁心理,如固守内心的敏感,拒绝与主流文化交流,住在母语环境的"飞地"(enclave),少用寄居国官方语言等。陈香梅、周励、裔锦声等的自传性文本呼吁少数民族打破固守的"边缘"处境,以参与性、生命力、自强不息的意志深入主流文化的腹地,塑造了打入美国"政坛"、"商海"、"职场"的典例。但此一部分中,我们要追究的是,在表层的"东方女英雄"模式下,潜藏了哪些深度酵素,能开掘出哪些更宽宏的意义?

通读了陈香梅所有的自传体文字,特别是1962年的英文版自传《一千个春天》,得知其"美国政坛的东方女英雄"神话后隐含着"孤女情结"、"边缘感悟"与"为中华发声"三种意义。多部《陈香梅自传》中,读者较多地看到其几届共和党总统助选中的呼风唤雨,中南海与台北间斡旋的成功,仿佛她天生是一个"文化大使"。只有反复细读《陈香梅全集》,考察其背景与经历,才能体察其一路艰辛中的隐忧,其承担"责任"的驱动力。

陈香梅自传陈述客观,较少忧怨,但读者仍能够细察其年少丧母,父亲远离,继母强悍,青年丧夫,被美国航空公司驻台湾分部"扫地出门"等内容。[①] 陈纳德亲蒋介石,她不能留在大陆;陈纳德在国民党民航建设中耗尽了资财,宋美龄等对此"欠款"只承认,不归还。在美国她茹苦抚孤,孀妇弱女,在华府政治中"身份边缘"。晚年在美国与中国、中国台湾地区与大陆事务中斡旋的尴尬无奈、虚与委蛇在自传中清晰可见。"白人父子把一个无辜的中国人活活打死,法官在人证物证俱全之下只判两个杀人者3000美元罚金,无罪释放;假如

---

① 陈香梅:《陈香梅自传》,济南:山东人民出版社,2003年,453页。

被杀的是白人,是黑人,或是犹太人,法官绝对不敢如此荒唐。""可怜的中国人,他们所受的灾难千万倍于犹太人,可是有谁来代他们控诉","China-man"根本发不出声。① 因此,每一个华人都必须"脚下有根",有强化"中华民族"在移居国参与政治与提高族群地位的责任与义务。

周励的自传体小说《曼哈顿的中国女人》为中国读者树立了一个"美国式成功"的范本,其"美国梦"被"上千万美元的进出口贸易"、"在曼哈顿中央公园边上拥有自己的寓所"、"无忧无虑地去欧洲度假"所明证,②但恰如此,却某种程度上掩盖了历史的复杂与传主事迹的深义。从文本所记述的经历中寻找客观的意义,其"深含"与"复杂"应该不只是她所宣扬的"美国精神",而被其本身的事例证实了是一种"不灭的意志与生命的活力"。是"磨难中国"锻造了"我"的意志,"人文中国"给了"我"向上的驱动力,中华民族"尚精神而轻物质",非资本主义"弱肉强食"的法则所能比拟,"我"方能比"美国美人"更能在曼哈顿取得成功。

裔锦声是美国重心集团总裁,华尔街之"金牌猎头"。其自传《中国,我心脏跳动的地方》回顾了自己以"成功"回报故乡与祖国的历程。她一岁丧母,"寄居"在舅父的大家庭中,自小"渴望真爱与追求个人成功"。③ 我敏感,以"寄养孤儿"的眼睛看到更多的家族、民族的多灾多难;"我"警醒着,努力接受了北美社会赋予自己的角色之后,"我"是不是"失去了自己的声音和语言?"太多的疑问与苦思,太多的兴家与报国的重任,华尔街立足后,"我"要把"结交的这么多的成功人士介绍给家乡",她将美国投资商引入中国,向中国读者推介了美国"职场"通则。

二、创伤:"受难者"与"反思者"

中国"文革纪事"是欧美大学"东亚系"的"重要"学习内容,华人女性自传

---

① 陈香梅:《陈香梅文集》,石家庄:河北人民出版社,2000年,58页。
② 周励::《曼哈顿的中国女人》,北京:北京出版社,2000年,2页。
③ 裔锦声:《中国:我心脏跳动的地方》,北京:作家出版社,2000年,3页。

中"伤痕"的部分也成了"重要参考书目"。其将西方"文明"与中国的"野蛮"相对比,所谓的"反思"真的跳出了"东方主义"的窠臼,以"普遍的人性"传达了传主命运的"人类性"意义了吗?

郑念于1986年刊发英文版《上海生死劫》。作为"文革叙事"的"范本",其作用为:一、对"文革"的描述与分析被中外"文革史"专家反复引证;二、符合西方主流意识的"女英雄"范式;三、以女儿死亡、个人牢狱为据定性"文革"时期的中国为"黑暗社会",为其后的华人自传体写作奠定了基调。

以个人经历为线索,《上海生死劫》记述了"一月革命"、军管时期、尼克松访华等事件,对上海政府机构、监狱、街道委员会等做了详细描述,还严密扣合着北美的"非虚构"(non-fiction)模式,塑造了一个东方"女英雄"的形象。传主被塑造为反抗"旧世界"的新 Model,其"坚强与理性的力量"均源于欧美的"文明"理念,特别是基督教精神,结局是英国"壳牌公司"为自己曾经的老职工购买了机票,安排她在美国华盛顿安度晚年。阅读了这个悲惨的"东方故事",西方读者无一不对自己生活在"新世界"感到欣慰。它所奠定的华人自传体写作的基调一为控诉者的诉说,二为反思者的目光,三为苦难中的坚强。作者自觉的西方价值观、宗教意识等成为此类文本写作的基本视点。

巫一毛的自传《暴风雨中一羽毛》从1961年自己3岁生日去劳改农场见病危的父亲第一面始,写至1977年作者考上大学。政治"暴风雨"中个体之命运如"一羽毛",是其显明的立意。但她深知对于当代读者,过去的苦难"似乎成了遥远的过去,听上去像是天方夜谭",她的混血儿子说"Oh, that's the past, that's China, this is now(这都是过去的事情,这是中国的事情,现在是现在)"。所以,"如果我们再不把它写下来,记住,下一代人就不会记得"。①

自传用儿童"天真无邪"的视野反衬时代的"癫狂"。大人在写啊、贴啊,儿童穿梭其间玩闹,安徽大学校园恍若"游乐园"。但"大字报"的内容很快从"表达对毛主席的忠诚"过渡到"横扫一切牛鬼蛇神"。各家被抄家,父母被批斗是小事,受不了侮辱自杀,还会被判决"自绝与党和人民"。自传没有过多地突出

---

① 巫一毛:《暴风雨中一羽毛·前言》,香港:明报出版社有限公司,2007年。

"阶级"对立,而是突出了荒谬年代事件的偶发性。有了犯罪的机缘,"伯伯"与"叔叔"会变为"大灰狼",父母下乡后抛下的小女孩当然会成为受害者。但自传没有否定人性的温暖,"革命"的"潘主任"动用"公权力"为"黑五类"小孩治病,就是一例。《一羽毛》超越《生死劫》,还还原了非知识阶层的底层民众中被忽略侮辱的"小女孩"的种种悲剧,超出了家庭与个人"受难"的范畴,不仅揭出了"政治"迫害,还开掘了"传统"所造成的愚昧与苦难。

《吃蜘蛛的人》是杨瑞1988年出版的英文自传,作者被公认是在"自传"中痛悔"红卫兵"行为的"第一人"。她记述了自己从叱咤风云的"红卫兵小将"到迷惘者再到觉醒者的心路历程。"时代精神"首先异化了青少年的信仰。从一个受"革命"精神感召的"红卫兵"角度看,"批斗叛徒、特务、走资派和反动学术权威"的行为不能说毫无因由。[①] 如,有的老师"用高压手段抑制不同意见",有的老师"偷偷翻看学生日记"。"我"写完"大字报",班里的同学"纷纷签名"。但这些响应号召的单纯的学生们料想不到,把大字报贴在老师家里才只是一个开始,"打老师"行为发生,抄家更不在话下。"我"内心不安,但,万一这老师"真犯了什么弥天大错,因此罪有应得呢?"

多年后,杨瑞对老师的"死于非命"痛心回首。但当时的"我"坚信,不只中国的前途与命运肩在自己身上,甚至连世界革命的重任自己也在所不辞。客观历史地评价,"红卫兵小将"肯定不是"少年英雄",但,作为成年人的"父亲"们不是也相信,或希望"文革"能纯洁党的队伍,挽救中国的革命?自传没有隐瞒个人的"活思想"与家庭的"伤疤"。"我"愿意成为第一个"吃蜘蛛的人",将自我的教训昭示于后人,"以史为鉴"。

三、浪迹:"文化混杂者"与"新移民"

华人女性自传体写作中有一部分,其传主是西方文化的"养女"。近现代中国商埠中,官商阶层与有西方血统的人联姻,他们的子女在家庭说外语,读教

---

① 杨瑞:《吃蜘蛛的人》,叶安宁译,广州:南方日报出版社,1999年,26页。

会学校,渐次移居香港或欧美。具有这一类背景的自传体写作者自小存在于"迁徙"的状态。这状态不出于政治原因,不是被迫的漂泊,而是文化"混杂"的结果。她们遵西俗,读世界名校,用"浪迹"的脚步丈量世界,但最终,她们尝到了真正的自由,归化为"世界人"了吗?

严君玲生于天津长于上海求学英国,1964年移居美国行医。她的英文自传《落叶归根:一个乱世奇女子的真实传奇》在个人心灵史中带出了家族史与近现代中国史,以自我与家人形象暴露了懦弱自保的中华民族根性,同时揭批了殖民意识下为虎作伥的西方人病态人格。

后母即"娘"的遗嘱公布时,"我"被排除在外,是一个"不被承认"的女儿。"我"在乎这份遗产,不因为生活拮据,而因为"不被承认"是自己一生的心结。其笔下的"严氏大家族"是中国大陆与香港文化的病理切片,是资本主义原始积累的一个样板,也是旧中国半封建半殖民地性质的一份详细的解说。"娘"有一半的法国血统,生下来就是法国公民,祖父、姑妈与"威严"的父亲均对她唯命是从,"我"们兄弟姐妹更是一个个"被催眠一般地木然和顺从"。这种强权下的委曲求全似乎与"我们"个个所读的西方名校的教育恰恰相反,是一种时代传承的"受虐性"或"奴性"。

自传同样深入到西方文化的强权本质与人性的冷漠与隔膜:欧洲人把中国人入读英国大学作为西方高姿态的象征,"我"往美国求存,同样与白种人隔了厚厚的墙。无论她英语多么好,毕业于怎样的名校,是英国皇家医学会院士,到达美国,她同样不能做医生,只能以麻醉师的身份在医院讨生活。

与严君玲相似,周采芹证明不了自己是《上海的女儿》,因为"我"们兄弟姐妹每个人都有一个英文名字,家人以英语交流。"我"质疑自己"到底是谁?"是遗传了母亲——一个苏格兰白人后裔的性格,还是父亲所期望的"中国人"?"我"是第一个在英国舞台做主演的中国演员,第一个出英文唱片的中国歌手,第一个扮演"邦德女郎"的华人女孩。但,舞台"我""不是东方娃娃,就是东方妓女,要不就是娃娃兼妓女"。这些"娃娃"、妓女、还有后来在美国主演的《江青同志》,都逃不开西方人想要看到的"东方形象"。"我发觉我仿佛一生都是在扮演配角。先是一个京剧泰斗的女儿,然后是一个出色导演的前妻,现在是一个著名剧评人的女朋友。""我"逃离到美国,做酒店招待、接待员、打字员,"在黑暗中躺了十七天,不记得自己吃过东西",①直到后来做回了演员,申请到美国塔夫茨大学戏剧系的研究生,特别是回到祖国兼任了中国戏剧学院的教师,我才找回了"上海的女儿"的感觉,感受到"一个人在灵魂深处的自由才是真正的自由"。

令狐萍是一个历史学家,其自传《萍飘美国》记叙了自己旅美生活的18年。她回忆与研究的结论是:留学移民者像"浮萍"般"漂流":不是"逐奖学金而流动",就是像候鸟一样四处打工,身无定处。"从移民到公民",一方面必须遵从美国"铁律",另一方面,即使你已经入了美国籍,入职多年,嫁给了白人另一半,你能说已经在异国站住了脚跟,被社会所接受了吗?

四、寄居:"夹缝人生"与存在主义悲观

於梨华、张爱玲、张辛欣三位女作家的丈夫均为白人知识分子——大学校长、作家或律师,但其文化尴尬与分裂的感觉尤痛。感性上,家中"蓝眼睛"的参入,仿佛给了她们"第三只眼",对东西差异性体察尤为敏锐,其理性与感性兼具的复杂使其自传体写作蕴含丰厚,对"自我"的剖析也同样深入骨髓。三人有一个共同的母题——"寄居":於梨华被公认是"无根的一代"的鼻祖;张爱玲的自传体小说三部曲《小团圆》、《雷峰塔》、《易经》揭破了"知遇"的假象与"团圆"的荒诞;张辛欣在《我 ME》中讲述了"我"的三重身份:"讲故事的人"——思考者;写信的人——精神渴求者;努力逃出"大院文化"的人——自由知识分子。

於梨华自传《人在旅途》中的美国,不是郑念之民主、自由的天堂,也不是周励等实现"美国梦"的乐园,更不是令狐萍"模范少数民族"的立足之地,"投入到美国社会后,就算你学业上多么有成就,你总是有一种没有着落的感

---

① 周采芹:《上海的女儿》,南宁:广西人民出版社,2002 年,210 页。

觉"。① 美国有"基本的弱肉强食的社会背景,以及在这种社会背景下产生的极端个人主义",少数族裔的科学工作者面临"玻璃天花板","文科生"的过去不堪回首,未来不敢想象。在美国,"我"被"失根梦魇"缠绕;到中国大陆,她寻根未果;台湾从来就不是家,"三生三世"中,於梨华在世界找不到任何一处"家园"。

这同样是张爱玲自传体写作的主题。她用整个生命欲寻求一个"知遇之人",用一生的勤奋证明一个"尊严的自我",但无论是母亲、姑姑,还是两任丈夫面前,自己始终是那个"欠债"的小女人。被父亲关押,被亲戚可怜,被母亲忽略,敏感易碎的心渴望"懂得"。我寻求"知音一个",结果却是有一天,"我"与护士小周、范秀美、日本姑娘一枝一起成了胡兰成所梦想的"四美""团圆",这真是"人世荒凉"、"人性冷酷"与"心灵孤绝"。"生命是一袭华美的袍,爬满了蚤子。"这是《雷峰塔》中的天津。妈妈出洋了,爸爸接姨太太来家,姨太太带"我"去妓院"玩耍",教会"我"在大家族"看眼色",小女孩她凄惶胆怯,踌躇不前,有畸形的渴望——被爱与寄托。"大的时代荒凉要来了","我"绝望地看着这洪水猛兽的到来。逃到了香港,逃到了美国,也逃不过人生的荒诞。"那痛苦像火车一样轰隆轰隆一天到晚开着,日夜之间没有一点空隙。"②

张爱玲写的是存在的"寄居",荒坟一样的世界的苍凉。那么,不生在兵荒马乱的时代,"破落"的家族,没有退缩沉落寸步难移的遗传,就能在世界上奔跑与飞翔了吗?张辛欣两卷本"自传小说"中的"me"是一个生于东方文化的中心,京都新政权阶层的幸运女孩,后来幸运地成为著名的作家与导演,幸运地在美国找到伴侣,似乎东西方都向"我"敞开了胸怀,提供了舞台。

《我ME》靠"真实的我"铺底,"展开魔幻",对"me"("我")展开了审视。视角之一为"小战士"、"小护士"、云南边陲的"北京媳妇"当时当地当事人的"历史视角",视角之二与"蓝眼睛",美国丈夫史蒂夫的相对应,是文化跨越后理性比较与分析的眼光的"黑眼珠"。"我"借"谷歌地图"、"维基百科"回顾了

---

① 於梨华:《人在旅途:於梨华自传》,南京:江苏文艺出版社,2000年,12页。
② 张爱玲:《易经》,台北:皇冠出版社,2010年,392页。

自己的生长地——京都,重温当年"政治舞台的前排观众"对"内幕"的了解。"公主府幼儿园"是一个按官衔、等级排列的小社会,儿童世界也充满了刺探与告密,招募与投降。你可以有小情绪,谈恋爱、拍婆子、唱莫斯科歌曲,吃红房子、乱写日记。但结婚、就业的时候,你绝对摆脱不了这"规则",你的配偶、孩子、家人,都摆脱不了这"规则"。"我"喜欢云南的"边陲画家",选择他做婚姻对象,因为他超出了"大院"阶层,其"残存之道"让我看到了"力"与"美"。但这个"往上爬"的"当代英雄"为了利用"我","暗自滑动着年龄的标尺"。一个连自己的准确年龄都对结婚对象撒谎的人,会有什么底线呢?果然,京城的户口一拿到手,我就被他扔出家门。这时代似乎只培养两种人:"级别"、"铁律"内的"乖乖弱",与"草根"、"制度外"的"报复侠"。

"我"的世界里的血雨与噩梦,这个"蓝眼睛"似乎看不懂。他有心理咨询师,忏悔牧师、教友、导师一大堆人帮助他"救赎"。"蓝眼睛"是律师。在美国这个"文明"的世界里,他要辩护的不是"偷渡的墨西哥边民",就是吸食着刚刚解禁的"大麻"的美国少年。"蓝眼睛"的家乡是"波士屯儿",就是那个被中文翻译为《城中大盗》的盗匪猖獗之地。张爱玲孤独地死在美国加州的公寓,於梨华的外孙女在欧洲感受外祖母曾经的"寄居","我"与"蓝眼睛"都在写"自传","用文字的大头针,钉住风化的历史"。

结　语

每一部北美华人女性自传体文本都不仅"是一个人的自传,也是一代人的写照"。不只在"对自己的清算"与有"内在的痛感和深省",也在"不断地张望与跨界",将创伤经验以辩证的方式重构到新的精神体系中。应该承认,大部分作品仍非常"自我",缺乏卢梭的《忏悔录》之忏悔意识,还有哲学省思与精神救赎。某些内容以想象代替回忆,影响了"自传"的信度与效度。我们盼望着以独立的意识、史论的眼光、人性的细腻、艺术的精致、思想家的预见深挖"我"与世界关系的新"自传"的诞生,也期待着融入科技创新元素的文本的出现。唯此,北美华人女性"自传体写作谱系"才完整,能再生,才会代代流传与永垂文学史。

宋晓英 济南大学教授,文学博士,英国爱丁堡大学、爱尔兰柯克大学、美国陶森大学访问学者。主持国家社科项目《北美华人自传体写作发展史研究》、山东省研究生教育创新项目"'海外中国文学研究资料库'建设"。出版专著《论欧美华人纪实作品中的女性自我书写》(2006),发表《欧洲中国现当代文学研究之分析》(2004)、《论北美英文评论对莫言女性形象的误读》(2015)等论文 30 多篇。

盲聋女作家的快乐之源*
——评海伦·凯勒自传《我的生活故事》

薛玉凤

内容提要：美国盲聋女作家、活动家和演说家海伦·凯勒从小失去听力和视力，此后87年一直生活在寂静漆黑的世界里，但其自传《我的生活故事》中表达快乐、幸福、满足、爱心等积极情绪的词汇集却明显占上风，可见凯勒的叙事基调乐观积极，生活快乐幸福。而在"失衡"的词汇突出背后，是凯勒快乐生活的内外在四大源泉：对大自然的无限热爱，对知识的无尽渴求，对亲朋好友的感恩之情，以及知足常乐的积极心态。

关键词：海伦·凯勒 《我的生活故事》 快乐之源 功能文体学

对美国著名盲聋女作家、活动家和演说家海伦·凯勒（Helen Keller, 1880—1968），相信大家都不陌生，然而两次细读"文学史上无与伦比"的杰作、凯勒自传《我的生活故事》(*The Story of My Life*, 1903)[1]，仍感触颇深，一个看似简单的问题在脑海萦绕不去：从小因病失去听力和视力，从此生活在寂静漆黑世界中的凯勒，何以在自传的字里行间，传达给读者的却满是快乐、幸福、满足与爱心，何为盲聋女作家的快乐之源？强调语篇与情景语境之间关系的功能文体学，也许能帮助我们更好地理解这个问题。

---

* 本文为国家社科基金项目"美国文学的精神创伤学研究"（11BWW044）的后续研究成果。

[1] Helen Keller, *The Story of My Life*. New York: Doubleday, Page & Company, 1905. http://digital.library.upenn.edu/women/keller/life/life.html［2014/11/16］.

一、词汇"失衡"

自20世纪70年代诞生以来,功能文体学就为文本分析提供了一个全新的视角和方法。功能文体学以系统功能语法为理论基础,着重研究语言选择的过程及选择的结果所产生的文体效应。对语言功能的关注,是功能文体学与系统功能语法的共同特征。系统功能语法认为,语言由情境、形式和实体三个主层次组成。情境指与语言活动相关的环境、事件、人物、交际方式和渠道等。形式指词汇和语法。语境指语言运用的环境,有文化语境(整个语言系统的社会环境)和情景语境(某一交际事件的环境)之分。情景语境由三部分组成:语场、基调和方式,①分别指发生了什么事、谁是参与者及语言在情景中所起的作用。与之相应,语义层也包括三个组成部分:概念意义(经验意义和逻辑意义)、人际意义和谋篇意义,即"语言的三大纯理功能"。② 经验意义指语言对讲话者的所见所闻、亲身经历和内心活动的表达。人际意义指语言对讲话者的身份、地位、态度、动机等的表达。功能语言学从社会环境的层次对语言进行分析,既能解释文本内的语言现象,又能解释文本外的文化和情境因素,将语言形式、内容和功能结合起来考虑,有助于加深读者对文本实质的理解。

《我的生活故事》中语言情境与语言形式的冲突,情景语境中语场和基调的矛盾,以及它们所表达的与读者期望值相异的概念意义和人际意义,都以陌生化的文体意义形式,加深读者对凯勒自传整体意义的把握,更好地理解作品。首先,无论自传产生的文化语境,还是凯勒叙述自己具体生活故事的情景语境,都对凯勒乐观性格的养成非常不利。在凯勒早年生活的19世纪后半期的美国,盲文书籍非常有限,对盲聋人提供专业帮助的机构与人员严重不足且水平有限,在此社会环境下,像凯勒这样从小盲聋哑的残疾人,终生靠人照料、碌碌无为、苦闷悲观也许才是常态。侥幸接受一定教育的残疾人,生活能自理已是

---

① 张德禄:《功能文体学》,济南:山东教育出版社,1998年,6页。
② 有将metafunction翻译为元功能,因此称为语言的三大元功能,参见张德禄《功能文体学》,7页。

万幸,像凯勒那样功成名就的实属罕见,像她那样乐观积极的更是凤毛麟角。其次,凯勒在撰写自传时,正在哈佛大学拉德克利夫女子学院读大三,正面临无数连正常学生都作难的巨大学业压力,因此读者自然预设会从书中读到许多凯勒面对困难力不从心时的负面情绪,但语场与凯勒的乐观语调却出现巨大反差,促使读者不得不做深度思考。从下面两组统计数字,就可看出凯勒的乐观情绪弥漫全书,读者在惊异于自己的期望值落空的同时,自然会更加关注作家的别样生活故事。

《我的生活故事》原著只有36918个单词,但表达满足、幸福、爱、兴趣等积极情绪的5个单词及其派生词却出现多达269次,其中"愉快,满意"(please/d, pleasure/ant)58次,"幸福"(happy, happier/est/ly/ness)40次,"喜悦;欣赏"(joy/s, joyous/ly, enjoyed/ing/ment)55次,"兴趣,有趣"(interest/ing/ed)39次,"爱,可爱"(love/s/d/ly/lier/liest/liness, loving/able, beloved)出现得更频繁,多达116次。① 与之形成鲜明对比的是,表示消极情绪的"忧愁"(sad/ly/ness, saddened)、"伤心"(sorrow/s)、"痛苦"(bitter/ness)、"烦恼"(vex/ed/ing)、"绝望"(despair)的5个单词及其派生词分别出现8、10、7、5、2次,总共只有32次。从这些统计数字不难看出,由积极情绪所组成的"共同语言模式"②明显占上风,由此可见凯勒的叙事基调乐观积极,她本人思维活跃,生活丰富多彩、快乐幸福,对人生及周围世界充满感激。这种突出的词汇"失衡"③现象,即同一词汇集词汇的高频率出现,产生了特殊的文体效应,具有独特的概念功能和人际功能。

系统功能语法认为,语言形式中的词汇系统由词汇的搭配和集来组织,两者相互依存。具有搭配关系的词汇组成词汇集,同一词汇集的词汇具有搭配关系——重复、同义和搭配。同义关系包括同义词关系、上下义关系、整体—部分

---

① 在信件中,凯勒使用"love"及其派生词的频率更高,如1905年出版的凯勒1887—1901的书信中,该词出现多达214次,很多时候和用于强调的"do"并用,如"I do love you"(我很爱你),感情色彩更浓。
② 郭鸿:《英语文体分析》,北京:军事谊文出版社,1998年,214页。
③ 张德禄:《功能文体学》,50页。

关系和反义关系。在上述统计数字中,表示积极与消极情绪的两类词汇集中的前两种搭配关系都很突出,即重复和同义关系(包括反义关系),由此形成有文体意义的前景化突出,即"有动因的突出",①引人关注,并且取得多重突出效果。第一,形象效果:使意义的表达更有效力。凯勒反复使用这些充满正能量的词汇,描述自己如何克服种种生理困难,最终如愿以偿,成为哈佛大学学生,其丰富的经验意义不言而喻。第二,经济效果:表达方式更简洁。凯勒用最简洁的语句,常用的词汇,将自己生活中"最有趣和最重要"②的故事娓娓道来,在有效传达其概念意义的基础上,还利用这些关键词的重复和同义关系,强化了作品的乐观基调,给人留下深刻印象,事半功倍。第三,情感效果:更有效地表达讲话者的感情。③ 凯勒的乐观、积极与爱心,在这些失衡的关键词中反复再现,有助于强化作者与读者之间的感情沟通与联系,成功地将自己的正能量传递给读者。

尽管命运对天资聪颖的凯勒极其不公,但上帝也给她一颗充满爱意的心和一个博大的胸怀,助她克服生活中的种种障碍,享受人生点点滴滴的欢乐与幸福。那么,凯勒的积极情绪究竟缘何而来,何为盲聋女作家的快乐之源?追根溯源,在"失衡"的词汇突出背后,是凯勒对大自然的无限热爱,对知识的无尽渴求,对亲朋好友的感恩之情,而所有这一切都要通过她的内在因素起作用,即她对生活的知足常乐心态。

二、自然之乐

人是自然的一部分,人与自然的关系是生态伦理关系中的重要一环,因此能否从大自然中获取快乐体验,是人生幸福与否的一个关键因素。而多姿多彩、瞬息万变的大自然,始终是凯勒的快乐源泉之一,也是导致自传中词汇失衡

---

① 张德禄:《功能文体学》,40 页。
② 海伦·凯勒:《假如给我三天光明》(中英文对照版,包括《我的生活故事》和《假如给我三天光明》两部作品),鹏鑫译注,北京:外文出版社,2011 年,2 页。以下出自本书的引文,只在文中标明页码。
③ 张德禄:《功能文体学》,146 页。

的重要因素。大自然带给凯勒的快乐与慰藉,在自传中俯拾即是。

　　凯勒19个月大时,因患猩红热,失明失聪,接着失去刚牙牙学语获得的几个单词,此后长达87年的漫长人生中,凯勒的世界再无光明,再无声响,但这并不妨碍凯勒欣赏大自然的美妙与神奇。靠着灵巧的双手与灵敏的嗅觉,凯勒用手触摸,用指尖欣赏四季美景,用整个身心感受周围环境,就像观看一场扣人心弦、永不谢幕的大戏。而视力与听力正常的人,往往心不在焉地看着听着,毫不专心,也不会心存感激,正如英国大诗人柯勒律治所言:"大自然是个取之不尽的宝藏,然而因为人类的惯性和自私自利的追逐,我们视而不见、充耳不闻,心灵既不能感受也不能领悟。"①凯勒的故事使读者警醒,重新审视身边的一草一木。就像英国"自然诗人"华兹华斯一样,凯勒"赋予日常事务以新意,并且激发一种类似超自然的感觉;通过唤醒人们的意识,使它从惯性的冷漠中解放出来,看着眼前的世界是多么可爱和奇妙"。②

　　凯勒喜欢运动,兴趣广泛,精力充沛,这也有助于她享受大自然所带来的乐趣。她喜欢户外运动与冒险,骑马、游泳、划船、航海、骑双人自行车等,都是她喜欢的户外活动,跳棋、象棋和纸牌也是她常玩的游戏,所有这些运动与游戏都给凯勒带来无限的生命力与无尽的欢乐。无论花园,还是旷野,无论花草树木,还是家禽家畜与昆虫野兽,无论小溪还是大海,凯勒都能陶醉其中,流连忘返。凯勒不喜欢城市的喧嚣,对她来说,就像对华兹华斯一样,自然是一种能量巨大的精神力量,有亲和力,有"救赎作用",③有"使心灵复原的魔力";④自然是人类的理想伴侣,能与人交流沟通;自然是快乐之源,能给人带来愉悦的享受。早在莎莉文老师到来之前,家里的老式花园就是凯勒"童年时代的天堂"与"慰藉"。每次发过脾气后,她都会来到花园,把滚烫的脸颊埋入清凉的树叶和草丛中"寻求慰藉"(4),然后愉快(joy)地陶醉在花园中,快乐地(happily)漫步,在花与草的世界中很快忘掉自己的不幸。凯勒是不幸的,也是幸运的,上帝在剥夺她宝贵的视力与听力的同时,也赋予她感受千山万水的灵敏触觉与敏锐心

---

①② 阿兰·德波顿:《旅行的艺术》,上海译文出版社,2012年,157页。
③　同上书,144页。
④　同上书,147页。

灵,让她尽情享受大自然的恩赐。

"兴趣是一种明显带有积极特征的情绪,它能促使个体把自己已有的经验和新的信息相整合,从而进行创造和开拓。"①凯勒对自然和运动的浓厚兴趣,不仅给她带来许多乐趣,也使她身心愉悦,思维更加活跃,从而产生无限的创造力。

三、知识之乐

在亚里士多德看来,人是求知的动物,求知是人的本性,因此能否从浩瀚无边的知识的海洋中获得乐趣,也是人快乐与否的一个关键因素。幸运的是,小凯勒七岁时就从莎莉文老师那里获得开启知识之门的宝钥,从此以后,对知识的无限渴求,成为凯勒快乐的最大源泉。

凯勒天生聪慧敏感,虽因病患浪费了几年宝贵的求知时间,但莎莉文老师的到来,很快激发她强烈的求知欲。《我的生活故事》中表达"渴望,热切"的词汇"eager/ly/ness"有25次之多,充分表达了凯勒急于了解周围世界,渴望与人交流,渴求获得知识的心理。尽管这知识的海洋里也有惊涛骇浪和暗礁险滩,但凯勒靠着坚强的意志与强大的好奇心,在这多姿多彩的海洋中尽情游乐,并以优异成绩毕业于哈佛大学拉德克利夫女子学院,掌握英语、法语、德语、拉丁语、希腊语五种语言,著有14部作品和数量庞大的书信。即使正常人,要取得这样卓越的成就,成为如此学识渊博的人,也要付出难以想象的艰苦努力,何况一个盲聋女作家。

除了享受知识带来的乐趣,强烈的缺憾意识,也是凯勒不断追求与探索新知识的巨大动力。陈乐民先生认为,做学问有两点很重要,第一要怀疑,第二要经常感到缺憾。② 正是在缺憾意识的驱动下,盲聋哑的凯勒克服难以想象的困难,学会了说话,为她攀登知识的高峰创造了一个便利条件。凯勒的声带本无

---

① 任俊:《积极心理学》,上海:上海教育出版社,2006年,92页。
② 陈乐民:《欧洲文明十五讲》,北京大学出版社,2004年,3—4页。

问题,只因从小失去听力,也就很快失去刚获得的一点说话能力,但她渐渐意识到自己与周围人的交流方式不同,并对手写字母的交流方式很不满意,一心想学说话。听不到声音、看不见表情的凯勒只能用手去感受老师发音时喉咙、嘴唇和脸部表情的变化,然后进行成千上万次的模仿和纠音,有时一连几个小时,直到发音正确为止。就这样,功夫不负有心人,凭着坚强的意志,经过艰苦卓绝的努力,10 岁的凯勒终于学会说话,有了更便捷的沟通与学习方式。说话,多少人认为理所当然、习以为常的能力,对凯勒来说却意味着突破束缚,获得自由与力量。能说出想要表达的话语而无需翻译,对凯勒来说是天大的恩赐,因为说话时,快乐的思想会随着语言表达出来,而这种快乐思想却很难通过手语表达(82)。来自天津的"同桌妈妈"陶艳波,陪伴失聪的儿子杨乃斌上学 16 年,成为"感动中国 2014 年度人物"之一,最好地诠释了母爱的伟大。与失聪的杨乃斌相比,失聪且失明的凯勒碰到的障碍与难题无疑更多。杨乃斌尽管听不见,却看得见老师的唇形、动作、板书与课件,而同样在大学课堂里的凯勒,却只能通过莎莉文老师快速拼写在她手心里的一个个单词来了解老师的讲课内容,并且连盲文版的课本也没有,其难度无以言表。

博物馆和艺术馆也是带给凯勒快乐与启迪的地方。通过触摸那些逼真的展品,凯勒了解世界发展的进程和人类进步的成果,感受人物的动作、神态、思想和美感,体会神和英雄的憎恨、勇气和爱,探索人类的灵魂,获得无限乐趣。展示世界物质层面的纽约自然历史博物馆和反映人类精神的大都会博物馆是凯勒的最爱,后者对凯勒来说,还是"开启美的钥匙"(204),尽管她无法用眼睛看一眼那里的精美展品,却通过触摸欣赏到无与伦比的艺术之美。在 1893 年为期三周的华盛顿世界博览会期间,凯勒被特许抚摸展品,每天在那些来自世界各地的奇珍异宝间穿行,贪得无厌地抚摸博览会的精华,使她大开眼界,从此不再沉迷于童话故事和玩具,而是对现实世界更感兴趣。海勒还喜欢"看"戏,喜欢有人将正在演出的戏剧拼写给她,因为这比读剧本更生动,更有身临其境的感觉。有幸触摸一些演员的脸部表情和装束,更使凯勒觉得三生有幸。

在凯勒生活中,快乐与知识几乎总是并驾齐驱。"她用心感受生活中的一切……忙碌不停,处处汲取着快乐和知识。"(68)她喜欢在户外,特别是在阳光普照的树林里读书学习,同时感受世界万物的可爱与活力。在莎莉文老师的精心指导下,凯勒玩中学,学中玩,边玩边学,在生活中获得知识,对学习有着浓厚兴趣。凯勒嗜书如命,读书是她人生最大的乐趣之一,也是她积累知识的重要途径,而积累知识就是为未来的快乐积累财富(134)。自从学会摸读盲文,凯勒就拼命读书,有时连手指都摸出了血,但她不叫苦,不叫累,无怨无悔。从《我们的世界》到《小少爷方特洛伊》,从《希腊英雄传》和《伊利亚特》到圣经,从莎士比亚戏剧等英美文学经典作品,到法国和德国文学,凯勒尽情享受在书卷中飞翔的快感。

她喜欢诗歌,也喜欢历史,文学更是她的"乌托邦"(160)。古希腊对凯勒有一种神秘的诱惑力,当她阅读《伊利亚特》的精彩片段时,她感觉灵魂把她从狭隘的生活中解脱了出来,使她忘记身体上的缺陷,尽情遨游在浩瀚无边的天际。《圣经》给凯勒带来无尽的快乐和启发,是她最珍爱的一本书。读书与学习的过程,犹如掀起一层层面纱,每掀起一层,"一个崭新的思想与美的王国"(156)便展现在凯勒面前,让她喜不自胜。在书籍的带领下,凯勒无比虔诚地奔向真善美的世界,奔向幸福与快乐的巅峰。生理上的缺陷阻隔不了凯勒与她的书籍朋友之间的亲密交流,他们之间可以畅所欲言,没有任何尴尬与不便。凯勒不仅喜欢读书,而且有着惊人的记忆力,很快积累丰富的词汇,为以后的文学创作打下了坚实基础。

阅读与写作带给凯勒的快乐、勇气和信心,使她忘记自己的伤痛和残疾,尽情享受知识带给她的乐趣。对凯勒来说,"知识是爱,是光明,是智慧"(25),"知识就是幸福"(142),有了广博和高深的知识,就可以去伪存真,明辨是非。

四、感恩之乐

亲情友情与感恩之情,是凯勒的第三大快乐源泉。无论何人,从小到大,都会受到父母亲友及周围人的许多帮助,因此感恩是人最基本的感情之一,也是人类快乐的基础。凯勒对父母、老师及帮助过她的无数亲朋好友,都始终心怀感激,这种感恩之情又反过来给她信心、力量和勇气,使她快乐幸福。从自传中出现的 67 个"朋友、友好、友谊"(friend/s/ly/ship)中,就可看出朋友在凯勒生活中的分量,更别提父母家人及恩师莎莉文老师了。

亲情是支撑凯勒不断向前的巨大魔力,在她的早期生活中作用巨大。莎莉文老师到来之前,凯勒与家人之间能简单交流,还会做一点简单家务,是母亲的慈爱、智慧与耐心让小凯勒明白许多事情,让她体会到"漫漫长夜中的光明和生命中的美好"(11)。在学习说话的艰难时刻,亲人是她坚持学习的最大动力。气馁与厌倦时,只要一想到自己的亲人,她就会重新振作起来,渴望家人为她的成就感到愉快。一想到"小妹妹会听懂我的话"(84),她就有勇气克服学习上的所有障碍。终于能开口对家人说话的那一刻,是凯勒终生难忘的"最幸福的时刻"(86)。研究认为,爱的能力是积极心理的核心,快乐的基础与源泉。[①] 正是对家人的热爱,支撑凯勒战胜巨大的困难,重新获得说话的宝贵能力。实际上,凯勒早期的每一点进步,都离不开父母不遗余力的鼓励与支持:四处求医问药、拜师学艺、接受正规教育,正是父母的不离不弃,助凯勒顺利实现她的哈佛梦。

为凯勒打开知识之门的莎莉文老师,无疑是凯勒生活中最重要的贵人。凯勒因莎莉文老师的到来才得以告别黑暗,告别孤独,开始享受友谊、陪伴、知识和爱。与"同桌妈妈"陶艳波相比,莎莉文老师无疑更加伟大。陶艳波 16 年来不离不弃,陪伴失聪儿子上学,充分展示了母爱的无私与伟大,而莎莉文与凯勒非亲非故,却为凯勒带来了"爱之光"(26),陪伴爱护失明失聪的凯勒 50 年,用一辈子时间,培养一个了不起的学生,造就一个不可思议的人才。与老师一起几周后,凯勒才终于意识到每件东西都有一个名字,而每个名字都会引发新的思考,这对懵懵懂懂的小凯勒来说,是一个具有转折意义的关键时刻。那一刻,语言的奥秘,知识的海洋,理性的回归,都一起向凯勒涌来。而那一刻,源自凯勒对老师反复拼写在她手心的五个字母"water"(水)与流过她另只手指尖的奇妙而清凉的物质之间的模糊联系:"这个具有生命力的词语唤醒了我的灵

---

① Susan & Clyde Hendrick, "Love," in C. R. Synder & Shane J. Lopez, eds., *Handbook of Positive Psychology*, 472 - 484, Oxford: Oxford University Press, 2002, 472.

魂,带给我光明、希望和欢乐,让我的灵魂获得了自由!"那天,凯勒学会很多新单词,晚上躺在小床上,回想一天的快乐,她觉得自己是"最幸福的孩子","第一次迫不及待地期盼新一天的到来。"(30)光明、希望、欢乐、自由,这些美好的字眼从此与学习和知识紧密相连,带给凯勒无穷的乐趣与幸福。

　　假如给她三天光明,凯勒首先想看到的,就是她亲爱的老师莎莉文。莎莉文老师为凯勒打开了外面的世界,带来了知识的海洋,她温柔、耐心、勇敢、坚毅、聪明、善解人意,懂得随机应变、寓教于乐,对凯勒充满同情,正是这些优秀品质使她圆满完成教育凯勒的不可能完成的任务。莎莉文老师从不放过任何一次向凯勒展示万物之美的机会,想方设法让凯勒的生活更美好,更有意义(51)。凯勒认为自己生命中所有美好的东西,都是莎莉文老师给予的,没有老师的爱抚,她的才能、渴望和快乐都无从谈起(53)。

　　友情带给凯勒的欢乐,也是难以估量。朋友对凯勒的生活产生重大影响,使她感受世间的美丽与和谐,给她的心灵带来宁静,使她的生活变得更加美好。虽然无法写下所有曾带给她欢乐的人的名字,但凯勒用自传的最后一章,歌颂友情与自己的感恩之情。凯勒从布鲁克斯主教的友谊中获得无穷的快乐与启迪,感知真正快乐的生活,体会博爱、渊博的知识与真正的信仰如何合而为一、凝结为一种深刻的洞察力。主教去世后,凯勒重读《圣经》和其他宗教哲学著作,发现没有任何信条和体系能比布鲁克斯主教的"爱的信条"(180)给人更多心灵上的满足。除布鲁克斯主教外,还有黑尔博士、马克·吐温等众多对凯勒影响深远的朋友,以及许多远隔万里、从未谋面的朋友,他们来信中那亲切的话语,使凯勒感动万分,无以答谢。总之,朋友的"一次热情的握手,一封友好的书信,都会带给她真切的快乐"(178)。在自传的结尾,凯勒写道,正是这些朋友创造了她的生活故事,"他们想方设法把她的缺陷变为特权,使她能够在生活的阴影中,也能平静而愉快地前行。"(188)对莎莉文老师和其他许多朋友,凯勒心存感激,内心充满爱,正因有爱,她才感到生命有了新的开始,才会将世界想象得那么美好,才会将毕生的精力倾注在残疾人身上。也正因有爱,海伦才有了不屈不挠、战胜命运的巨大勇气与力量。更重要的是,爱是凯勒快乐与幸福的一大源泉。

结语：知足常乐

"人生不如意事十之八九"，要想快乐幸福，还需要有知足常乐的良好心态。尽管生理缺陷给凯勒带来诸多不便，但她还是利用宝贵的触觉和嗅觉欣赏世间万物之美，感到自己"很幸福"(180)：在大自然中徜徉的快乐时光，与亲朋好友在一起的幸福时刻，与知识为伴的快乐与幸福，都使凯勒陶醉。归根结底，"知足常乐"是凯勒幸福与快乐的最大秘诀。

在凯勒看来，"万物都有自己的神奇之处，黑暗和寂静也不例外。我学会无论身处何境，都要知足常乐。"(176)"用单一的视角看世界，也许是人类不快乐的源泉。"①而凯勒努力把别人眼前的光当作自己心中的太阳，把别人听到的音乐当作自己心中的交响乐，把别人的微笑当作自己的快乐，从而收获了人生中最大的幸福与快乐，而非绝望、悲伤、忧愁与怨天尤人。凯勒认为，我们应该充分利用大自然赋予我们的各种感觉器官——视觉、听觉、触觉、嗅觉和味觉，尽情感受世界上所有的快乐和美丽，仿佛明天就将失去它们。"我们应该细心、积极、心存感激地过好每一天"(192)，仿佛第二天就会死去。

叙事"即语言对外在事件的重复……任何讲述都是重述。最为直截了当的叙事也是重复，是对业已完成的旅程之重复"。② 叙写自己生活故事的自传尤其如此。《我的生活故事》是海伦·凯勒对自己22岁以前生活的重述，叙事的乐观基调与幸福画面，正是作者乐观精神与快乐生活的写照。凯勒通过言行传达出的这种正能量，概括起来就是对生命和对世界的热爱，以及将这种爱付诸行动的坚韧毅力。③

而爱是一种由高兴、兴趣和满意等多种情绪组成的"合金式"④积极情绪，

---

① 阿兰·德波顿：《旅行的艺术》，156页。
② J. 希利斯·米勒：《解读叙事》，申丹译，北京：北京大学出版社，2002年，44—45页。
③ 吴娜：《〈假如给我三天光明〉：海伦·凯勒的正能量》，《光明日报》，2013年07月31日，http://news.sina.com.cn/o/2013-07-31/034027815133.shtml [2014/11/14]。
④ 任俊：《积极心理学》，92页。

它能促使个体充分发挥自己的主动性,产生多种创造性思想或行为,并把这些思想或行为扩展到其他方面,形成良性循环。正因如此,尽管在88年的漫长人生中,海伦度过87年漆黑寂静的岁月,却给人类带来无限的光明与希望。她一生共创作14部作品,并成为卓越的社会活动家与慈善家,出访过三十多个国家,为盲聋哑人募集资金。慰问失明士兵,救助伤残儿童,保护妇女权益,争取种族平等,海伦的一生多姿多彩。因其伟大非凡的成就与贡献,海伦曾获得美国公民的最高荣誉——总统自由勋章,并被《时代周刊》评选为20世纪美国十大英雄偶像之一。马克·吐温曾说:"19世纪出了两个了不起的人,海伦·凯勒和拿破仑,拿破仑试图用武力征服世界,他失败了;海伦·凯勒用笔征服世界,她成功了。"①凯勒不仅成功,而且快乐,这尤其难能可贵。

薛玉凤　文学博士,河南大学外语学院教授。主要成果有专著《美国文学的精神创伤学研究》(2014),论文"Transgenerational Trauma in F. M. Ng's *Bone*"(2014)、"创伤　忙碌　心态——《富兰克林自传》的积极心理学解读"(2013)、"忧郁　幽默　智慧——卡耐基《林肯传》中的林肯形象评析"(2013)等。

---

① "海伦·凯勒":http://baike.baidu.com/view/3751.htm? fr = aladdin［2014/11/14］。

中法文化交流中的谢寿康[*]

唐玉清

内容提要：谢寿康在欧洲的活动,他的多种不同形式的作品所体现的中国传统文化同欧洲现代文明的融合,是他获得欧洲社会认可的根基。20 世纪 30 年代,以他为核心形成了一个民国留法文人圈,他们不同于留法的那些勤工俭学人员,也不同于那些象征派诗人,他们对中国现代文学和中法文化交流产生了自己的影响。

关键词：谢寿康 留法文人圈 中法文化交流 民国时期

1930 年的《国立中央大学一览·文学院概况》之《教职员名表》中记载:"副教授:谢寿康(次彭,兼文学院院长)。"这位谢寿康在国内的记载不多,而且主要集中于他在外交领域的成就。而在欧洲,谢寿康在 20 世纪上半期用法语发表了众多的文学作品,有着重要影响。

谢寿康(1897—1974)谱名亦銮,字次彭。江西赣州人,出身书香门第,幼时即敏而好学。1912 年考取江西省官费留学生,遂赴欧洲深造。起初进入比利时自由大学攻读政治经济学,后转到法国巴黎政法学校经济科获得学士学位。1918 年入瑞士洛桑大学攻读政治学硕士学位。1923 年又入比利时布鲁塞尔大学,之后获得经济学博士学位,毕业论文为《法国战时公债及其财政》。

这期间,谢寿康和吴稚晖等人在巴黎组织中法教育会,接待赴欧的中国

---

[*] 本文为国家社科重大项目"境外中国现代人物传记资料整理与研究"(编号:11&ZD138)阶段性成果。

留学生,还担任过法国里昂中法大学的校董、教授。1921年他参与组织里昂中法大学留法勤工俭学学生运动之后,辗转到德国活动。① 他较早接触共产主义思想,成为当时欧洲留学生中主要的活动家,曾经以巴黎"中国民主促进会"秘书长的身份,与周恩来、刘清扬等人商讨筹组中国少年共产党。②

谢寿康1929年学成归国,成为国立中央大学文学院院长。1930年任中国驻比利时公使馆代办。1933年奉调回国,任国民政府立法委员等职。1941年出任中国驻瑞士公使馆代办。1942年,中国与梵蒂冈建交,谢寿康被任命为中国驻罗马教廷第一任公使。1949年后他举家迁往美国纽约,获聘哥伦比亚大学助理戏剧教授。最后在台湾病逝。纵观谢寿康一生,不仅有着丰富的外交经历,还是一个卓有成就的文人学者。他不仅将当时比利时剧作家的作品翻译成中文(《阶段》(Les Etapes)和《播种》(Les Semailles),上海商务印书馆出版,1931年),还将中国古典传说和故事翻译成法语和英文。他和张大千过从甚密,收集了不少张大千亲赠的画作,而且他自己也擅长绘画,尤其是墨竹。当年为教宗庇护十二八十大寿所画的竹子至今还在梵蒂冈珍藏。他八十岁高龄的时候还出版《七百墨竹》画集。

谢寿康一生交游广阔,与胡适、徐志摩、林语堂及陈三立、陈寅恪父子等人相交甚深。而与徐悲鸿、蒋碧薇夫妇以及邵洵美等人的交往,在他留学初期即已开始。他被邵洵美尊为兄长,因常到他家去烧菜,邵洵美在其《儒林新史》中将之戏称为"厨子"。这本书中提到谢寿康是"一个皮色和他(徐志摩)相映起来特别见得黝黑的矮胖子"。也记录了两人的闲聊:"他说他到了欧

---

① Cf. Nora Wang, *Emigration et Politique*, *Les étudiants-ouvriers chinois en France 1919 – 1945*, Paris:Les Indes savants,2002.
② 据林坚的《熊雄,短暂而不朽的人生》记载:"1921年秋,熊雄离开巴黎,前往德国柏林。在柏林,熊雄和周恩来、刘清扬、张伯简、肖三、谢寿康等,每个星期六晚上都在康德大街张申府寓所聚会,商讨筹组中国少年共产党。张申府介绍周恩来、熊雄加入了中国共产党。4月下旬,周恩来、肖三、刘清扬、张申府、张伯简、肖三、谢寿康、熊雄(具名披素)七人联名写信给在法国的赵世炎,敦促他于5月1日前完成中国少年共产党的筹建工作。"(见《人民政协报》2010年8月20日)又据郑超麟的《记尹宽》载:"这些第三类党员并未曾辜负同志的信任(除谢寿康不久消极脱离以外)。"(见 http://marxists.anu.edu.au/chinese/zhengchaolin/marxist.org-chinese-zhengchaolin-19830514.htm)

洲十五年了,他说他是研究文学的,他说他已经用法文写好了一部剧本。"①之后,邵洵美也是督促他回国的友人之一,他劝告谢寿康说:"游子学成当报国。"

蔡元培等人也早在他求学时期就表示赏识。民国初期,蔡元培旅欧期间谢寿康相伴,一起访遍欧洲各国。1924年8月,蔡元培在荷兰海牙参加了第21届国际阿美利加大会,即国际民族学研究会,他提交的论文就是由谢寿康翻译成法文后宣读的。那时著名的法语教员和翻译家雅克·邵可侣②(Jacques Reclus)为中国大学编注的《近代法国文选》(中华书局,民国廿四年印)产生了深远的影响,其序即是蔡元培和谢寿康共同完成,并由徐悲鸿题书名。而正是经由蔡元培向朱家骅的引荐和友人的推动,1929年1月,谢寿康前往南京中央大学任职,与徐悲鸿夫妇一同迁居中大后门石婆婆巷和丹凤街路口的一旧式大宅院里,开始了中大文学院院长的生涯,当时同住的还有哲学系的何兆清夫妇和化学系的曾昭抡先生。谢寿康次年即请辞院长,他的任期虽然短暂,却也风光无限。

此时徐悲鸿也在中央大学工作,任艺术学院院长。从旁人多种回忆录中,我们看到他们生活中多有互助。徐悲鸿和女学生孙多慈的那段情爱引发的重重危机,谢寿康充当了关键的调解人角色。而徐悲鸿的前妻蒋碧薇也成功说服了与谢寿康极不相配的原配夫人同意离婚,帮助他从第一段不幸的婚姻中全身而退。其实,志趣相投应当是徐谢情谊长期维系的真正缘由③,现代文化史上为人津津乐道的"天狗会"④就是这种气质相类的佐证。1921年"天狗会"成立

---

① 参看邵洵美《儒林新史》,上海:上海书店出版社,2008年。
② 雅克·邵可侣(Jacques Reclus,1894—1984),出身于法国显赫的邵可侣家族。因为相同的无政府主义理想,和早年留学法国的李石曾、吴克刚等关系密切。1928年来到中国,先后在南京中央大学、北京大学、昆明中法大学、燕京大学等教授法语。1952年回到法国后,长期从事创作和翻译。著有《太平天国运动》(1972),并翻译了中国古典文学作品《浮生六记》和《九命奇冤》。
③ 参看蒋碧薇《蒋碧薇回忆录》,上海:华东师范大学出版社,2015年。
④ "天狗会"从"天马会"而来。"天马会"是由汪亚尘、刘雅农等人发起成立的中国第一个新兴美术团体,主要创始人有丁慕琴、江小鹣、汪亚尘、陈晓江、杨清磐、张辰伯等。开始"天马会"是一个小团体,后来影响慢慢扩大,上海美专的很多学生都来参加,刘海粟成为"天马会"的主要成员,撰写了《天马考》、《天马是什么》在《艺术周刊》上发表。彼时在法国的谢寿康、孙佩苍、郭子杰、徐悲鸿等人在留学生活之余苦中作乐,也为了讽刺当时国内"帮闲文人",尤其为了同这个颇为著名的(转下页注)

之初，考虑到年龄的长幼，顺序是谢寿康老大、徐悲鸿老二、张道藩老三、邵洵美老四。它原先是为了嘲弄国内刘海粟为首的"天马会"的过分教条而出现的，实际上在戏谑之间更多地承载了这些人的审美和信念。关于"天狗会"和希腊犬儒派的异同，谢寿康说："这的确是一种巧合，不过我们虽然也讽刺，但是绝对不怀疑。我们相信世界上的确有绝对的真，绝对的善，和绝对的美。我们更以为每个人都应当有一种绝对的成就，便是说，我们做无论什么事情，都得一百二十分地彻底：研究一项学问，学习一种文字，恋爱一个女人，哪怕是犯一个罪，闯一个祸。"

事实上，除去外交光环和政治经济成就的谢寿康，在文学方面也绝对是一个好手。他喜欢拉马丁的诗，对文学创作也有自己的理解，他对但荫荪①说："写文章要大胆、新奇，不过胆大、新奇易流于粗暴。必须温柔、敦厚、细致、明朗。法文跟中文一样，要能朗诵，能够朗朗上口，才能领略其中佳妙。若希望自己写的文章能够朗读，必须从朗诵诗文着手。"

1927年3月，他的五幕悲剧《李碎玉》在布鲁塞尔皇家剧院公演，轰动一时。4月20日，驻日内瓦记者戈公振为此在《申报》发表《中国文艺家谢寿康在欧洲之荣誉》："比京特约通信云：国民军声势日盛，欧人动色相告，各报连篇累牍而载之。而比京王家戏院，适初演谢寿康君所编之《李碎玉》一剧，遐迩争传，洛阳纸贵。久感浮沉之我国文艺界至此，亦在欧大放异彩。……万齐甫君登台致开幕词，谓吾人藉此剧可窥知中国新旧思想冲突之一斑，使欧人能洞悉

（接上页注） 西画美术组织"天马会"唱对台戏，在说笑戏谑间成立了一个别开生面的"天狗会"。徐悲鸿在剧评《张道藩的〈自救〉》里煞有介事地说："天狗会之组织，有神圣而不可运动之会长，其外有会员两种，布于全世界各民族间，各国亦设使臣领事，与国家一样。当时因狗字尊严，有避讳的规定……"他们大都在巴黎近郊乡村租房，有的住客栈。"大本营"在卢森堡公园门前对面的一家咖啡馆，几乎每天下午都去那里喝咖啡，闲谈最新的文学作品、展览等等。苏立文（Michael Sullivan）在其相关著作中提到，徐悲鸿加入"天狗会"一定程度上妨碍了早年留法艺术家向往的艺术自由和艺术现代性，不久即瓦解（参见迈克尔·苏立文著，陈卫和、钱岗南译，《20世纪中国艺术与艺术家》，上海：上海人民出版社，2013年）。毋庸讳言，"天马会"和"天狗会"交织着刘海粟与徐悲鸿的个人恩怨。而"'天狗会'的理想在文学中得到发展，如邵洵美诗歌在国内的发表与推广，以及邵洵美与好友徐志摩在文学上对上海文艺界作了一定的贡献。"（见顾跃《常玉》，河北：河北教育出版社，2007年，19页。）

① 但荫荪，湖北人，早年留学法国，与徐悲鸿、谢寿康、邵洵美等人关系很好。先后任上海暨南大学和复旦大学教授，后赴台湾任政治学教授。

中国情形而无隐。如谢寿康先生之洞悉吾欧情形。"本剧采用了写实的手法再现当时中国的状况,包括军阀的横暴、国人的浪漫情怀,尤其是新旧思想之间的碰撞,而用的语言又和中国传统诗歌相关。当时的欧洲报界和学界评论此剧成功地用欧洲的戏剧理念和创作方法来表现中国的思想,这足以看出作者对中欧两种文化的熟知。

一战之后弥漫欧洲的"东方文化救世论"虽然与18世纪的"中国热"不可同日而语,但也促进了中国文化的西传。中国传统的戏剧作品正是在这一时期开始了相对集中的西语译介,以《西厢记》为例,法文译本有莫朗(De Morant)①、徐仲年②和陈宝吉③的三种,同时也催生了一批法国本土对中国戏剧的研究专著。这不能不说是《李碎玉》大获成功的有利背景。

这出剧也可以看作是一个共同志趣的民国留法知识分子的集体作品(比如蒋碧薇担任此剧的舞台导演)。他们从独特的生活经验出发,在特殊的时代背景上,同具反侵略的家国情怀和追求情感自由的共识。这点与以往改编成法文的戏剧作品对于传统中国镜像或者是想象中国的执著,对于单纯意义上的不同或者是神秘性的夸大是相异的。伏尔泰根据纪君祥《赵氏孤儿》改编的《中国孤儿》一直是东方戏剧西化的典范,当代中国戏剧作品又承载了很多西方现代派的因素。在两者之间,在大规模"西学东渐"的潮流中,这出从东方故事改编翻译来的《李碎玉》获得极大的成功,体现出了文化交流中的互补。更为重要的是,文本中弱势文化相对于西方强势文化所表现出来的挫折感并不是很明显,也没有过度彰显民族自豪感或者是劣根性,更多的是美学层次上的探求。那是一些中国人,确切地说是经受了西方文明洗礼的现代中国知识分子的深层记忆和理想。他们从容超然的笔调融合了西方现代的叙事策略和东方传统思想,而文化本身替代了种族和个体命运成为思考的重点。

另外,可以参照张道藩的创作,他成功地把雨果的《项日乐》改编成了中国背景的《狄四娘》,而谢寿康将他的《自救》翻译成法文的时候,体现出了相同的

---

① 全译本,书名为《热恋的少女:中国13世纪的爱情故事》,1928年在巴黎出版。
② 其作《中国诗文选》包括了《西厢记》、《窦娥冤》、《牡丹亭》等片段,1933年在巴黎出版。
③ 全译本,书中还附有关于《西厢记》的法文论著目录,1934年在巴黎出版。

审美追求和矛盾的社会反映，即弘扬民族自立的意义还是疏离民族危机的嫌疑，这恰恰又与20世纪30年代中法文学交流复杂性和中国现代文学的多样性相关。这个文人圈共有的深沉的民族文化根基和西方浪漫主义情怀的背景对于他们自身创作和整个中国当代文学发展都产生了影响。

此后，谢寿康在国内的声名也大震，在北京、上海、南京等地的文艺界出了名，日本也有相关报道，他还因此获选比利时皇家文学院院士，是历史上第一个在欧洲获得"院士"荣誉的中国人。正如他去世之后，台湾的"治丧委员会"发出的《赣县谢次彭先生事略》中所云："□□先生虽习政治经济之学，然毕生致力于文艺学术者甚深，治西洋戏剧尤具心得，所撰《李碎玉》剧本，曾演出于比京大剧院，不独大为西洋文艺界所推重，抑亦国人制作公演于海外之嚆矢也。"之后他又用法文编写了三幕剧本《马海思》。他在70年代从法文改编的英文作品《蝴蝶梦及其他民间故事》，在美国和日本获得畅销。

除了戏剧作品，谢寿康还出版了《东方西方，交互映像》（1932），《中国精神之于种族问题》（1939）等。这类作品集中展现了谢寿康对于跨文化处境中的个体身份的思考，以及在第一次世界大战的背景之下，通过文化互助走出人类共有的困境的设想。在比利时皇家文学院对他的介绍中，除了《李碎玉》，还特别提到了《蒋委员长的幼年和少年时代》，认为"本书是部赞美词，但更为重要的是对一个人物资料详实的研究，而这个人在谢寿康看来是本民族自由和独立的象征"。

《蒋委员长的幼年和少年时代》1941年用法文在比利时出版，随后分别于1942年和1947年再版，是欧洲流传的第一部关于蒋介石的传记。它的成书是有特殊的历史背景和文化原因的。1937年抗日战争爆发初期，国民政府急切需要国际援助，但是西方民主国家并没有切实行动。克洛泽在其《蒋介石传》中写道："第二次中日战争的头五个月出现的不仅是包括中国首都陷落在内的灾难性军事失利，而且还有外交上的大失所望。"为了争取外援，蒋介石派出众多高层人士出访欧美。年前被派往欧洲的国防参议会成员蒋百里，力荐长期在欧洲活动并享有一定声誉的谢寿康。10月，谢寿康出任赴比利时文化考察团团长，秘密赶赴欧洲进行抗日宣传，用法文作了多次演讲，在当地的报刊上也发表了不少文章。1939年2月2日成立的"国际文艺宣传委员会"的主要任务就是将中国的一批抗战文学翻译介绍到国外去,而谢寿康和林语堂、肖石君成为这个委员会的驻法代表。为了扩大国际上对中国国民政府和蒋介石本人的了解,谢寿康用法文完成了《蒋委员长的幼年和少年时代》一书,他依据的是出国前看到的毛思诚编写的《蒋介石传记》。这种特定的历史环境、预设的受众群体和作者本人的文学经历都影响到了这本传记的面貌。它对在欧洲宣传中国的抗日战争,推动国际反法西斯阵营的形成,起了积极的作用。谢寿康的作品体现出与源远流长的法国汉学结盟,也从另一个方面开启了当代法国华裔文学的传统。

谢寿康的文化上层路线,和同时代的勤工俭学的留法学生不同,他的官费留学背景和外交地位使他更专注于同欧洲文化精英的交流,比如他在罗马教廷任职时同梵蒂冈高层结成广泛的友谊,同当时法国著名的汉学家马伯乐[①]有密切关系。长期以来,20世纪30年代前后中国人的留法目标被简化为或者是为了寻找新的信仰,如那些勤工俭学的学生,或者是追求纯文学的诗歌美,如那些象征派诗歌的作者,谢寿康以及与他交往的那些文人艺术家则展现了这两者之外的追求。

唐玉清　女,南京大学文学院副教授,巴黎第三大学文学博士。

[①] 马伯乐(Henri Maspero,1883—1945),沙畹的学生,法国著名的中国学家,印度支那诸种语言专家。1908—1910年间在中国。曾任碑铭与美文学院院长,法兰西学院文学部会长。马伯乐的研究主要集中在早期中国历史和中国古代宗教,尤其阐明了在中国流行的三种主要宗教(包括儒教在内)彼此之间的关系。

试析王尔德性格中的悲剧因素

陈瑞红

内容提要：奥斯卡·王尔德人生悲剧的酿成，除了诸多外在力量的驱迫，也有其本人性格上的原因。优渥的家境、良好的禀赋、精英式的教育在成就其天才的同时，也让他养成了虚荣、奢侈的习气，他过于倚重社会评价与外在尺度，却失去了一个作家应有的内在定力。此外，超脱的气质、纨绔子式的自恋以及父亲放浪作风的影响，使他难以投入真挚的爱情和严肃的婚姻生活，后来，他在同性恋的激情冒险中误入歧途。更为可悲的是，王尔德还缺乏果决的意志力，不仅在讼案的关键时刻受制于人，而且在获释后也未能从新的、更高的思想起点走向"新生"。所有这些都是造成作家悲剧的重要的主观原因。

关键词：王尔德　性格　意志力　悲剧

英国唯美主义作家奥斯卡·王尔德（Oscar Wilde，1854—1900）可谓天赋英才，其锦心绣口、文采华章、绅士风雅不仅冠绝当时，在文学史上也占有一个惹人注目的席位。然而，就是这样一个才子，却在创作力最旺盛的时候，因"同其他男子发生有伤风化肉体关系"之罪名被判入狱，沦为身败名裂、病苦无告的阶下囚。两年（1895.5—1897.5）的刑囚生活不仅损害了王尔德的健康，也挫伤他的追求和意志。获释当晚，他即乘坐夜间渡轮穿越海峡去了法国迪耶普，从此流亡欧洲大陆，再也没回英国。从判刑入狱直到他1900年11月30日以46岁年纪客死在巴黎阿尔萨斯旅馆，除了书信《自深处》①和诗歌《雷丁监狱之歌》(The Ballad of Reading Gaol, 1898)之外,王尔德再无其他作品问世。这样的收场无论是对于作家本人,还是对于文学艺术来说,都是令人遗憾的。对此悲剧,不知有多少读者和研究者曾扼腕叹息!

人生于世,犹如沧海一粟,世间诸事,原非皆可由人的主观意愿所掌控。我国古人常叹:人生不如意事,十常八九;希腊也素有命运悲剧之说。一朝遭遇造化弄人,酿成人生悲剧,实难仅仅归咎于某一个体。但王尔德悲剧的酿成,除了诸多外在力量的驱迫,也的确存在着主观上的必然性。关于王尔德一案的来龙去脉,孙宜学已经在《王尔德审判实录》(广西师范大学出版社,2005年)译序里说得很清楚,不宜赘述。在这里,我仅尝试从传记学角度,谈一谈王尔德性格与思想中的某些悲剧性因素。

一、"我以为虚荣是一种给年轻人佩戴的雅致的花朵"

在《自深处》中,王尔德对阿尔弗雷德·道格拉斯勋爵提起与后者母亲之间的一次谈话:

> ……你母亲开始跟我说起你的性格。她说了你的两大缺点,你虚荣,还有,用她的话说,"对钱财的看法大错特错"。我清楚地记得我当时笑了,根本没想到第一点将让我进监狱,第二点将让我破产。我以为虚荣是一种给年轻人佩戴的雅致的花朵;至于说铺张浪费嘛——我以为她指的不过是铺张浪费——在我自己的性格中,在我自己的阶层里,并不见勤俭节约的美德。②

---

① 这是王尔德于1897年出狱前夕写给阿尔弗雷德·道格拉斯勋爵(Lord Alfred Douglas, 1870—1945)的一封长信,可以说是王尔德最为重要的自传性作品。信的摘要和底稿分别在1905、1949年以《自深处》(De Profundis)为名发表过。因此,该信又名《自深处》。在我国,它则多次被加上《狱中记》的题目出版过。

② 《王尔德全集》第6卷,赵武平主编,常绍民、沈弘等译,北京:中国文学出版社,2000年,64—65页。

从这段叙述可以看出,王尔德很清楚,自己与道格拉斯在虚荣与奢侈方面是有共同点的,尽管其表现与程度不同。虚荣心,是人们为了取得荣誉和引起普遍的注意而表现出来的一种社会情感和心理状态,其过度的自尊与强烈的自我表现欲,实际上源于一种对外在评价的过度依赖,是人格不够独立的表现。而奢侈,与虚荣往往是紧密联系着的,因为奢侈的物质享受,必然伴随着那种跻身于上流社会的身份感,以及那种来自大众的望而生畏的艳羡。在这一部分,我们主要来谈一下王尔德的虚荣心的养成及其危害性。

　　王尔德虚荣心的养成与其出身、家境有密切关系。1854年10月16日,他出生于爱尔兰都柏林威斯特兰街(Westland Row)21号,父亲威廉·王尔德(Sir William Robert Wills Wilde,1815—1876)是一位非常成功的眼科和耳科医生,他在都柏林有自己的私家医院——圣马克眼科医院(St Mark's Ophthalmic Hospital),做过《都柏林医学杂志》(*Dublin Journal of Medical Science*)的编辑,并受聘为维多利亚女王的普通眼外科医生。威廉·王尔德还曾访问斯堪的纳维亚半岛,在瑞典皇室受到很高的礼遇。1864年,由于他在医学上的声望以及在多次爱尔兰人口普查中的贡献,维多利亚女王封赐他爵士爵位。此外,王尔德爵士还是多部医学、考古学和爱尔兰民俗学著作的作者。王尔德的母亲简·弗朗西斯卡·埃尔吉(Jane Francesca Agnes,1821—1896),是爱尔兰的一位颇有声望的诗人,曾用笔名"斯珀兰扎(Speranza)"从事写作,还一度卷入19世纪前期的爱尔兰民族自治运动。简·弗朗西斯卡·埃尔吉不仅写诗,同时还是一位翻译家,精通法语、德语,与当时的欧洲大陆文学界保持着精神上和事实上的密切联系,她曾翻译过法国诗人拉马丁的两本书,并得到这位大诗人的亲自致谢。

　　奥斯卡1岁的时候,全家迁至梅里恩广场北(Merrion Square North)1号,与当时都柏林最具威望的医生和律师们为邻,家里经常是高朋在座,名流雅集。对于这样一个家庭,王尔德是十分自豪的,他曾经这样谈到自己的母亲和父亲:"她和我的父亲留给我一个他们已使之高尚荣耀的姓氏,不但在文学、艺术、考古和科学,也在我祖国的历史中,在我民族演进历史中留名。"[1]在这样光环笼

---

[1] 《王尔德全集》第6卷,107—108页。

罩的家庭环境里成长,小奥斯卡耳濡目染,早早地就深谙名望、地位、财富之间的密切关系,这些在他看来,也几乎成为快乐与幸福的应有之义。幸运的是,奥斯卡·王尔德天资聪颖,虽不见得十分勤苦用功,其求学之路却每每伴随着各类骄人的奖项。优渥的家境、良好的天赋、精英式的教育……用他的话说:"诸神几乎给了我一切。才华、出身、地位、荣耀、豪气。"①这一切都似乎预示着:他父母作为成功人士所享有的一切,也将顺理成章地成为他本人未来生活的一部分。尚在牛津时,他就立下宏愿:"我将成为一个诗人,一个作家,一个戏剧家。反正我会成名的,没有美名,也有恶名。"②80年代初,他在向戏剧检察官皮戈特(E. F. S. Pigott)提交自己的剧作《维拉,或虚无主义者》的时候,也承认自己"致力于戏剧艺术因为它是民主的艺术,而且,我想要名望(fame)"。③

在伦敦,王尔德积极结交名流并利用他的社交圈,做演讲、写戏剧、办展览,谈论时尚,当然还写各类评论:从历史书籍到小说,从服饰、旅游、婚姻到书籍装帧、室内装潢等,经常是一个星期要评论几本书或几件事。此外,他还以其审美化的生活态度、卓尔不凡的纨绔主义风格给人们留下极为深刻的印象。到了80年代中期,他就已经成名,他的各种稿件被各类期刊——包括文学性的刊物与通俗杂志——广泛地采用,他的名字成为公众财产,他也为自己赢得了一份舒适的生活和相当好的地位。1887年,又被一家出版公司聘为时尚杂志《妇女世界》(The Women's World)的主编。在致惠斯勒的信中,王尔德以爱默生的话来归结自己出名的秘诀:"像我那样,要一直让人难懂:想出名就要让人不理解。"④后来在跟弗兰克·哈里斯的谈话中,他又将自己的成名与商品广告的策略相提并论:

> 我的名字每一次在报上被提到,我都立即写信承认我就是救世主,为

---

① 《王尔德全集》第6卷,119页。
② Richard Ellmann, *Oscar Wilde*. London: Penguin Group, 1988. 45.
③ Josephine M. Guy & Ian Small, *Oscar Wilde's Profession: Writing and the Culture Industry in the Late Nineteenth Century*. Oxford: Oxford University Press, 2000. 92.
④ 《王尔德全集》第5卷:284页。

什么波尔的肥皂会成功？不是因为它比其他肥皂更好，更便宜，而是由于不松动的吹嘘。新闻记者是我的"圣洗者约翰"。①

所以，伊安·斯摩尔（Ian Small）称"王尔德是最早有意识地利用大众媒体以便将自己塑造成一个公众名人的公众人物之一"。②然而，在他追求成名的过程中，不仅他的艺术才华遭遇了商业化、媚俗化，而且，他本人也越来越看重名望与地位，越来越依赖那个虚浮势利的上流社会，从而丧失了一个精神创造者所应有的内在定力与独立人格。正因为如此，当遭到上流社会的抛弃，他所遭受的精神打击才是毁灭性的："因为我不是从籍籍无名跃入一时的罪名昭彰，而是从一种永恒的荣耀跌进一种永恒的耻辱。……名闻遐迩与臭名昭著不过是一步之遥，要是真还有一步远的话。"③

王尔德的虚荣心是如此根深蒂固，以至于在经过将近两年的牢狱生活之后，在写作《自深处》时，依然还会时时形诸笔端。其实，当他谴责道格拉斯虚荣的时候，也正是其自身虚荣心不自觉流露之时：

> 我的剧作完成后你会钦佩赞赏：首演之夜辉煌的成功，随之而来的辉煌的宴会，都让你高兴，能成为这么一位大艺术家的亲密朋友，你感到自豪，这很自然；但你无法理解艺术作品得以产生的那些必备条件。④

如果说王尔德身为成功艺术家的光环吸引了道格拉斯，那么反过来，道格拉斯显贵的出身、清秀的容貌、奢侈的贵族气派又何尝不也迎合了这位艺术家本人的虚荣心呢？

说到奢侈，王尔德本人也向来有种奢侈挥霍的习气，在牛津读书期间就曾

---

① 弗兰克·哈里斯：《奥斯卡·王尔德传》，蔡新乐、张宁译，郑州：河南人民出版社，1996年，68页。
② Ian Small. *Oscar Wilde Revalued: An Essay on New Materials & Methods of Research*. Greenboro. NC: ELT Press, 1993. 12.
③ 《王尔德全集》第6卷：125页。
④ 同上书，62页。

因还不上裁缝店、珠宝商的欠款多次被"副校长法庭"(Vice-Chancellor's Court)——该法庭有权力强制学生偿还在商人们那里所欠的债款——传唤过。在《自深处》中,王尔德痛彻地回顾了他与道格拉斯的奢靡生活:两人在伦敦普通一天的花销——午餐、正餐、夜宵、玩乐、马车及其他——大概在12至20镑之间,每周的花销相应地也就在80到130镑之间;而当时一个工人如果每天工作八小时,每周工作6天,一周也只能挣到1镑多一点。从1892年到1895年入狱,他在道格拉斯身上仅现金就花了5000多英镑!狱中的王尔德之所以做这样一番计算,也是因为终于意识到:"这么一掷千金地在你身上花钱,让你挥霍我的钱财,害你也害我;做这等蠢事对我来讲、在我看来,使我的破产带上了那种庸俗的由穷奢极欲而倾家荡产的意味,从而令我倍加愧怍。"[1]然而,王尔德此处字面上的反思还不够透彻,真正令其深感愧怍的,恐怕还是他本人曾经一度也很享受这种奢侈挥霍。

王尔德在《自深处》中描绘了道格拉斯在其悲剧中所扮演的重要角色,但其主要内容还是在自我反思,痛悔自己不应该放任自流,误入歧途;同时对其前期的美学思想、艺术追求、处世态度等进行系统、深刻的反省,其文体性质类似于西方文学传统中的忏悔录。读《自深处》时,我每每想到卢梭的《忏悔录》,但两相对比不难发现:卢梭的强大来自人格的独立不羁、超逸豪迈;而王尔德的脆弱则缘于其灵魂深处对外在尺度与社会评价的过度依附。所以,卢梭无论遭遇了多少迫害,都没有垮掉,直到晚年还葆有昂扬的斗志,笔耕不辍;而王尔德的人格却被那个他曾经留恋其中、也曾追捧他的虚浮的上流社会摧毁、撕碎,特别令他不堪其痛的是,自己多年来刻意构建起来的光彩艺术家形象在一夜之间化为灰烬,"我的存在就是一桩丑闻"[2]——这样的想法即使在出狱之后、流亡异国他乡的时候依然压得他抬不起头来。

---

[1] 《王尔德全集》第6卷,66页。
[2] 同上书,519页。

二、"爱自己是一生浪漫故事的开端"

在王尔德的喜剧《一个理想的丈夫》里,戈林子爵曾说:"爱自己是一生浪漫故事的开端。"同样的"箴言"也出现在他1894年12月发表在《变色龙》杂志上的《供年轻人使用的至理名言》中。实际上,这一"箴言"很能说明他本人在爱情方面的态度。

皮尔森(Hesketh Pearson)曾经以"一半是男孩,一半是天才"来概括王尔德的性格,并且指出,他身上作为天才的一半是成熟的,甚至是早熟的;而作为男孩的那一半是幼稚的、易动感情的、爱作秀的。[1] 这种分析有一定的道理。也就是说,在王尔德身上,作为作家的理性气质,与作为唯美主义纨绔子的扮酷自恋,是并存的。

作为一位学院派作家,王尔德在气质上更加富于理性,而非感性。他的小说、剧本、童话乃至批评文章写得都很出色,但诗歌的艺术成就却相对较低。正如著名批评家哈罗德·布鲁姆所指出的:

> 王尔德尽管在各方面都是极为浪漫的,但却并不具有浪漫的情感(Romantic sensibility),这也正是为什么他的诗歌——尽管借鉴了所有的浪漫主义诗人——却仍是如此令人绝望地缺乏魅力的原因。[2]

不仅如此,王尔德的小说、戏剧极少描绘人心灵深处的感情生活,也不注重主观感情的抒发,而是以巧妙的构思、绚丽的文采、心理逻辑的推演以及充满机智和理趣的对话等取胜,以至于其同时代的批评家阿瑟·西蒙斯认为,恰如佩特的小说首先是批评一样,即使作为剧作家与故事叙述者的王尔德,实质上仍

---

[1] Hesketh Pearson, *The Life of Oscar Wilde*. London: Methuen & CO. LTD., 1947. 42.
[2] Harold Bloom ed., *Modern Critical Views: Oscar Wilde*,. New York: Chelsea House Publication, 1985.3.

然还是一位批评家。① 从气质上说,王尔德显然并不是一个容易投入感情的人。

与此同时,作为一个奉行唯美主义的纨绔子,王尔德身上又有一种根深蒂固的生活审美化冲动,用他本人的话说就是:"我的野心并不在作诗上停止,我想把我的生命本身创造成一件艺术品。"②此种审美性处世风格使王尔德像戏剧人物一样,一举一动都带上了浓郁的表演色彩。安德烈·纪德回忆王尔德的一段话十分生动传神:

> 在巴黎,只要他一来,他的名字便口口相传;人们传诵着几个荒诞的轶事:王尔德还是那个吸全过滤嘴香烟的人,他在街上散步的时候手里拿着一朵葵花。因为他对欺骗上流社会的人士很在行,他懂得如何在他真正的人格外面罩上一层有趣的幻影,他扮演得有声有色。③

这种戏剧化的做派,固然为平淡的生活增添了无穷的趣味,但同时,它也让人过于自我沉溺,难以投入真挚的感情生活。

此外,王尔德之所以对爱情持一种近乎嘲讽的态度,恐怕还与其早年的家庭生活经历有关。他的父亲威廉·王尔德,作为一位24岁即获得皇家爱尔兰学会成员资格的成功男士,在婚前曾经有过数不清的艳遇,而且生下一男二女三个私生孩子。王尔德的父母是在1851年结婚的,并共同养育了二子一女:威利,奥斯卡与伊索拉。但威廉·王尔德婚后仍然艳遇不断,他最著名的艳遇是跟一个19岁的姑娘玛丽·特拉弗斯(Mary Travers)之间的婚外恋。玛丽是都柏林三一学院一位教授的女儿,因看诊于1854年结识威廉·王尔德医生,之后两人成为情人。后来由于玛丽希望独占情人,王尔德医生开始疏远她。情人的态度激怒了玛丽,他们之间的矛盾也愈演愈烈,以至于她通过编写、分发和邮寄

---

① Harold Bloom ed., *Modern Critical Views*: *Oscar Wilde*,. New York: Chelsea House Publication, 1985.1.
② Richard Ellmann, *Oscar Wilde*, 329.
③ 参见《王尔德全集》第5卷,509页注释。

小册子、公开私人信件等形式来败坏他的声誉，控诉他强奸年轻女病人，以至于最后终于对簿公堂。此案在1864年12月公开审理，结果是以威廉·王尔德败诉告终。这件事令王尔德医生声名狼藉，一蹶不振，对王尔德夫人也是一种很大的伤害，因此不可能不对当时已经10岁的奥斯卡造成影响。

很多年以后，王尔德曾经这样谈到母亲对父亲不忠行为的宽容："她是一位了不起的妇女，像嫉妒这类庸俗的感情可不能俘虏她。她对我父亲长期的不忠行为很清楚，但她只不过是忽视它们罢了。"[1]接下来，他还提到：在父亲病危期间，每天早上都会有一位穿黑衣、戴面纱的女人到他们梅里恩广场的家里来看望父亲，母亲从不阻拦和询问。他解释说：母亲这么宽容，不是因为不爱、而是因为深爱父亲。为什么王尔德要特意强调母亲爱父亲呢？在这里，我们可以读出此地无银三百两的弦外之音：父母之间的爱情早已不存在了，他母亲对父亲的那种爱，不过是家庭成员之间的一份亲情和对弥留之际之人的怜悯。正是这样一位博学、大度的母亲，在洞悉了爱情的虚妄之后，才在他们母子三人移居伦敦、经济窘迫之际，务实地鼓励儿子们去迎娶嫁奁丰厚的女子。[2]

尽管有父亲绯闻阴影的笼罩，年轻的奥斯卡依然能够感受到来自美丽女孩的吸引。1876年暑假期间，他在给同学哈丁的信中提到"要带一位标致极了的女孩"到大教堂参加下午的礼拜，但在他的眼睛陶醉于女孩美貌的同时，他的理性却始终保持清醒："她才刚刚17岁，容貌之美我还从来没有看见过，可也穷得连六便士也没有。"[3]他与这位女孩果然再无下文。牛津大学毕业后，在伦敦社交圈流连的王尔德也曾追逐过像艾伦·特里（Ellen Terry）、莉莉·兰翠（Lily Langtry）这样的演员、美女，但他并未真的与其中任何一位堕入爱河。

80年代初，王尔德在母亲的催促下也开始考虑婚姻问题，他曾先后向富家女维奥莱特·亨特（Violet Hunt）和夏洛特·蒙蒂菲奥里（Charltte Montefiore）求过婚，但这两人都没有应允。1884年5月，王尔德与一位已故爱尔兰律师的女儿康斯坦斯·劳埃德（Constance Lloyd，1859—1898）成婚。尽管在国内外

---

[1] Hesketh Pearson, *The Life of Oscar Wilde*, 16.
[2] Richard Ellmann, *Oscar Wilde* 220.
[3] 《王尔德全集》第5卷，37页。

巡回演讲中挣了很多钱,王尔德结婚时依然处于负债状态。康斯坦斯一年有250英镑的收入,如果祖父过世,她每年还可以再获得900英镑的遗产收入。鉴于举办婚礼、租赁和装修房子都要花一大笔钱,劳埃德家预支了5000英镑给一对新人,再加上王尔德筹借的一小部分钱,新婚夫妇终于得以在伦敦切尔西的泰特街16号住宅定居下来。

鉴于以上情况,当时就有人讽刺王尔德是为财产结婚的。艾尔曼在谈到王尔德结婚的初衷时,也认为是一种务实的需要:婚姻不仅可能改善经济地位,而且可以平息当时报刊上的关于他性取向的一些风言风语。皮尔森则提出了不同的意见:康斯坦斯身材优美,容貌俊秀,喜爱音乐、绘画,还有一颗害羞、敏感、淳朴、庄重、温柔的灵魂,更重要的是,她非常热爱和崇拜自己的丈夫,尽管也明白他们之间有分歧……这些足以令王尔德也爱上她。的确,这样的一位女子是值得爱的。王尔德写给康斯坦斯的情书都被毁了,从他写给兰翠夫人、雕塑家沃尔多·斯托里(Waldo Story)等人的书信①来看,王尔德的确爱妻子,但其爱情的深度和热度远远不及妻子对他的感情。根据皮尔森的传记,婚礼过后,一个女性熟人曾问王尔德是如何爱上康斯坦斯的,他回答说:"她从不说话,我则一直在想她在想什么。"②这样的爱情总让人禁不住对其真挚性产生疑惑。

1886年,王尔德在致朋友H.C.马里耶的信中感叹:"世上并无浪漫经历之类的东西;有浪漫回忆,有浪漫传奇的欲望——仅此而已。我们最激烈的狂喜时刻只不过是我们在别的某处感到的或我们渴望在某一天感受到的东西的影子。"③这就是王尔德对所谓的罗曼斯的虚幻本质的认识。在他自己的作品中,爱情往往因恋爱者主体性的高扬而表现为一种可怕的、毁灭性的力量,而婚姻,则不过是调侃的对象。仅仅在婚后两年,他就撇下妻儿,开启了他一个人的激情冒险。

谈到同性恋对于王尔德的意义,克里斯托夫·纳撒尔认为,1886年跟时年17岁的罗伯特·罗斯(Robert Ross,1869—1918)陷入同性恋,既是他艺术上走

---

① Richard Ellmann, *Oscar Wilde*, 232.
② Hesketh Pearson, *The Life of Oscar Wilde*, 110.
③ 《王尔德全集》第5卷,308页。

向辉煌的开端,也标志着其生活中颓废时期的真正开始。的确,新生活使王尔德敢于面对真实的自我,使之前压抑的感性的灵敏触觉得以释放和舒展,这种与自我的真诚对话显然激发了他的文学天才,从而使他进入一个创作上的丰产期,他这一时期的创作、包括批评作品也或隐或显地传递着同性恋的信息。或许正是小说《道连·葛雷的画像》(1890)中所透露出来的某种唯美的、感性的、暧昧的、神秘的诱惑,深深吸引了当时尚在牛津读书的阿尔弗雷德·道格拉斯,使其成为该书狂热的读者,并恳求朋友引荐,终于得以结识作家本人。

据道格拉斯勋爵后来回忆,王尔德第一次见面就迷恋上他,尽管道格拉斯一再强调自己对同性恋不感兴趣,自己在与王尔德之间的关系中也是完全被动的一方,但艾尔曼等学者指出,在结识王尔德之前,他的私生活就已经很混乱了。王尔德对道格拉斯的确怀有超越理性的激情,然而他的人生与艺术也在这份激情中毁灭了:"碰上你,对我是危险的,而在那个特定时候碰上你,对我则成了致命。"[1]

三、"要守住'灵魂所能登上的高峰',谈何容易"

与道格拉斯的相遇何以对王尔德造成如此重大的影响、乃至损害呢?这与其双方的个性都有关系。关于道格拉斯,无论从传记作家们的描述中,还是从王尔德的自述中,我们都可以得出以下印象:他虽然出身世家,相貌清秀,也会写诗,但却是一个极度自我中心、乖戾、狂躁、跋扈、冷酷、在感官享乐中疯狂沉溺、缺乏自制力的纨绔子。此种性格的养成,一方面缘于家族遗传的狂躁气质,另一方面也由于父母的离异、母亲的宠溺。而王尔德从小就是个"温和、亲切、友爱、有些梦幻气质的少年"[2],他脾气好,但凡能克制住自己,从不跟人起争执。这样两种性格的人一旦亲密相处,其相处之道是可以想见的。王尔德曾这样描述自己与道格拉斯的相处方式:

---

[1] 《王尔德全集》第6卷,177页。
[2] See Hesketh Pearson, *The Life of Oscar Wilde*, 20.

与你的相处之道是,要么全听你的,要么全不理你,毫无选择余地。出于对你深挚的不妨说是错爱了的感情,出于对你禀性上的缺点深切的怜悯,出于我那有口皆碑的好心肠和凯尔特人的懒散,出于一种艺术气质上对粗鲁的言语行为的反感,出于我当时对任何怨怼都无法忍受的性格特征,出于我不喜欢看到生活因为在我看来是不屑一顾的小事(我眼里真正所看的是另外一些事)而变得苦涩不堪的脾气——出于这种种看似简单的理由,我事事全听你的。①

也就是说,不是年长者在主导年少者,而是年少者强悍的性格如同飓风裹挟着年长者按照自己的轨道运行。道格拉斯喜欢那些为了几个英镑或一顿大餐就可以出卖自己身体的年轻男子,并且把他们介绍给王尔德,王尔德原想抱着一种类似耍蛇人的审美心态与他们厮混:"这些人对于我是色彩最斑斓靓丽的蛇。毒素正是他们完美的一部分。"②但后来却成为这些堕落的男孩子们敲诈、围攻的对象。

痛定思痛,王尔德固然对道格拉斯这位昔日密友心怀怨恨,但他也十分清楚:"是我自己毁了自己"③,"性格的根基在于意志力,而我的意志力却变得完全臣服于你。听起来不可思议,但却是千真万确。"④在二人交往的过程中,王尔德愈来愈清楚道格拉斯的性格缺陷并深受其害,他几度提出分手,但每次都因为这样那样的缘故一再对其妥协、迁就。"我总以为小事上对你迁就没什么,大事临头时我会重拾意志力,理所当然地重归主宰地位,情形并非这样。大事临头时我的意志力全垮了。"⑤结果,他十分不明智地充当了道格拉斯父子之间寻仇泄恨的牺牲品。不能不说,王尔德缺少果决的意志力,是最终导致他讼案缠身的重要性格原因。

---

① 《王尔德全集》第 6 卷,67 页。
② 同上书,158 页。
③ 同上书,118 页。
④ 同上书,66 页。
⑤ 同上书,68 页。

从《自深处》中的反思来看,王尔德对自己前期思想与言行的舛错之处、包括美学思想与艺术追求上的偏颇,已经了然于胸,他也在努力尝试将自己所受的痛苦转化为重塑自我的灵性的资源和财富,然而,当他决定从新的、更高的思想起点出发、面对那需要坚韧不拔的意志力来践行的漫漫"新生"之路时,又气馁了:

>一个道理,人可以片刻间顿然领悟,但又在沉甸甸地跟在后头的深更半夜里失去。要守住"灵魂所能登上的高峰",谈何容易。我们思想着的是永恒,但慢慢通过的却是时间。……那疲惫与绝望如此奇怪,驱不散,抹不掉,好像只能装点洒扫房屋让它们进来……①

如果说狱中的生活尚有外在的戒律约束,那么出狱之后,王尔德薄弱的意志力却再也无法独自抵挡来自孤独、寂寞、失败感和绝望感的袭击,创造的动力已经远离了他,他越来越懒散和颓唐。"我能抵挡一切,就是挡不住诱惑。"②这是他笔下戏剧人物的台词,也是他本人意志力的写照。

正如脆弱和绝望的人往往会做的那样,王尔德饮鸩止渴:在《自深处》中对道格拉斯的为人进行了那样严厉的谴责和透彻的剖析之后,居然一出狱就又恢复了与他的通信联系,并商量见面。他们的重逢发生在 1897 年 8 月底 9 月初,王尔德在给罗斯的信中谈到与道格拉斯的"复合":"我预料我所做的是致命的,但是不得不如此。""我爱他正如我一直爱他那样,伴随着一种悲剧和毁灭的感觉。""这是性格的报应,也是生命的悲苦,我是一个没有解决办法的问题。""我回到博西身边是一种心理上的必然;且不说怀着以任何代价实现它自己的激情的灵魂的内在生命,这个世界也把我推向这条路。"③在艾尔曼看来,这是王尔德的第二次堕落,正如奥维德所说:"我看到了好的并且赞美它;但我

---

① 《王尔德全集》第 6 卷,131 页。
② 《王尔德全集》第 2 卷,88 页。
③ Richard Ellmann, *Oscar Wilde*, 516.

追随坏的。"①

其实,作为一个信奉瞬间主义时间哲学的唯美主义者,王尔德始终都很迷恋只有道格拉斯那种疯狂性格才能为他带来的短暂的、不顾一切的、集中强烈的激情体验。然而,重逢的快乐是短暂的,它也未能帮助王尔德从其"灿烂生活的废墟中"再度崛起,当两个人钱财耗尽,道格拉斯即离弃了他,回到家庭中去。1900年11月,罗斯写信给道格拉斯,告诉他王尔德病重,而且深受债务困扰,此时已经继承了其父昆斯伯里侯爵约20000英镑遗产的道格拉斯,却没有做出任何反应。这就是王尔德一再以华美的词句颂扬的爱,其实,连他自己也十分清楚,它不过是"在爱的面具掩饰下的激情"罢了。②

道格拉斯对两人之间的关系也有自己的说法,他谴责王尔德言行不一,前后矛盾,其《自深处》更是谎话连篇。尽管道格拉斯的很多说法不足采信,但有一点他说对了:王尔德的确常常言行不一,前后矛盾。其实,这个缺点之于王尔德,并非道德上的问题,而是性情气质与意志力的问题。他本性柔弱,且富于超脱的艺术气质,不信仰宗教,不拘于道德,不滞于感情,而想法与情绪又都常常处于疏忽变幻之中,这样的性情特别容易屈就于强悍的性格与具体的情势,从而做出一些身不由己的事、说出一些前后矛盾的话,从而显得人格多变。

道格拉斯离开后,王尔德过得愈加颓废。他每天睡到下午才起床,经常要靠白兰地、苦艾酒甚至那些出卖自身的男孩子来寻求安慰。"购买爱是多么邪恶,"王尔德向一个朋友谈道:"还有,出售它是多么邪恶!可是一个人从那灰色的、迟缓移动的、我们称之为'时间'的东西那里,又能攫取到什么精彩时刻呢?"③他的健康状况在狱中时已经不大好,流亡期间穷愁潦倒的境况、颓废的生活方式愈发使他疾病缠身。1900年冬季,他已经病体支离、卧床很久了,但还是偶尔挣扎着起来去咖啡馆喝苦艾酒。有一次,罗斯劝阻他说:"你会杀了自己,奥斯卡,你知道医生说过,苦艾酒对于你等于毒药。"王尔德却反问他:

---

① Richard Ellmann, *Oscar Wilde*, 513.
② Ibid., 523.
③ Ibid., 528.

"我为了什么必得活着?"①俗话说:"哀莫大于心死",如此英年早逝,在一定意义上也可以说是他主观上的选择。

  作为一个现代怀疑论者,他本无淑世的雄心壮志,于是采取了玩世不恭的姿态,他的许多作品就是这份"为艺术而艺术"玩索的结果;然而,维多利亚时代却是个过于"严肃"的时代,讲究道德秩序的公众以及那些矫揉造作的伪善者很难理解和欣赏他的这种唯美主义追求;再加上王尔德本人出身与气质所造成的虚荣、奢侈、自我沉溺、意志力薄弱等性格弱点,这些主客观因素都为他的悲剧埋下伏笔。一朝受到重创失去了玩索的兴致,他也就自然而然地"选择"了弃世。在《自深处》中,王尔德写道:"我曾经是我这个时代艺术文化的象征。"今天在我们看来,他不仅曾经是,而且一直堪称他那个时代的艺术文化的象征性人物。

陈瑞红 文学博士,南京师范大学文学院副教授,比较文学与世界文学专业硕士生导师,主要从事奥斯卡·王尔德与英国唯美主义研究,发表《奥斯卡·王尔德与宗教审美化问题》(2009)、《王尔德与审美救赎》(2011)、《论王尔德作品中的瞬间主义》(2015)等学术论文。

---

① Richard Ellmann, *Oscar Wilde*, 546.

Flowering Exile: Chinese Housewife, Diasporic Experience, and Literary Representation*

Da Zheng

Abstract *Flowering Exile* (1952) is the first Chinese women's autobiography in England. It provides a vivid record of a Chinese family that moved to England in the late 1930s and subsequently survived the turbulent war years. Dymia Hsiung, the author of the book, was a housewife who stayed at home taking care of the family. She completed the manuscript in Chinese, which was then rendered into English by her husband Shih-I Hsiung (熊式一), a renowned playwright, novelist, and essayist. My paper unfolds the hardships Dymia endured as a diasporic woman writer in dealing with language inadequacy, literary market, and social expectations during the writing and publication of the book. It also discusses the narrative form and thematic development of the book. The paper argues that literary representation serves as a means for the author to negotiate her identity and reconstruct order and peace in a foreign land far away from home.

Key words   Flowering Exile; Dymia Hsiung; women's literature; Shih-I Hsiung; diasporic writer

"Changes of Climate," a book review published in *The Times Literary Supplement* on November 7, 1952, covered four recently published books. Among them was *Flowering Exile* (hereafter referred as *FE*) by Dymia Hsiung. According to the reviewer, the book is a fiction, which offers "a prosaic account" of a Chinese family in England from 1937 until the present: "Houses, gardening, food, conversation, entertainment—Mrs. Hsiung examines them as they come up, and in general passes a favourable judgment upon a country where the Lo family were amiably received, enjoyed themselves and were obviously popular."①

The short passage in the review stirred up fury and indignation from Dymia's husband Shih-I Hsiung, family friend Charles Duff, and the publisher. They were particularly upset because the book had been labeled as "fiction" rather than

---

* I want to express my deepest appreciation to Deh-I Hsiung for her generous support and permission to access her family collections.

① "Changes of Climate," *The Times Literary Supplemet*, 7 Nov. 1952. 721.

autobiography. Duff, a writer and translator, condemned the reviewer for having "missed the whole point": "It is one of those reviews which one dismissed as silly." He consoled Shih-I, "But never mind. Our sympathies are with your wife and you; and we'll all survive these fools and rascals, who are sent here to torment us with their idiocies and villainy." ① John Dettmer of the publishing company was incensed by this incident: "That oaf who reviewed the book ... did not in the least know what he was talking about, he cannot distinguish between fiction and autobiography." He suggested that Shih-I write to point out that the book is "anything but fiction," an explanation that they believed would help damage control and promote the sale of the book. ②

But the absence of the female author's own voice over this issue was striking. We wonder what was Dymia's own view about the genre of the book and what was her response to this review. Why were they not openly acknowledged? Further, if the book was indeed an autobiography, why did she use pseudonyms for the characters in the story? In fact, there existed numerous differences between *FE* and real life. How can one explain these discrepancies? But most importantly, how should we identify this book? What makes this book similar to and different from other Chinese women's autobiography?

Since the early 1980's when autobiography became recognized as a "distinct and distinguishable mode of literature," women's writings have received serious critical attention. ③ From its onset, gender has been the central issue in the study of women's autobiography. Sidone Smith, for example, proclaims that the "poetics of autobiography" remains by and large "an androcentric enterprise." Autobiography writing is a form of language for women to break their silence and gain their "position as speakers at the margins of discourse." ④ In other words, by writing their own life experiences, women writers manage to "renegotiate their cultural marginality and enter into literary history." ⑤

Critics have also called our attention to the significance of cultural and historical context in our reading of women's writing. Lingzhen Wang's study of modern Chinese women writers in the 1920s and 1930s is a pertinent example here. According to Wang,

---

① Charles Duff Letter to Shih-I Hsiung, 9 Nov. 1952.
② John Dettmer Letter to Shih-I Hsiung, 10 Nov. 1952.
③ James Olney, *Studies in Autobiography*, NY: Oxford UP, 1988. xiv. For a lucid introduction to the debate about autobiographical criticism before the 1980's, see Estelle C Jelinek, *The Tradition of Women's Autobiography: From Antiquity to the Present*, Boston: Twayne, 1986. 1 – 8. See also Sidone Smith and Julia Watson, *Reading Autobiography*, 2nd ed.. Minneapolis, MN: U of Minneapolis P, 2010.
④ Sidone Smith, *A Poetics of Women's Autobiography*, Bloomington: Indiana UP, 1987. 15, 44.
⑤ Smith and Watson, *Reading Autobiography*. 210.

The emotional identifications and subjective self-perceptions expressed in Chinese women's autobiographical writings are both historically and socially conditioned and particularly negotiated and produced. They therefore dictate a model of the personal that takes into account historically dominant discourses, social institutions, and cultural conventions as well as individual life histories. ①

For thousands of years, Chinese society was dominated by deep-rooted traditional values and moral codes, such as filial piety, female virtue, and maternal sacrifice, and the May Fourth cultural movement in 1919 had vehemently assailed the traditional and patriarchal values as the source of social oppression. Young women writers, such as Feng Yuanjun, Bing Xin, Ding Ling, and Yang Mo, who grew up under the influence of the drastic cultural movement, enacted "self-and-life negotiation" through literary efforts. Their autobiographical writing—in the form of diaries, letters, or stories—indicates that writing is not only a "personal practice" but also "an act of social engagement." In other words, writing serves as an apparatus for these writers to negotiate their lives, express their views of history, and articulate gendered subject into history. ②

Wang's discussion is illuminating and relevant to our reading of *FE*, the first Chinese women's autobiography in England. Born in 1905, Dymia Hsiung belonged to the same generation of burgeoning women writers mentioned above. She was well aware of the issues being debated nation-wide at the time, such as tradition and modernity, gender equality, education, and women's liberation. Nevertheless, *FE* has its own unique features that distinguish the book from many other Chinese women's writings because of its setting in a foreign country where the author, a diasporic housewife, struggled to negotiate her identity in a new language and cultural environment. She had to deal with a set of issues that most of her contemporaries in China did not experience. The paper will discuss the difficulties and challenges Dymia confronted in searching for her voice in England and their impact on her writing style. It will then study the narrative structure of the book to reveal a subtle development of the author's growing sense of self-identity in both domestic space and diasporic community. Finally the paper will argue that writing in this case serves as a literary means for the Chinese diaspora to reconstruct a home overseas. In short, *FE* is more than a traditional women's autobiographical writing or a simple account of a Chinese family's life story in

---

① Lingzhen Wang, *Personal Matters: Women's Autobiographical Practice in Twentieth-Century China*, CA: Stanford UP, 2004, 21.

② Ibid., 2, 11.

England; it represents a diasporic woman writer's literary efforts to gain her voice and identity, develop her diasporic consciousness, and reconstruct peace and order in a distant land away from home country.

Womanly Effort and an Unofficial History

Not long after *FE* was released, Dymia sent inscribed copies to her children in China. In one of those copies, she wrote:

> The book originally meant to be a novel, so it could contain true and fictitious elements. Unfortunately, the style was not exactly like a novel. Therefore, it has been changed to be something like an unofficial history. Though it contains nothing more than a woman's observations, the book may serve as a leisure reading for married women. ①

The statement reveals the stylistic changes *FE* has gone through during its creation, and it also openly acknowledges the challenges that the author must have endured. Clearly even the author is not certain which genre her book belongs to.

Dymia's husband Shih-I was a renowned playwright, translator, and novelist. Born in China, he majored in English at college and translated many literary works into Chinese, including Benjamin Franklin's *Autobiography* and all plays by James Barrie. In 1932, he left China for England, where he adapted the classical Chinese play *Wang Baochuan* into a modern English play *Lady Precious Stream*, which became a West End success. Later, he translated into English *The Romance of Western Chamber*, wrote a novel *The Bridge of Heaven*, and published a biography of Chiang Kai-shek, all of which won critical acclaim. Shih-I thus established himself as one of the best-known Chinese intellectuals in England at the time.

Being married to such a famous writer and translator meant Dymia rightfully lived in the shadow of a celebrity and performed traditional domestic duties as housewife and caring mother. ② When she was writing *FE* in 1951, Shih-I was

---

① Handnote, c. 1952.

② Dymia Hsiung grew up in Jiangxi. Her father, a progressive educator, ran Yiwu Women's School in Nanchang from 1910 onward. See Wang, Dizou, "记蔡敬襄及其事业" ("On Cai Jingxiang and his accomplishments"), 64 – 77. As the only child of the family, Dymia received a good education in childhood. However, it was interrupted after her marriage at the age of 18 as she gave successive births to five children from 1924 to 1932. She went back to school in 1931 and graduated from the Department of Literature and History of National Beiping University in June 1935. Soon after, she went to England to accompany her husband for the Broadway tour of the play *Lady Precious Stream* later that year.

teaching at Cambridge and residing in a rental property there since it was too expensive and inconvenient to commute on a daily basis. In the meantime, Dymia remained in Oxford, taking care of their three children, Deh-Hai, Deh-Ta, and Deh-I, the youngest of whom was only eleven years old and required much attention. ① Three elder children of the family, Deh-Lan, Deh-Wei, and Deh-Ni, all graduates of Oxford University, had returned to China in 1948 and 1950 where they successfully landed jobs in academic institutions.

China had just undergone tumultuous political changes. The Communist Party, led by Mao Zedong, had defeated the Chiang Kai-shek regime in 1949 and established a revolutionary system that favored the underprivileged working class. It openly defied the West and was at war against the U.S. over Korea. To the Hsiungs, these drastic changes in China were particularly unnerving. For example, Dymia wrote one day to tell her husband that a nephew in their hometown had committed suicide due to overwhelming pressure from hostile village farmers. As impoverished farmers came to believe that they had been unjustifiably exploited in the past, they sought revenge and land reform, while the land-owning and moneyed class hunkered down, hoping to avoid direct confrontation. The land property of the Hsiungs in their hometown had been confiscated, and Dymia was worried about her own elderly father because he owned land and some real estate. ② The safety and welfare of their three elder children in China were also a haunting concern to the Hsiungs. They were worried that their children, having received an education in an elite university in the West, could become an easy target in the ideological movement if they were not discreet.

England was not a safe haven either. The Hsiungs, like many other Chinese compatriots, became stateless residents stranded overseas after 1949. Some of their friends, formerly Chinese diplomats or government officials, had to choose between moving to Taiwan or remaining in England. Many had to switch to new careers as restaurateurs or hotel proprietors in order to survive. Shih-I was no

---

① In 1937, when Dymia and Shih-I Hsiung left for England after a year-long visit to China, they brought three elder children with them and left Deh-Hai and Deh-Ta in China. These two children remained there until late 1949 when they joined the parents in England. Dymia did not include these two children in *Flowering Exile* mainly because of foreign readers' different cultural values and expectations. As she explained, "Foreigners could never understand why you would leave two young children behind." See Diana Yeh, *The Happy Hsiungs*, HK: Hong Kong UP, 2014, 125.

② Dymia Hsiung Letter to Shih-I Hsiung, c. 1951. In the same letter, Dymia also reminded Shih-I not to discuss the death of their nephew in public. She herself was very cautious in terms of political implications. For example, their oldest son Deh-Wei had recently won a military service award from Chinese government for his intelligence work in Korean War. Even though it was a major recognition in China, Dymia never boasted that or even mentioned that to her friends.

politician. He was pro-Chiang Kai-shek government, but the family did not openly adopt an anti-communist stance. After all, three of their children and many of their relatives were still in China; returning to their homeland, though not feasible at the moment, was still a strong possibility in the future. Therefore, they had to be extremely discreet in their conversations regarding the political situation and their children in China so as not to draw any unwanted judgment or suspicion.

　　Due to those career and financial reasons, writing gained urgency for Shih-I and the family. His teaching appointment at Cambridge in 1950 was a temporary position, renewable for only a couple of more years. Though not a well-paid job, it was by far more honorable than managing a restaurant. Residing in Cambridge and staying free from familial and social engagements, Shih-I could thus concentrate on teaching and writing. It was hoped that he would soon be able to complete the novel *The Gate of Peace*, a sequel to *The Bridge of Heaven*, and publish some scholarly studies on the history of Chinese drama, novel, poetry, and prose. "Being able to enjoy such a mental pleasure itself is a blessing," Dymia reminded him. While writing and publication appeared to be a sure path for Shih-I to secure a foothold in the academic world, it could potentially become an important source of income as well. During those years, money, or rather, shortage of money, was a perennial concern to the family. When their sons Deh-Wei and Deh-Ni departed for China, Shih-I could not even afford to provide them with the passage money.① In her letters, Dymia repeatedly detailed the dire financial situation at their Oxford home. "We should do our best to earn money," she proclaimed. " ... [T]he novel [*The Gate of Peace*], when completed, could bring in £100 if we are lucky."②

　　Paradoxically, such a difficult situation stimulated Dymia's creative fervor. With Shih-I staying in Cambridge, she penned letters to him almost daily, relating their children's wellbeing and schooling, food expenses, clothing, budget, birthday gifts, and neighbors as well as her frequent thoughts and advice about Shih-I's health. In the meantime, she started writing essays and stories. Out of her busy domestic duties she squeezed in half or quarter of an hour now and then to jot down a few paragraphs. In June of 1951, she began the autobiography project. It was initially intended for her eleven-year-old daughter Deh-I, but evolved into "a book for women readers." Even though she had been in England for over a decade, all her wirings, except for occasional letters, were in Chinese, a language she was comfortable with. After the manuscript was completed in mid-October, Shih-I translated that into English during his winter vacation. At the

---

① Dymia Hsiung Letter to Shih-I Hsiung, Aug. 1950.
② Ibid., 11 Oct. 1951.

same time, Shih-I started negotiation with Peter Davies, the publishing company of his Chiang Kai-shek biography.

Dymia was very humble about her own literary skills. Never had she expected that her first book would later win praise from Joseph McLeod, a well respected writer, as "beautiful and elegant, like a fine watercolor, composed with humor and humanity." McLeod even claimed that "contemporary critics did not have time and ability to appreciate" such high level of literary talent.① After her manuscript was accepted for publication, she sent a letter—possibly the only letter ever sent—to the publisher Peter Davies, dated April 21, 1952, expressing her deep gratitude. In that letter, she graciously acknowledged her husband's assistance in rendering the English translation though, as she detailed, "we had some heated arguments during the process because he was inclined to use superfluous expressions."② She concluded the letter with the following:

> I am preparing to work steadily on the second book *My Father*. It would take over a year to complete and might be a somewhat more satisfying book. I understand that my writing is no comparison to my husband's, but I love to scribble while he is always over-occupied with social engagements. I will urge him to complete *The Gate of Peace*. As the Chinese idiom goes, "Cast a brick to attract jade." If my *Far From Home* [as the book provisionally titled at the time] is a brick, his *Gate of Peace* will be the jade.③

It is striking that the letter, prepared in proper English format, was written in Chinese, except for the salutation "Dear Mr. Davies" at the beginning and the closing lines "Yours sincerely, /Dymia Hsiung" at the very end. Davies quickly and graciously acknowledged receipt of the letter:

> Thank you very much for your delightful Chinese letter—the first, so far as I am aware, that I have ever had the privilege of receiving. Your husband writes a very good English hand, but I doubt if it compared with your own

---

① Shih-I Hiusng to Dymia Hsiung, c. 1952. Shih-I Hsiung translated McCleod's comments into Chinese for Dymia to read, and the quote here is my English rendition based on Shih-I's Chinese translation.

② Dymia Hsiung Letter to Shih-I Hsiung, 21 Apr. 1952. In another letter, Dymia recalled that, as they were working on the translation, she sometimes had to 争半条命 ("fight for her own life") when she wanted to "cut out a sentence or a word." See Dymia Hsiung Letter to Peter Davies, 17 June 1955. It was evident that Dymia tried very hard to maintain her own voice as much as possible, and it sometimes caused heated and fierce argument. Yet it is striking how she significantly toned down this aspect in her self-presentation in the letter to Peter Davies.

③ Dymia Hsiung Letter to Shih-I Hsiung, 21 April 1952.

beautiful Chinese script, which I am afraid only reinforces the belief I had always held that your Country had nothing to gain and everything to lose by conforming in any degree whatever to the standards of so called western civilization. ①

Throughout the entire publishing process, Shih-I helped negotiate the book contract, discuss the book title and cover design, and work on the advertisements and marketing details. And it was through Shih-I that the format of Dymia's name was settled on "Dymia Hsiung" instead of "Dymia Tsai (Mrs. S. I. Hsiung)." ②

Dymia was sensitive about social expectations. Her English language inadequacy, cultural marginality, and feminine subjectivity seemed to have caused her self-perception of weakness and inferiority. These factors combined caused the book, subtitled "An Autobiographical Excursion," to deviate from its original plan. It started out as a novel, but Dymia soon discovered that it was a lofty literary genre, too commanding for an inexperienced housewife to undertake. In other words, writing a novel would tantamount to an imitation of, and even competition with, her husband. In *FE*, Professor Wang advises Sung Hua to give up writing novel simply because their friend Lo Ken is finishing his novel:

> "... [Lo Ken] is already famous in the English-speaking world. Your novel has got to be much better than his to compete with it. But your English is not as good as his, apart from the fact that your name is unknown here. Aren't you wasting your time? I think you'd do better to write something in the line for which you are qualified." ③

The detail found its parallel in Dymia's creative experience. Dymia was treading deep water and reaching exactly the same conclusion: since her husband was an accomplished writer and a master of the English language, the only legitimate option available to her, a diasporic Chinese housewife, would be writing about her personal life.

Nevertheless, it was not easy to be strictly autobiographical. Dymia, who had a college education in Chinese literature, had a keen interest in literature and literary creation of stories and characters. She loved to portray characters with "distinct personalities." ④ Chapters 13 and 14 of *FE*, for example, are about the

---

① Peter Davies Letter to Dymia Hsiung, 28 Apr. 1952.
② Ibid., 1 Apr. 1952.
③ Dymia Hsiung, *Flowering Exile*, London: Peter Davies, 1952. 63-64.
④ Dymia Hsiung Letter to Shih-I Hsiung, 11 June 1955.

family friend Tu Fan, a journalist who grows distant, suspicious, and even critical after a long trip to China. These chapters, in which Dymia clearly exerted her exuberant creative energy, give a brilliant portrayal of the character Tu and dramatize the painful clashes between her and the Lo Family. Yet such real but unflattering details in the book caused some unwanted tension and alienation between Dymia and her friends after the book's publication. Dymia felt so perturbed that she wanted to soften the tone and replace them with details less blunt and less offensive to family friends in the future Chinese edition of the book.① In other words, fiction writing, which relies on creative imagination and dramatization, was off limits for her, and her so-called autobiography had to be moderate and discreet.

In writing this so-called autobiography, Dymia also had to consider her audiences in the West who had different cultural sensibilities and political views. She had to make alterations in her depictions of the characters in order to mitigate the predicament of the diasporas and present their stories sorrowfully yet comprehensibly to readers of different cultural background. The character Sung Hua in *FE* deserves our attention. Sung's story is a subplot that runs parallel but contrary to the story of the Lo family. Sung comes to England with the Lo family, and near the end he succumbs to incurable disease, a lamentable tragic loss in the book. He has left China in search of freedom. Before he was born, his parents had sealed his nuptial ties with a cousin. He then lost both parents at a young age and was brought up by his uncle. After receiving college education in Beijing, Sung felt like a caged bird at home. Going abroad has offered him an opportunity to enjoy freedom and escape from this arranged marriage. He becomes "a new man" as soon as he boards the ship bound for England.② Being abroad also offers him a chance to launch his scholarly career. While getting published in England could potentially help secure a university faculty position in China upon his return, it also gives him an excuse to postpone the trip home and marriage. As Lien points out, Sung is intentionally, or perhaps unintentionally, postponing his return home:

> "But your Uncle is making your cousin wait for you to marry her, and you dare not tell your Uncle definitely to break it off. As the days drag slowly on, your conscience pricks you and this is main cause of all your worries."③

---

① Dymia Hsiung Letter to Shih-I Hsiung, 9 July 1955.
② Dymia Hsiung, *Flowering Exile*, 22.
③ Ibid., 137.

Hence writing serves as a means to accomplish his scholarly dream and a pretext to circumvent the moral dilemma. It is in writing that Sung enjoys a temporary shelter from the predicament in which he is hopelessly mired.

There are at least two significant differences between the character Sung Hua in the book and his prototype Tsui Chi in real life. The first is related to their marital status. Unlike Sung, Tsui was already married to his cousin Cheng Tongliu and had a son.① He understood that providing physical and financial support was an obligation he should fulfill as the husband. During his stay in England from 1937 to 1950, Cheng took care of their baby boy and her own elderly father in China while working in a university library. The extraordinary psychological and physical stress took its toll on her frail health. Due to inflation and constant government policy changes, the family simply could not survive on Cheng's meager salary. Cheng and her father sent letters to Tsui, detailing their dire conditions and pleading for monetary assistance in the late 1940's. To them, Tsui must have made a fortune with royalties from his publications. "If you could manage to send one or two hundred pounds, all the problems your wife and child as well as I are facing would be temporarily resolved."② Truly Tsui had established himself as one of the most celebrated Chinese intellectuals in Oxford. His 1942 publication *A Short History of Chinese Civilization*, a remarkable scholarly accomplishment, won rave reviews and high commendations by luminary scholars, such as Laurence Binyon. In addition, he published an English translation of Xie Bingying's *Autobiography of a Chinese girl* and was completing the manuscript *A History of Chinese Fiction*."③ Little did his family in China know that academic publication was anything but lucrative. After dividing his royalties with Innes Jackson, an English friend who helped copy-edit the manuscript, there was hardly any money left for Tsui to

---

① Tsui Chi was one of the three best-known Chinese intellectuals in Oxford in the 1940s, the other two being Shih-I Hsiung and Chiang Yee. They all came from Jiangxi and were close friends. Tsui left his son and wife in China when he departed for England by himself. This case, though unusual, was not uncommon in the 1930s. Chiang Yee also left his wife in China to take care of their four children, and Shih-I Hsiung left Dymia in China to take care of their five children until 1937.

② Cheng Tongxie Letter to Tsui Chi, 22 Dec. c. 1949.

③ Charles Duff, after reading Tsui Chi's manuscript, was very impressed and predicted that the book would "sell steadily for a long time." See Charles Duff Letter, 18 March 1950. Among major publications by Tsui Chi are *A Short History of Chinese Civilisation*; *Autobiography of a Chinese Girl* (translation); *Manichaean Hymns*; *Story of China*; *A Golden Year of Fan Cheng-ta* (co-author with Gerald Bullett). Tsui also left behind some unpublished manuscripts of essays, plays, and a study of Chinese literature.

keep and spare.① He could not afford to pay medical expenses, and he felt helpless, embarrassed, and guilty as he could not provide financial relief to his family in China.

The other major difference is that for about ten years Tsui's uncle and wife had been repeatedly urging and expecting him to return to China, a fact not mentioned in *FE*. Eventually, when Tsui changed his mind and planned to return, his physical conditions worsened, and soon afterwards he died of renal tuberculosis on October 28, 1950. The Hsiungs helped purchase a burial plot in Oxford as his permanent home. Realizing that Tsui's family in Nanchang would be devastated with the loss, the Hsiungs kept the news from them for almost a year. *FE* concludes Sung's story with this passage:

> He [Lo] bought a grave in the Oxford City Cemetery, and wrote to all Sung Hua's friends telling them that the funeral would take place next day. All those who could get to Oxford in time came and all the Chinese students in Oxford were there too. Later a marble headstone was erected with inscriptions in both English and Chinese, so that those who wanted to visit it would be able to find it easily.②

In fact, when Dymia was writing the book in the summer of 1951, Tsui's death was still a secret to his family in China.

Supposedly an autobiography, *FE* contains many fictitious elements. When a Hong Kong publisher was considering its Chinese-language publication a few years later, Dymia became wary of the consequences. She explained to Shih-I:

> I have been pondering over the manuscript in the last few days. Seriously if all names changed to real ones, the book would become amorphous, because many details are my invention and have to be edited out. At the time, it was written for the Westerners to see the life of Orientals overseas. To write about our family and friends, there are many more materials, and they are often lingering in my mind. At the time of writing, using pseudonyms and concealing true identity allowed me to freely invent and not to be responsible if any mistake were made. However, if all truthful, no fiction will be allowed .... I am the only one who knows which is real and

---

① Tsui asked Shih-I Hsiung to keep the secret that Innes Jackson edited his manuscripts for "he did not want others to know his English inadequacy." Shih-I Hsiung and Damia Hsiung Letter to Zan Xun, 23 September 1951.

② Dymia Hsiung, *Flowering Exile*, p. 286.

which is fictitious, and many details even you would deem real. ①

Hence, *FE* was neither a fiction nor an autobiography in the strictly conventional definition. It was an autobiographical account based on the author's personal life experience abroad. Its hybrid form of autobiography and fiction bears traces of the author's self-denigration and hesitation as well as a strong desire for expression, voice, and discovery.

A Chinese Housewife's Tale of Diaspora Experience

FE, in its hybrid form of autobiography and fiction, does bear some common features of women's autobiography. In her study of women's autobiography, Estelle C. Jelinek has noted that women writers tend to concentrate on their personal lives, such as domestic duties, family difficulties, children, and close friends. ② As a Chinese housewife's tale of personal disaporic experience, *FE* has a clear focus on the daily life of the family, children's education, and family friends rather than emphasizing the sociopolitical affairs outside the household.

Nevertheless, *FE*, a story of diasporic experience, bears some unique traits due to its specific nature. It is essentially a story about routing and rooting, specifically about the Lo family's attempt to build a new home in a foreign country. During their decade-long stay in England, the Lo family has lived at four different locations because of war, education, and children's career. Houses, symbols of home, family, warmth and affection, help structure the story, each indicating a distinct stage in the family's cultural adjustment and adaptation. More importantly, each of these locations marks a new phase in Lien Lo's transformation from a traditional housewife abiding by traditional norms and rules in China to a strong and capable woman who maintains a mother-centered domestic space in their Oxford home with a broad vision of the world.

The old-fashioned house in Hampstead, London, is the first residence of the Lo family overseas. Their flat is extremely confining and restraining. The children are not allowed to run around or play games as they used to do in China because the landlord, who lives downstairs in the lower maisonette, could not tolerate any noise upstairs. Having enjoyed immeasurable pleasure of their spacious old house in China, the Los, especially children, find it difficult to adjust to their new environment since such restrictions seem "most depressing."③

---

① Dymia Hsiung Letter to Shih-I Hsiung, 21 Mar. 1961.
② Estelle C. Jelinek, "Introduction: Women's Autobiography and the Male Tradition," in Jelinek, ed. *Women's Autobiography: Essays in Criticism*. Bloomington: Indiana UP, 1980, 6 – 17.
③ Dymia Hsiung, *Flowering Exile*, 48 – 49.

However, it is in this house that the family begins its new chapter of diasporic life. Ken has a prestigious college position in China. Going abroad enables him to be more productive and the children to receive a better education. Lien, affectionate and patient, is a devoted housewife willing to sacrifice her own happiness for the sake of the family. She states, "[I]t doesn't matter to myself whether I go or stay at home."① As soon as they arrive in London, she confronts a major challenge: In China, the family used to have a large house with a number of servants, where she never needed to go into the kitchen; once abroad, however, it is financially impossible to hire anyone to cook for the family. To ensure the happiness and health of the family and to maintain what Ken calls "an English household," Lien sets out to learn cooking skills in the kitchen. Preparing meals for the family becomes "her natural duty," a routine task that she carries out daily.② She takes up the responsibility without grudge. Every evening, the family gathers at the dinner table, sharing their experiences of the day over a warm dinner Lien has prepared. Her cooking skills ensure this most joyous moment on a daily basis.

Being engaged in the domestic arena far away from the home country poses a formidable challenge but also creates an opportunity for Lien to prove her strength and fortitude. She becomes symbolically the central force of the household. Serving food and entertaining friends offers her an opportunity for expression and empowerment. She quickly adapts to the new linguistic and cultural environment. As the hostess, Lien entertains both Chinese and English friends with warm affection and sincerity. Their London home becomes the favorite site of the transnational community. Chinese friends come to enjoy good meals and quench their homesickness while English friends frequently gather for tea.③ Lien has become a "connoisseur of tea," able to appreciate both Chinese green tea and English red tea.④ The newly acquired taste indicates an enhanced cultural appreciation and adjustment.

Not long after the war breaks out in 1939, Ken and Lien are compelled to leave their London residence and move to St. Angus, a suburban town. Since their children have been evacuated to St. Angus where they attend the local school and lodge with a British family, the separation causes mental anxiety to the parents. It is nerve-wracking because, in addition to the war that has been raging in China, here in England their family is also broken up by the war. In order to

---

① Dymia Hsiung, *Flowering Exile*, 10.
② Ibid., 40, 90, 169.
③ Ibid., 70.
④ Ibid., 71.

provide constant parental care to their own children, Lien urges her husband to rent a new house in St. Angus so that the entire family could live together. The relocation puts much physical strain on the family, and Lien vows never "to move again" unless they "move back to China."① The new home, small but comfortable, seems to offer a temporary shelter physically and psychologically. There is a small garden where the children could plant vegetables and flowers, and they could now enjoy more freedom and "make as much noise" as they like. Even though their future is precarious and unpredictable, Lien is "content and happy, because the children seemed to be content and happy."②

In this new house, the Los become further acculturated and grow comfortable in England. The children excel at school enjoying English education system. The Los now celebrate English holidays. They used to pass Christmas quietly since it is not a holiday in China. As they become more acculturated, they combine Christmas and Chinese New Year into one, celebrating both holidays with passion and jubilation: decorating their house, preparing holiday presents, and entertaining guests at home. ③

Lien continues to carry out her domestic duty as a housewife, with ingenuity and creativeness. Shortage of money and food supplies during the war poses a daunting challenge. She handles all the chores in the house and manages to make the ends meet. In addition, after the birth of their youngest daughter Lung, Lien devotes much of her energy to the baby, who grows up happy and healthy, labeled by their neighbors as "a model child." Their elder daughter Ling expresses her gracious appreciation, "since Mama had children, she has lost her freedom completely." "Mama has suffered much more than anyone else."④

Lien has become more broad-minded and gained better perspectives on parenting, individualism, and world politics. She cares for her children's physical and mental development, and she is against treating children like "domestic animals." She believes that parents should be patient and reason with their children, never resorting to physical punishment, which could "curtail the children's happiness."⑤ Her interest is not limited to domestic chores or activities at home. Her thoughts extend beyond the household to the war and its traumatic impact on millions of families. She is empathetic with mothers who are "shedding

---

① Dymia Hsiung, *Flowering Exile*, 81.
② Ibid., 83.
③ Ibid., 120.
④ Ibid., 142, 157.
⑤ Ibid., 127.

tears while preparing for the celebrations of the coming of the New Year."① Even though Lien does not participate in the discussions of "high politics" and war with male guests in the living room, she has a good grasp of politics and offers occasional advice to her husband on important issues. ②

In 1943, as the war front shifts to Russia, schools prepare for returning to London from evacuation. Lien persuades her husband to move to Oxford instead. A beautiful mansion happens to be on the rental market. It stands on two acres of land, with a well-cultivated garden, an orchard, and a kitchen garden as well as many trees. Even though it requires a high rent, Lien convinces her husband that it is worthwhile since the family could stay together and there could be substantial saving if children all go to Oxford.

In this new house, Lien continues her duty as housewife with pride and authority. She is no longer a conventional Chinese housewife, docile and voiceless, emotionally and financially dependent on the husband; instead, she has grown to become thoughtful, capable, and courageous while still warm-hearted and dedicated. She is a master chef, who can make both English and Chinese meals all by herself. Preparing meals enables her to express generosity and tenderness, and it underlines her ability to collaborate with other people. Lien is shown to be tactful and willing to compromise with women visitors who want to share her kitchen space, yet she also knows how to negotiate or respond calmly and amiably should any strong responses erupt. Her persistent dedication and contribution help the family sail through the war years and enable the three children to complete Oxford education at a time when scarcity of food supply is a headache to all hostesses. Besides, her care and affection are manifested through the magnificent garden of the family. Maintaining a large garden requires skills, money, and time. Lien accomplishes that task shrewdly and economically: providing a couple of rooms to a gardener in exchange for the gardening. Aside from paying him a modest wage, Lien gives him some rationed food, such as bread, sugar, and jam that she manages to save through her Chinese way of cooking. ③ Consequently, as the garden and orchard are beautifully maintained, Lien often has some fruits and vegetables to share with friends.

Lien has evolved into a central figure in the community and a member of the international women league. ④ Their house is now the center of the Chinese community, which students in Oxford regard as their home abroad. Lien is not

---

① Dymia Hsiung, *Flowering Exile*, 91.
② Ibid., 129 – 30.
③ Ibid., 153.
④ Ibid., 264.

just a "brave mother" at home; she has become the symbolic mother of the diasporic Chinese. ① *FE* cites the example of the Roosevelt family to illustrate the significant role women play in the creation of a stable household and prosperous nation. It states, "[A]ll great men own their success to women."② The book underlines the magnificent role a Chinese housewife could play in the community. Lien has grown accustomed to English cultural life. Having been to the play *No Medals* in London, she tells her daughter: "I entirely sympathize with the English housewife."③ Her sympathy with English housewives indicates a critical shift in her consciousness and identity as a diasporic Chinese, and it also suggests an emotional association with an extensive community as a Chinese woman.

The Lo family appears settled and flourishing, but the delicate peace and happiness is jostled and shattered with the departure of three elder children. Upon graduation from college, the children need to make their career choices. To Lien, their future is in China. "We do not wish them to remain and work in England," she says resolutely even though she loves them dearly. ④ *FE* depicts Lien's sorrow and heartache in sending off her children, whom she has nurtured and cared all these years. She suppresses her emotions, pretending to appear calm and unaffected, yet the grief and pain is so intense that she collapses afterwards. After the children have left for China, the house seems to have lost its vitality. Lien often sits by herself, reflecting on the past and imagining the future: She thinks that "probably this happy home would one day be transplanted to China."⑤ If the beautiful garden is a metaphor for this diasporic family's rooting efforts, the word "transplanted" brings into question about their settlement in England. Surely, the Lo family has never dissolved connections with China. ⑥ Now that three of their children are there, Lien finds herself increasingly torn between England and China.

The book ends with yet another move in the last chapter shortly after the children's departure. The family relocates to a Regency house in Cotswold stone. "There were five ancient lofty pines around the house and three magnificent evergreen magnolias on its front wall which faced due south." The book does not specify the reason why they choose that house except for the statement that it "suited them in every respect." The Los quickly move in after some "repairs and

---

① Dymia Hsiung, *Flowering Exile*, 158.
② Ibid., 156.
③ Ibid., 157.
④ Ibid., 174.
⑤ Ibid., 269.
⑥ Ibid., 255, 256.

redecorations."① This new home appears to be an idyllic setting where the family will be able to settle eventually. The youngest daughter Lung rubs some butter on the cat's paws to ensure the success of relocation. As the only child of the entire family now left in Oxford, Lung pleads to her mother, "Mama will not go back to China till I have got my degree in Oxford."②

The book concludes with these poignant and unsettling thoughts inside Lien's wavering mind:

> She loved them (three elder children) dearly, but she loved her youngest child and husband no less. Indeed, she mingled the love of the latter with a sense of duty. She only hoped that one day in the not too distant future her husband would be able to retire from his labors of the pen, when they could return with their youngest child to their motherland to join the three elder children. ③

Routing and rooting is the essence of "diaspora discourse," as James Clifford reminds us. ④ *FE* unfolds the Los' searching for a home and settlement, and the future of their diasporic experience remains unsettled by the end of the book. The three children have landed jobs in Beijing, the "most beautiful and majestic city in the world."⑤ Their relatives and friends in China hope that the Los could return home as soon as possible. Dymia concluded the book with a conversation between Lien and Lung, with Ken absent, underlining Lien's centrality in the family. She is now a decisive consciousness of the household. She is still a housewife, her children's and husband's future being a priority in her life, but she has gained a better vision and a capacity to influence the future of her family and the community.

Literary Representation as Home Reconstruction

As discussed earlier, *FE*, a Chinese housewife's tale of her diasporic experience in England, manifests a struggle and yearning for her individual voice and lays out her development toward a confident and capable woman both at home and in the community. In addition to all that, the book represents the author's effort to construct a home abroad through literary imagination.

It is important to mention "Reflections on Country Life"（乡居琐记）, a

---

① Dymia Hsiung, *Flowering Exile*, 286.
②③ Ibid., 288.
④ James Clifford, "Diasporas." *Cultural Anthropology*, 9.3 (1994): 308.
⑤ Dymia Hsiung, *Flowering Exile*, 287.

Chinese-language essay Dymia wrote in the summer of 1950 and subsequently revised in 1951 for publication in the first issue of the journal *Tienfeng Monthly* (天风). The essay begins with a story she heard in childhood: Country mice admire city mice for the delicious food available in the city, while the latter envy the former for the crops and beautiful landscape in the countryside. After they meet and share stories with each other on their migration to the supposedly "ideal" site, they each decide to turn around and return home, which they realize is a better place to be. Dymia concludes the story with a philosophical axiom: "But humans are forever experimenting in life."① The story is a metaphor about diasporic life and the predicament of diasporas, who are perpetually vacillating between "at home" and "away from home," or yearning for a home return.

"Reflections on Country Life" attempts to reconcile with the painful loss of homeland after 1949 and to prove that one might be able to find happiness and contentment through a construction of a new home abroad. In the essay, Dymia relates how the Hsiung family has turned Heyford Hill House, an abandoned century-old abode in the suburbs of Oxford, into their beautiful new residence with trees and grass, a chicken farm, and a kitchen garden. The Heyford Hill House used to look like "ancient temple," dilapidated and dusty, with weeds, cobwebs, and rats running everywhere. After they moved in, the Hsiung family spent months renovating the property, cleaning it up, and cutting off weeds, and plating grass and flowers in the garden. The elder son experimented a chicken farm, which ended up in deaths and disillusionment. In addition, Dymia mentions in the essay that two of her children have departed for China, and the third one is about to join them in a few months. In other words, it is in this house where the family has witnessed or experienced blood, sweat, and financial loss. These painful details are footnotes to the ideal fourth location in *FE*. Throughout the essay, Dymia appears calm and peaceful with her deep emotions sufficiently restrained. Even the editor commends her for the smooth and tranquil style of the essay. ②

"Reflection on Country Life" advocates contentment and happiness in diasporic experience. As the essay candidly narrates those details, with no attempt to gloss over the gnawing pain of separation, loss, and homesickness, the reader could sense that Dymia is enduing unfathomable distress. *Tienfeng Monthly*, in which the essay was published, was a Chinese-language literary journal Lin Yutang founded in the U. S. for diasporic communities outside China. The targeted readers of that essay were Chinese diasporas, who shared similar experience and comparable sentiment with the author.

---

① Dymia Hsiung, "乡居琐记" ("Reflections on country life"), *Tienfeng Monthly*, 1:1 (1952): 30.
② Ibid., 29.

It should be noted that Dymia made some seemingly minor, but significantly critical changes, in *FE*, concerning the four residence. The Lo family moves to that residence in 1948 rather than 1949. It is said that all three elder children have already left for China, and Sung Hua has passed away. ① The book mentions that the two sons, following their sister a year later, want to "go back and see how China is reconstructing herself." ② In real life, however, the Hsiung family moved from Iffley Turn House in Oxford to Heyford Hill House in the suburbs in 1949; their elder daughter went back to China in 1948; and in 1950 two sons followed and Tsui Chi passed away. These anachronistic elements in *FE* must have been deliberately constructed. Since those details in question took place only one or two years prior to the actual writing of the book, Dymia Hsiung's memory about them must have been very fresh at the time of writing. It was highly unlikely a case of intentional fabrication meant for ethical or commercial gain. ③ If the apparent confusion in the temporal sequence had resulted from carelessness, oversight, or memory lapses, Shih-I should have caught it when he rendered the translation of the manuscript.

The key to the confusion here is the year of 1949, which marks the political turnover and founding of a communist government in China. A voluntary return to China after 1949 could be perceived as a deliberate and conscious decision, tainted in political colors, and any association with the country could be interpreted as pro-Communist inclination. Thus, avoiding such sensitive labeling became a necessity for surviving and safety. ④ The word "reconstructing" in Dymia's reference to China above is neutral, ambiguous, and devoid of political or ideological undertone. Besides, the anxiety and pain manifested in the essay "Reflections on Country Life" appears noticeably subdued and absent in the concluding part of *FE*, turning the fourth house into a nurturing sanctuary that ensures peace and healing solace. All these alterations reveal the author's endeavor, as well as difficulty, in literary reconstruction of a home of peace and order far away from homeland.

Indeed, home return, when it becomes practically impossible, can only be realized or experienced through language and imagination. Theodor Adorno, a German social theorist who was in exile in the U. S. during WWII, made this

---

① Dymia Hsiung, *Flowering Exile*, 286. In Dymia Hsiung's Chinese manuscript of the book, the year 1948 is clearly indicated when the two sons left for China and the family rent the house.

② Dymia Hsiung, *Flowering Exile*, 275.

③ There have been a number of scandalous autobiographical hoaxes being exposed in the last couple of decades. For a brief discussion of these incidents, see Smith and Watson *Reading Autobiography*, 17–18.

④ Dymia Hsiung alludes to that in her inscription to Deh-Ni Hsiung's book.

comment on the predicament of modern man in the twentieth century: "Dwelling, in the proper sense, is now impossible." "No individual can resists this process."① As an intellectual in exile, Adorno was acutely aware of the mutilation he had personally suffered resulting from a involuntary separation from his cultural and linguistic home environment. It was not a coincidence when he drew the analogy between writing and house construction: "For a man who no longer has a homeland, writing becomes a place to live."② This is exactly what *FE* has accomplished: Separation from children, deaths and sufferings of friends, social turmoil and political changes in the home country—all these poignant details are either omitted and altered, or simply shuffled into the previous three residences, rendering the fourth residence a secluded, trouble-free, and cheerful home environment. An apparently happy ending is designed to please the taste of the middle-class housewives in England despite the fact that such a reconstruction results in an overtly erroneous chronology in the book.

"Bird's Nest" was the title Dymia favored for this book. In preparation of the book's publication, about a dozen titles had come up for consideration, and the publisher finally settled on "Flowering Exile," which contained "a charming sound ... and is thoroughly applicable to the book."③ But Dymia liked "Bird's Nest," which she still used in reference to the book in the mid – 1960s. The phrase "Bird's Nest" could very well describe the subjects of family, children, motherhood, and home, an important aspect of this book. To English-speaking readers, such a book title, as the publisher rightly suspected, may be misconstrued as dealing with "the subject of birds and their nesting habits."④ But to the Chinese, the image of "bird's nest" carries unambiguous and rich connotations of home and home returning. It is associated with travelers away from home and homesickness. In an ancient poem of East Han Dynasty (221 – 207 BC) that relates deep sorrows of a woman separated from her husband due to war and social turbulence, there are two famous lines: "Horses from the North find comfort in the north wind, while birds from the South love to nest on south facing branches" (胡马依北风, 越鸟巢南枝). Similar sentiment is registered in the line "Birds that have traveled afar yearn for a return to the nest" (鸟倦飞而知返), taken from a poem by Tao Qian (365 – 427AD). Distance, homesickness, and yearning for ultimate home returning are a recurring theme often conveyed through images of birds and travelers in Chinese cultural tradition.

---

① Theodor Adorno, *Minima Moralia*, 1951. London: Verso, 1994. 38, 39.
② Ibid., 87.
③ Peter Davies Letter to Deh-I Hsiung, 8 Apr. 1952.
④ John Dettmer Letter to Shih-I Hsiung, 4 Apr. 1952.

The image of the bird's nest therefore is a cultural code loaded with complex connotations and widely accepted by the Chinese, and it indeed underlines the central theme of diasporic experience in *FE*. Near the end of the book is this poignant detail: Sung Hua places a small pot on a tree branch outside his hospital window, and it is meant to be a home for a small bird that he has befriended. Sung puts food in it daily, a compassionate act through which he imagines a home-returning for both himself and the bird. Likewise, the Lo family's fourth residence in the end of the book is symbolically Dymia's attempt to construct a "bird's nest," a delicate but nurturing, vulnerable but protective haven for the family when stranded overseas. As a diasporic housewife, Lien takes care of the family and builds a home in England while cherishing the hope and longing for an eventual return to "their motherland."① It is a literary reconstruction out of her resilience, determination, and imagination.

The book seems to offer an impression as being overtly sanguine and joyful. The blurb of the book considers *FE* an "easy and amusing reading for the most jaded reader." "It leaves a fragrant memory, recreating the atmosphere of a little world on its own." The reviews in both *Spectator* and *Economist* claim that Dymia's life-story "does indeed tell of a flowering exile."② Yet behind this a careful reader may detect optimism, forbearing, and intrepid spirit of the female Chinese author in her literary efforts to represent the diasporic experience. As one of Dymia's family friends has commented, the title *Flowering Exile* "gives the wrong impression of the book," and "Far Away from Home," a title that Shih-I suggested, is actually "much better."③ The friend further states:

> I would say that what strikes me most is the *fortitude*, the *courage*, the *magnitude* of the Lo Family and especially the author.... The book is touching not so much from the "humanist" point of view but from the point of view of the bravery in human hearts. ④

It is a book about a Chinese housewife's search for voice, her individual growth, and her literary construction of a home in a country far away from home.

Da Zheng is Professor of English and director of Asian Studies Program at

---

① Dymia Hsiung, *Flowering Exile*, 288.
② Richard Church, "Two Gentlewomen," *The Spectator*, 21 Nov. 1952. "Another China." *Economist*, 6 Dec. 1952.
③④ Letter to Dymia Hsiung, 25 Nov. 1952.

Suffolk University. His research interest is in American literature, Asian American literature, and Chinese diasporic writers. After his publication of *Chiang Yee: the Silent Traveller from the East* in 2010, he has been working on a biography of Shih-I Hsiung, a Chinese playwright and novelist.

以手为媒:卡夫卡自传中的"手喻"*

梁庆标

内容提要:在卡夫卡的作品,特别是日记、书信等自传中遍布关于身体的描写,而其中关于手的直观描写与比喻颇多。可分为两类:肉体之手,写作之手。卡夫卡缘何一而再、再而三地以"手"作为审视与表现的对象? 答案似乎在于,手是联结他的身体与思想,也就是人生与写作的媒介。他着意双手表现出来的能力及局限,其实是近取譬于身,在人生与写作之间进行选择和思考。他试图抓握文字这一无形的事物,却常常感觉力不从心,晚年虽意识到生活的伟大,却为时已晚,再也无法抓住现实的肉身。手作为一种介质,提供了理解卡夫卡的一条细微路径。

关键词:卡夫卡 手喻 分裂 身份

马克·哈曼指出:"尽管卡夫卡从未写出自传——他一直渴望能沉溺其中,但他在日记中却一再返回这一如今非常热门的自传问题。"[1]仔细审读可以发现,作为其生活记录与文学思考的日记,并非简单平实的铺叙,其实同样充满艺术性和思想性,特别是关于"自我认识和自我塑造"的艺术:"由于缺乏一种自信的身份感,卡夫卡在日记中探索了多种潜在的自我(a variety of potential

---

* 本文为国家社科基金重大项目"境外中国现代人物传记资料整理与研究"(11&ZD138)、国家社科基金青年项目"当代西方自传理论与批评研究"(11CWWO18)阶段性成果。

[1] Mark Harman, "Life into Art: Kafka's Self-Stylization in the Diaries", in Roman Struc and J. C. Yardley eds., *Franz Kafka*(1883-1983): *His Craft and Thought*. Waterloo, Ont., Canada: Wilfrid Laurier University Press, 1986. 101.

selves）。"①如儿子、情人、丈夫、职员、作家,等等。作为身份焦虑与认同的探索方式,其日记就布满了"反省式的自我隐喻（introspective metaphors of the self）"。②而无处不在的"手喻"则是其中的一种表现,值得关注。

可以说,在卡夫卡的作品,特别是日记、书信等自传中,遍布关于身体的描写,而其中关于手的直观描写与比喻颇多,也极精彩,如:

"这个故事里的零乱的句子带着许多空当,都可以将两只手伸进去了。"③（1911年11月5日日记）

"现在是晚上,在我从6点不到的时刻学习好了之后,我注意到,我的左手怎样在片刻的时间里出于同情而用手指抓握住右手。"④（1911年11月16日日记）

如此等等,都是惊艳之语。卡夫卡的手有何独异之处吗,他为何对其如此倾心？按常理推之,独特的东西才会触动人、吸引人。如依照纳博科夫的解释,果戈理有一个引人注目的鼻子,"他那又大又尖的鼻子不但很长,而且很灵活,青春时期,他（像某个业余的柔体杂技演员）能将鼻尖和下唇恐怖地触碰到一起;这样的鼻子是他最了不起、最重要的外部器官"。⑤ 因此他对鼻子尤其关注,并写出了《鼻子》等精彩故事,乃至"我们将在他全部的想象性作品中碰到鼻子主题"⑥。而从卡夫卡的照片和传记描述中看,其双手似乎并没有什么不寻常,远不如那双大"眼睛"更富神情、更迷惑人。由此,我们的问题就在于：卡夫卡缘何一而再、再而三地以"手"作为审视与表现的对象,手与其精神有何内在关联,或者说,关注卡夫卡的"手喻"对理解他的写作与思想有何助益？本文将尝试解读之。

---

①② Mark Harman,"Life into Art：Kafka's Self-Stylization in the Diaries."101.
③ 卡夫卡：《卡夫卡全集》（第6卷）,叶廷芳编,石家庄：河北教育出版社,1996年,113页。
④ 同上书,130页。
⑤⑥ 纳博科夫：《尼古拉·果戈理》,刘佳林译,桂林：广西师范大学出版社,2010年12月第1版,5页。

一

诸种"手喻"散布在卡夫卡文字各处,显示出四处抓握的双手的踪迹。聚拢来看,大致可以分为二类:一是对肉体之手的直接呈现;二是在比喻层面上对写作之手的描写。但是二者都可以看做由手而生发的对自身存在状态的譬喻,因为在"人生"和"写作"之间,手是连接的筋脉,"写作的手"在完成"手的写作"。手是卡夫卡握笔写作的工具,文字在手中被勾画出来,但他又常常意识到手的无能,其实是深感生存与写作的无能,这种感觉又通过对手的表达来体现。通过手这一介质,似乎可以探入卡夫卡写作与生存的内在空间。

第一类贴近的是肉体之手,说明卡夫卡始终在用手来尺量与现实人生的距离。

1912年12月31日的新年之夜,卡夫卡给恋人菲利斯写信道:"在这新年伊始的几个钟头,我没有更大更愚蠢的愿望,只想把你的左手腕和我的右手腕牢牢地拴在一起。"①将双方的"左手腕与右手腕拴在一起",这真是一个怪异的比喻!为何有此念头?原来卡夫卡在一本书中读到,一对恋人就是这样被送上绞架的。可见,有意无意之间,卡夫卡将自己的婚恋视为奔赴刑场,严肃而悲壮。他对婚姻如此敏感焦虑,因此也特别留心其他已婚者的表现。在1913年情人节给菲利斯的信中就特意提到,他在报上看到一幅新婚王子夫妇的照片,他们非常亲昵地在公园散步,"臂挽着臂,这还不够,手指还缠在一起。这缠绕在一起的手指,如果我没有看上五分钟,那就一定是十分钟"。② 显然,卡夫卡是通过这紧绕的手指来理解新婚夫妇的,在信中他还画上了两幅图作为对照:一幅双手缠绕,另一幅仅仅两臂相挽,后者代表的是他和菲利斯的关系。

---

① 卡夫卡:《卡夫卡全集》(第8卷),188页。
② 转引自尼尔斯·博克霍夫,玛丽耶克·凡·多尔斯特编《卡夫卡的画笔》,姜丽译,北京:生活·读者·新知三联书店,2010年,38页。

1913年7月,卡夫卡与菲利斯订婚,在他笔下婚姻关系也是通过手来确定的。在30岁生日这天致未婚妻的情书中他如此写道:"从现在起我们就确定,正式地相互把手放在对方手中。你还记得我的长长的、骨节突出的、长着孩子和猴子一样手指的手吗?你就是把你的手放进这样一只手中。"①这是卡夫卡人生中的一件大事,为此他已经做过了万般思量,而双手相握则是密切关系的表征,所谓"执子之手,与子偕老"。但这也让我们想起了新年之夜书信中行刑般的"手喻"。即使是喜事,卡夫卡还是郁郁寡欢,而且他着意让对方注意到自己那并不令人感到愉快和信任的手。卡夫卡的不自信、对婚姻的犹豫怀疑,通过手这一细节凸显了出来。1916年9月13日致菲利斯的信表达的是同样的意思:"你的手指肯定是被施了魔法,不然怎么能这么神奇地把流出去的钱又弄回来。在这方面我有一双典型的平庸无奇的国家公务员之手。"②在此后致密伦娜的书信中又这样写道:"我不会斗胆地向你伸出手去,姑娘,这是我肮脏的、颤抖的、爪子般的、局促不安的、又冷又热的手。"③可见,在处理人生事务时,卡夫卡自认为是平庸无能的,他也有意地对此进行疏离,那种翻云覆雨手并没有长在他的身上。

但是他又不能没有手,没有身体,不然就变成了游荡的幽灵,无法抓握住世界。手给了他依附世界的现实感。在大概于1921年致布洛德的信中,他谈到奥地利作家克劳斯的作品,给予了很高的评价,特别是其中的真实:"那里至少有着像我的正在写的手一样的真实,并且有着如此清晰、如此令人惧怕的本人的肉体的质感。"④正在写作的手代表的就是直观的真实感和肉体性,它不需要对镜自照,低头就能看到。但他又将手的真实感和文学的真实感相提并论,话语间隐含了对肉身虚假感的掩饰,说到底,他对肉体知觉也是不信任的。

既然并不愿意磨砺自己的双手去抓握婚姻、金钱等诸类可见的事物,那卡

---

① 卡夫卡:《卡夫卡全集》(第8卷),402页。
② 卡夫卡:《卡夫卡全集》(第9卷),100页。
③ 同上书,269页。
④ 卡夫卡:《卡夫卡全集》(第6卷),428页。

夫卡相信什么？期望什么？或者说，希望自己有什么样的"手"呢？

毫无疑问的答案是：写作之手。这就体现在第二类"手喻"中，即与写作有关的手，自然也与灵魂有关，处理的是不可见的思想和深层的意识。卡夫卡对此常有议论和思虑。

在本文开头所引日记中，他用手来衡量词句的密度，已经非常留意手的文字编织与测量功能，关键是如何发挥其功用。这其实是他早年思想的延续，在1903年给朋友波拉克的信中他就说过："在异乡，所有词汇四处流散，我无法把它们抓拢来凑成句子，而一切新鲜的事物都施加着压力，使人无法抗拒，使人看不到它们的边际。"①这是从事写作之初的卡夫卡对自己能力的期许和怀疑，也就是他能从那深邃的思想或梦幻世界中带来什么。十年之后，已经写出了《判决》、《变形记》等名篇的卡夫卡依然处于焦虑之中。1913年2月他致信菲利斯道："我多么希望自己有一只有力的手，只为能认真地进入那不相连贯的思想中去。"②只有用这种有力的手，才能提起锋利的斧子（笔），"劈开我们心中冰封的大海。"③从而将深藏的东西挖掘出来。这样的书才符合卡夫卡的要求，即成为"咬人的和刺人的书"，不然，"如果我们读一本书，它不能在我们脑门上猛击一掌，使我们惊醒，那我们为什么要读它呢？"④他对别人的作品的要求也是一样的，如在评论一位朋友的文章时就认为，"还需要在文法上做一番小小的加工，需要一只极其温柔的手。"⑤

可见，卡夫卡对文字的要求很高，既要深邃尖锐，又要紧凑绵密，细腻精致，或者说，既要勇猛粗粝又要温柔魅人，确实不易。但正因为不易，才更见其可贵。而且，发掘他所能探测和触及的不可见之物才能体现其超越于世俗物欲的独特价值。1921年10月18日的日记就是最直接的表述："某一个人，他的生命并没有生机勃勃便完结了，他需要一只手稍稍地击退对他命运的绝望——这

---

① 卡夫卡：《卡夫卡全集》（第6卷），20页。
② 卡夫卡：《卡夫卡全集》（第9卷），276页。
③ 卡夫卡：《卡夫卡全集》（第6卷），26页。
④ 同上书，25页。
⑤ 同上书，223页。

种发生很不完美——但他却能用另一只手记下他在废墟之下看到的东西,因为他比其他人看到的东西更为异样,以及更多,可是他在生前已经死了,而且是那种真正的幸存者。在这里,前提是,他不需要两只手和比他所有更多的东西去与绝望斗争。"①

在这里,他已经意识到了自己的必然分裂,作为一个"活死人",他的肉身在人世,灵魂潜入梦境和死界,一只手草草地应对现实,一只手则记录灵魂之所见。因为潜入得如此之深,他认为自己看到的更异样而且更多,如此方能达到"劈开内心"的震惊效果。书要劈开读者,首先要劈开作者自己。卡夫卡的双手伸向了不同的方向。

其结果自然是悲剧,生之悲欢与文之悦如何能分得开?所以才有1922年日记中这样的话:"一个特别的我:右——手——不——知道——左——手——干——什么。"②1917年以来,卡夫卡病情日重,写作时断时续,足见出他的无力感。这恰恰与1911年11月16日的日记形成鲜明的反差:"我的左手怎样在片刻的时间里出于同情而用手指抓握住右手。"③在10年前,他还算是被缝合在一起的整体的人,内心的两个部分还在相互同情,而如今,他的内在世界已经四分五裂,相互之间无法正常地对话沟通,难以自控。

如此看来,1911年日记中所说的"零乱的句子带着许多空当"之喻就具有了预言的性质。他将文章比喻成人的身体,句子之间的断裂就类似于身体的伤口,那是手直接可以塞进去的黑洞,如同幽暗的深渊,这就让人想起《乡村医生》中孩子身上盛开的"美丽的伤口"和卡夫卡久病不治的肺病。卡夫卡致力于缝合文句的裂隙,换来的却是肉体的创伤和精神的崩溃,二者之间进行了隐秘的替换。他实在做不到左右逢源。

---

① 卡夫卡:《卡夫卡全集》(第6卷),438页。
② 同上书,464页。
③ 同上书,130页。

二

卡夫卡试图推开人生,掩门写作,但他仍属于人生与写作无法分割的一类人,因为其写作都是从其内心深处升腾起来的,具有高度的自传色彩。因此对此最好的解读,按照赵山奎博士的说法,就是"心连着心的阐释"①,也就是依照卡夫卡解读自己的方式来解读,让卡夫卡和他的书的"两颗心像一颗心一样跳动"。②

同样敏感的本雅明可谓卡夫卡的解人,他早就敏锐地指出了卡夫卡文字中"姿势"的重要。他说,卡夫卡如同表现主义画家格里克(El Greco)一样,"在每个姿势后面撕开一片天空",这种姿势富有强烈的戏剧性:"每个姿势本身都是一个事件,甚至可以说是一出戏剧。这戏剧发生的戏台是世界剧场,冲着天堂开放。"因此绝不能低估姿势的意义,"姿态在卡夫卡那里最为关键,是事件的中心"。③

也就是说,卡夫卡摆弄着自己的身体,特别是手,使其做出种种"姿势",其实就如同舞台上的戏剧表演,不过这种表演既是人生表演又是写作表演,目的在于传达他的书写信念或状态,是一种符号。除了上述"手喻"的例子,更典型的一个出现在1920年致米伦娜的信中,在这份自述和自绘中,卡夫卡把自己的身体摆在画布上,来直观地呈现自我撕裂的痛感:

> 为了让你看到一些我的"工作",我附上一幅图。这是四个木桩,穿过中间的两个木桩伸出两根棍,"犯罪者"的双手就被固定在这两根棍上;穿过外侧两个木桩的棍子是给脚准备的。当罪犯被固定好时,木棍就被慢慢

---

① 赵山奎:《传记视野与文学解读》,北京:北京大学出版社,2012年,100页。
② 同上书,98页。
③ 本雅明,《弗兰茨·卡夫卡:逝世十周年纪念》,见《启迪:本雅明文选》,汉娜·阿伦特编,张旭东、王斑译,北京:生活·读者·新知三联书店,2008年,130页。

往外推,直到他从中撕裂。①［见附图］

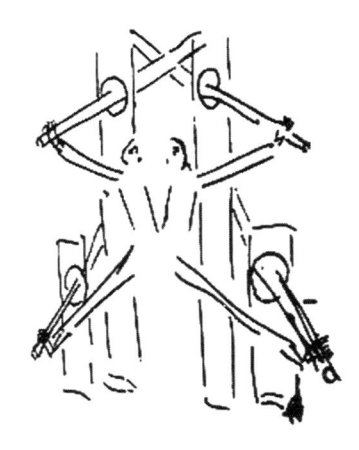

卡夫卡将写作视为行刑,如同耶稣被钉上十字架般的折磨,他也在写作中经历被车裂的痛楚。在这幅书信的配图中,四肢伸开被木桩固定的卡夫卡,就如同背靠背的两个大写字母"K",但正在被分割开来,远离了对方。或者说,这也像"KAFKA"这一姓氏被"F"从中间一分两半,成为被撕裂的象征。

按照传记家阿尔特的解读,卡夫卡对"手势"的关注,与他重视戏剧化效果有关,这是卡夫卡在戏剧和电影欣赏中逐渐形成的一种经验和意识,即力图将作品直观化、动作化,以达到更好的效果。阿尔特指出,卡夫卡对戏剧、电影和绘画的关注是持久的,在他上大学前,在家里经常为妹妹朗读和写作剧本,并进行演出活动:"这往往都是些喜剧或哑剧习作(《骗子》、《照片说话》)。有时他把简单的文学作品搬上舞台,譬如汉斯萨克斯的狂欢节中民间讽刺滑稽戏剧和笑剧,这都是他在九年制高级中学六年级时读过的。"②这种兴趣和训练对之后的写作有深远的影响:"卡夫卡对舞台美学有一种独特的感受能力,在后来的年月里他铺陈他的长篇小说的场景,如同舞台上的戏剧场面,从而也把这种能力用在文学写作上,它把小说中的人物变成展现表情和姿势的手势语舞台上的演员。"③不仅如此,在生活中他也不时地展露自己的表演才华:"已经是成年人

---

① 转引自尼尔斯·博克霍夫,玛丽耶克·凡·多尔斯特编:《卡夫卡的画笔》,40页。
② 彼得-安德烈·阿尔特:《卡夫卡传》,张荣昌译,重庆:重庆大学出版社,2012年,45页。
③ 同上书,216页。

了,他还在洗澡间……用高超的表演技艺向她们演示一些电影场景,在这种时候他总是尽情享受自己平时受到压抑的'模仿欲'。"①这种表演行为说明了卡夫卡"对做手势的喜爱……身体的手势语言在这里再现了无声影片的表达形式,后来卡夫卡的作品也喜欢模仿这样的表达形式。"②

　　换句话说,卡夫卡的一生不也如同一场默片表演吗?他躲在阴暗之处,制造了许多洞穴和身居其中的人物,而他们的手势恰恰是卡夫卡姿势的种种投影。仅以自传性文字为例。1912年2月的一则日记就借助手势描述单身汉的处境:"独处的男人们试图将自己禁锢得更紧,他们将双手插在口袋里。这是狭隘的愚蠢。"③卡夫卡自己何尝不是将双手藏起以躲避世界呢?1921年10月的日记同样意味深长:"这位男子将那位可怜的乞丐踢出门外,然后独自装成行善好施人的样子,将布施的东西从自己的右手交到自己的左手。"④这位"自我布施者"似乎可以看做是孤独而分裂的卡夫卡的自我怜悯。卡夫卡的自我表演也令人印象深刻,他将其捕捉住并记录下来,就是在突出其戏剧效果。如1912年5月日记中有这样一句:"现在晚上,由于无聊,我先后三次进浴室洗手。"⑤为了摆脱无聊而洗手的行为恰恰是无聊的进一步体现。1914年6月的日记也很精妙:"我双手放在裤子口袋里,就仿佛它们是掉进去的,但却是那么松弛,好像我不得不将口袋轻轻翻起,双手又很快地掉了出来似的。"⑥这句话应是卡夫卡精心修辞的结果,手的自由运动很容易让人想起自由落体运动,产生一种失重感或无根的漂浮感,就像是无意识的自然动作。这只手如同一个软体动物,脱离了人的身体,却自有其生命,也就等于进入了幻觉或梦境,这恰恰是卡夫卡沉溺其中的世界……

---

①　彼得-安德烈·阿尔特:《卡夫卡传》,45页。
②　同上书,203页。
③　卡夫卡:《卡夫卡全集》(第6卷),1996年,206页。
④　同上书,440页。
⑤　同上书,227页。
⑥　同上书,317页。

三

　　由此卡夫卡堪称"身体写作"的作家,他以肉身来体验存在、承担痛楚,并将这种体验转化成文字,直到耗尽身体的最后一丝能量。但他又在实施分身之术,以灵魂之眼旁观肉体之身,如同观察另外一个自我,肉身具有充分的自由和独立,卡夫卡对此有充分的认识和同情。他以手为媒,使之联结肉身(肺是代表)和精神(大脑为代表)。大脑进行指挥,手负责记录,但手有时并不能完成书写的任务,令大脑太过疲惫痛苦,于是肺主动出来承担任务,以肉身的伤口来承担精神之痛,手则趁机跃入创伤所开放的深渊,渐行渐远……也将伤口撕扯的更大更宽。手探索的踪迹留下的是一行行血肉文字,它们反过来变成尖刺,扎向了写作者本身。卡夫卡在充分运用自己的身体,也就是在耗尽自己的身体,如他所言,他在不停地切割自己的身体,用长长的熏肉切刀,肉一片片随之飞去……

　　对此卡夫卡比任何人都清楚,并有着非常清晰的表述。1918年6月,他在疗养院给朋友写信,就谈到自己的肺病:"肉体的疾病在此只是精神的疾病的溢堤泛滥而已。现在如果想把它逼回到河床中去,脑袋当然就要反抗,因为正是它在痛苦不堪的情况下抛出肺病的……"[1]饱经双重折磨的卡夫卡似乎还有心情以玩笑的口吻描述自己的状态,采取的正是旁观者的立场。在大约1920年写给密伦娜的信中,他又对此做了更详细的解释:"大脑已经不再受得了压在它上面的忧虑和痛苦,它说:'我不干啦。这里还有谁愿意为保持整体而出力的,它便可以从我的负担中取走一份,这样便可以再坚持一会儿。'肺自告奋勇,它自己不会因此而损失过多的。大脑和肺之间的这种谈判(是在我一无所知的情况下进行的)也许是很可怕的。"[2]最"可怕"的是什么?可能并不是疾病本身,而是其之所以产生的原因,也就是说身体器官自行独立,使他无法掌

---

[1] 卡夫卡:《卡夫卡全集》(第6卷),310页。
[2] 卡夫卡:《卡夫卡全集》(第9卷),218页。

控。他在1919年致布洛德的信中就说过:"当我的胃使我疼痛时,它就真的不再是我的胃了,而是别的什么东西,在本质上和一个有意要痛打我的陌生人没有分别。所有的事情可不都是这样?我只是由尖刺组成,它们深深扎入我的身体,于是我想要用力反抗,可是这只不过让尖刺更好地扎进去。"①"胃"和"肺"的比喻义是一样的,即所有的"现世"的事情,代表的是卡夫卡肉身的反抗。

真正的尖刺其实就是通过手和笔进行的写作活动,是卡夫卡痛楚的深层精神根源。因为他以写作为使命和志向,但写作并没有一直给他带来满足,反而在黑暗的世界越陷越深,几近疯狂,这构成了深刻的悖论。1922年7月5日致布洛德的信中他如此谈论自己的写作:"写作维持着我……当然我的意思并不是说,要是我不写作,我的生活会更好。相反,不写作我的生活会坏得多,并且是完全不能忍受的,必定以发疯告终。"不写作会发疯,但写作"报偿"给他什么呢:"这一夜我像上了儿童启蒙课似地明白了:是报偿替魔鬼效劳。报偿这种不惜屈尊与黑暗势力为伍的行为,报偿这种给被俘精灵松绑以还其本性的举动,报偿这种很成问题的与魔鬼拥抱和一切在底下还正在发生、而如果你在上面的光天化日之下写小说时却对此一无所知的事情。"②这段话应该引起足够的重视,卡夫卡这里已经阐明,他进入写作就是脱离白昼进入黑夜虚空,与"魔鬼"交流对话,释放被禁锢的"幽灵",描绘的是"洞穴"中的世界,这似乎是与魔鬼共谋的行为,虽然充满痛苦和恐惧,但他无法拒绝,因为他认为自己与别人看到的不一样,而且更多:"没有什么比一个人的小说更美丽,更与他彻底绝望相称的地方能埋葬他。"③小说就是卡夫卡的坟墓,文字就是碑文,他以此来建构一个世界,将自己封闭其中。

这种选择最可怕的地方在于,他不仅不能掌控自己的身体,而且也不能根本上操纵文字,四散漂浮的词语也自有其生命,如何能被轻易地捕捉并编织呢?现存卡夫卡日记的最后一则这样写道:"在写下东西的时候,感到越来越恐惧。这是可以理解的。每一个字,在精灵的手里翻转——这种手的翻转是它独特的

---

① 卡夫卡:《卡夫卡全集》(第6卷),327页。
② 卡夫卡:《卡夫卡全集》(第7卷),25页。
③ 卡夫卡:《卡夫卡全集》(第8卷),196页。

运动——变成了矛,反过来又刺向说话的人。"①这是1923年6月12日,离卡夫卡逝世还有一年,他更加深刻地意识到,他的手终究无法敌得上"精灵"之手,文字变成了伤害自己的武器。这可以理解为,也许卡夫卡最终失望于写作,体悟到文学、文字并不能给他带来所谓的救赎,"通过写作我没能将自己赎回来",②无法真正传达他对世界的独特恐惧之感(这是另一个值得进一步探讨的问题:卡夫卡到底在那个世界中看到了什么,令他如此恐惧绝望?)反而将他拖入了更深的恐惧、幽暗之中。

意识到写作的无望和无力,对生活的渴望就占了上风,这特别表现在他对爱情、父子关系和身体的态度转变上。1923年他在海滨遇到了有着"如此温柔的双手"③的多拉,遭遇了迟暮的爱情,虽然因为多拉父亲的干扰没有结婚,但他对此十分珍惜,并打算和多拉一起开一家酒店,自己当侍者。在书信中、在生活中,他也一反与父亲的紧张关系,试图寻求和解,如1924年5月的信中写道:"亲爱的父亲,这也许会中你的意的,我喝啤酒和葡萄酒。"④而在他去世前一个月听到医生告诉他病情有所好转时,竟然喜极而泣。他试图推开"孕育着死亡的文字"⑤,向恋人、父亲和自己的身体伸出和解的手,可惜已经迟了。

萨弗兰斯基在理解尼采的时候说道:"他先写自己的生命,然后用身体和生命写作,而最后他为自己的生命写作。"⑥有所不同的是,卡夫卡最后为了自己的生命试图放弃写作,他想返归自我的生命。但我们知道,这恰恰就是卡夫卡的真实生命,不可能再有别的生命,最要紧的一点是,其身心挣扎撕扯、双手互搏的过程被他用手细密地记录了下来,成了巨大的财富。通过这些文字,卡夫卡向我们伸出了手,邀请我们与他"手挽手"地进入其中,去探究他曾经沉潜的那个世界……

---

① 卡夫卡:《卡夫卡全集》(第6卷),475页。
② 卡夫卡:《卡夫卡全集》(第7卷),486页。
③ 凯西·迪亚曼特:《卡夫卡最后的爱》,张阅译,南京:江苏人民出版社,2012年,11页。
④ 卡夫卡:《卡夫卡全集》(第8卷),231页。
⑤ 彼得-安德烈·阿尔特:《卡夫卡传》,617页。
⑥ 萨弗兰斯基:《尼采思想传记》,卫茂平译,上海:华东师范大学出版社,2007年,13页。

梁庆标　南京大学中文系博士,江西师范大学文学院副教授。主要从事传记理论与批评研究,著作有《自我的现代觅求——卢梭〈忏悔录〉与中国现代自传(1919—1937)》(2014),近年论文有《自我意识与身份:自传研究的新视角》(2010)、《对话中的身份建构:格拉斯〈剥洋葱〉的自传叙事》(2011)等。

卡夫卡《变形记》的封面画：一个传记性插曲[*]

赵山奎

内容提要：卡夫卡《变形记》的初版封面画涉及作者意图表达、出版商及画家的策划、批评家的解读活动等多个环节。从传记学角度看，关于这个封面画的故事表明：在作家的"自传式理解"与对于作家的"传记式理解"之间，传记事实与对传记事实的解释之间，以及真实与虚构之间，存在着某种不言自明的界限；而界限自身，也可以膨大拓展成为一个意义构建的空间。

关键词：卡夫卡　《变形记》　封面画

《变形记》研究文献众多，但要从中找出一些清楚明白的"意思"而又让人觉得有些"意思"，并且把这些"意思"弄成一个线索清晰的叙述，殊非易事。卡夫卡的传记作者莱纳·施塔赫（Reiner Stach）感叹说："即便最成功的作家，就其作品接受情形而言，开端往往就是终结：作品一旦脱离作者的手，不知情的人们便一拥而上。卡夫卡也不能避免这一情形。至于都有哪些东西被读进了他那些简练的文本，说起来令人吃惊，有些时候则令人甚觉怪诞。"[①]但话说回来，对于由卡夫卡式的文学所决定的卡夫卡式学术来说，"（从外部）读进的东西"与"（从内部）读出的东西"的区分，在很多情况下的确是一桩难事。在某种意

---

[*] 本文为国家社科基金重大项目"境外中国现代人物传记资料整理与研究"（11&ZD138）、教育部人文社会科学研究项目"当代批评视野中的卡夫卡学术"（13YJC752042）、浙江省哲学社科规划项目"卡夫卡学术史研究"（12JCWW01YB）阶段性成果，并得到国家留学基金资助。

① Reiner Stach, *Kafka: The Years of Insight*, Shelley Frisch trans.. Princeton: Princeton UP, 2013, 130.

义上,《变形记》这个文本就如同德勒兹笔下的"欲望机器",兼具欲望冲动的本能性和语言叙述逻辑的强制性,一旦开动,便长驱直入西方文学批评的迷宫,与各种批评方法纠缠在一起——似乎文本有强烈的"被解释"的欲望,也引发解释者强烈的"解释"欲望。在这双重欲望的含混地带,文本的叙述视野、主人公格里高尔的意识视野与解读者的理解视野之间产生了复杂的联系。一个问题随之而来:《变形记》文本本身是否包含某种类似于"欲望机制"(机器之成为机器,归根到底是由于存在某种机制或程序)的东西,而这种东西同时也决定了"文本"与"文本之外"的东西发生联系的机制?

凑巧的是,在《变形记》出版史及解读史上,恰好有一个既属于作品一部分、同时又是这个作品"外部"的东西,即库尔特·沃尔夫出版社的初版单行本《变形记》(1915)的"封面画"。以一种非常具体的方式,这个封面进入了作者意图表达、出版商及画家的策划、读者及批评家的解读活动等多个环节,牵连诸如文学作品的自传性、作品的互文性以及文学批评的"幻觉性"等问题。而从传记学角度看,如果说在作家对于自己作品的自我理解(或曰"自传式理解")与对于作家之自我理解的理解(或曰"传记式理解")之间,传记事实与对传记事实的解释之间,或者在更一般意义上,在事实与虚构之间,存在着某种界限的话,那么,这个传记性插曲就以具体而微的方式表明了这个界限本身也可以膨大成为一个意义构建的空间。

这个插曲的起点是卡夫卡在 1915 年 10 月 25 日写给库尔特·沃尔夫出版社的信:

> 您最近来信说,奥托马尔·施塔克(Ottomar Starke)将为《变形记》设计封面。我产生了小小的恐惧。但就我从《拿破仑》上对这位艺术家的认识而言,这种恐惧也许是多余的,我是说,由于施塔克真的要动笔了,于是我想到这样的问题,他会不会去画那个虫子本身?别画那个,千万别画那个!我不是想限制他的权力范围,而仅仅是根据我对这个故事显然是更深的理解提出请求的。这个虫子本身是不可画出的。即使作为远景也不行。如果这样的意图并不存在,因而我的请求变得可笑——那倒巴不得。若能

转告并强调我的请求,我将十分感谢。假如允许我对插图提建议,那么我会选择诸如这样的画面:父母和商务代理人站在关闭的门前,或者更好的是,父母和妹妹在灯光明亮的房间里,而通向一片黑暗的旁边的那个房间的门敞开着。①

卡夫卡在这封信中的态度异乎寻常的坚定("千万别画""不可画出")和自信(他"显然"对故事"有更深的理解")。解读者对《变形记》进行解读的努力常常伴随着"不可解读"挫折,是否与卡夫卡所说的"不可画出"这一"更深的自我理解"有内在的联系？以他的"更深的理解"为尺度,是否意味着:任何"画出/读出"的理解活动其实都是"幻象/幻觉"？是否有可能存在着比卡夫卡的"更深的理解"还要"更深"的、甚至"最深"的"理解层面"的"画出"与"解读"？这些问题难有定论。但无论如何,即便要理解卡夫卡所谓的"更深的理解"也非易事——根据他的"更深的理解",他其实提出了"两个"建议/选择。而有意思的是,其中一个"选择"与另一个"更好的选择"之间也有微妙但清楚的区别:第一个选择中的"关闭"的门预设了作品中存在着一个超越格里高尔的视角(此时格里高尔被隔离在门内,看不到门外的人),第二个"更好的选择"中"敞开"的门则允许格里高尔的视线穿越"叙述门"而与叙述者视角合二为一。在卡夫卡对作品的"更深"的理解视野里,同时存在着对于故事叙述角度的两种理解。

如卡夫卡所希望的,施塔克最终设计的封面上没有虫子,但他是否采纳了他的两个具体建议却很难说。如果施塔克知道卡夫卡的两个建议,并且有意对其进行了改造,那么这一改造的"用意"实在耐人寻味:画面上是一个青年,在

---

① 《卡夫卡全集》(7),叶廷芳主编,石家庄:河北教育出版社,1996 年,171—172 页。"甲虫"改为了"虫子";卡夫卡此处用的是"Insekt",而非《变形记》中的"Ungeziefer",后者的含义更为含混。

他的背后,两扇门既没有全部"敞开",也没有全然"关闭",而是开了一扇,关了一扇;在"一片黑暗"的门外(假定青年在"门内")看不到有父母和妹妹,这个青年倒是在"灯光明亮"的房间内(姑且如此认定),因为地面有他留下的清晰的影子。也即是说,比照于卡夫卡的两个建议,施塔克的这个封面画既打通了门内与门外的隔离,又颠倒了光明与黑暗在人物身上的布局,似乎出色地混合了卡夫卡的建议中的两个场景。这种处理方式是否传达了画家对于作品的比卡夫卡"更深的理解"还要"深"的理解?这里是否包含画家力图超越作家之自我理解的"艺术意志"?从现有的资料看不到卡夫卡对这个封面的任何意见,在此后的许多年里也看不到有其他人关注它。

但 38 年后,波澜再起。这一次,封面画卷入到文学批评家与画家的一场争论中:批评家使用封面画作为论据解读作品,但他对封面画的解读遭到了画家本人的否定,我们在此遭遇了理解活动中"艺术意志"与"批评意志"的对抗。1952 年,德国学者弗里德里希·柏斯纳(Friedrich Beissner)在其专著《叙述者卡夫卡》(Der Erzähler Franz Kafka)里提出了一个重要的看法。他认为理解卡夫卡作品的一个特别重要之处是把握其叙述角度:"迄今人们还没注意到卡夫卡的叙述是从一个独特的角度展开的,不管是第三人称还是第一人称。"他声称,卡夫卡"在一个被上帝抛弃的世纪里写出了史诗性作品,史诗对象从外部世界转向了自我,在其广度和可能性上并不亚于外部世界"①。但这意味着什么呢?我们知道,荷马史诗叙述的"史诗性权威"来自诸神的权威特别是缪斯关于神性知识和叙述技艺的权威,卡夫卡式的史诗里没有上帝和诸神,其叙述的支点在哪里呢?柏斯纳的回答是:"由于在他的主人公的主观世界之外,并没有什么地方可为他提供一个观察点,于是他就叙述他自己,他把自己变成了约瑟夫·K,变成了土地测量员 K。……要点在于,他的叙述来自这样一个地方:其作品的主要人物的意识内部。"②

顺理成章的是,作者成为叙述者,叙述者成为格里高尔,《变形记》成为作

---

① Freiderich Beissner, "Der Erzähler Franz Kafka", in Stanley Corngold, *The Commentators' Despair*: *The Interpretation of Kafka's Metamorphosis*. New York: Kennikat Press, 1973, 70.

② Ibid., 2.

者与叙述者"隐蔽的自传"——不管是第三人称还是第一人称："《变形记》的视角严格地与主人公的主观世界（subjectivity）保持一致。对于叙述者因此也对于读者来说，格里高尔被变成了一个大虫子。但这变形实际上是主人公的幻觉，尽管故事内部对此没有暗示。"①但暗示也并非全然来自故事"外部"。在柏斯纳看来，"封面画"其实是故事的一部分：

  暗示来自奥托马尔·施塔克的封面画，或许并非没有作者的同意，甚至很可能与作者进行了合作或应作者要求而画出来的。封面画上是一个穿着长袍和拖鞋的男子掩着面大步走向房间中间，他向着读者方向走，他离开了开着的门，那开着的门不是为他而开的，那外面是黑暗，是虚无。这个男子只能是格里高尔，这由黑头发和大踏步的力度可以看出，这必定是格里高尔，在故事的第一个句子里就被变形为一个大怪物的格里高尔。卡夫卡通过封面画揭示了故事的意义。②

施塔克很快做出了回应。他在1953年5月10日《新文学世界》（Neue literarische Welt）《卡夫卡与封面画》一文中发表声明，语气有些轻描淡写甚至傲慢，摆出一副要与卡夫卡及其《变形记》撇清关系的姿态：作为一个已有"近40年艺术实践"的画家，他个人"并不认识卡夫卡"；从他这方面来说，也没有"迁就"卡夫卡关于这个插图的"任何要求"，他"从来没打算画格里高尔"，他画的"只是一个恐惧地逃离某个可怕灾难的形象"。③

  在柏斯纳看来，施塔克试图抛开卡夫卡以强调其绘画艺术的独立性与原创性的心情可以理解，但恐怕不符合事实，也有悖常理。他在1958年的专著《诗人卡夫卡》（Kafka Der Dichter）重启这一话题，一方面坚持自己之前对作品的

---

  ①② Freiderich Beissner, "Der Erzähler Franz Kafka", in Stanley Corngold, *The Commentators' Despair*: *The Interpretation of Kafka's Metamorphosis*. New York: Kennikat Press, 1973, 2.
  ③ Ottomar Starke, "Kafka und die Illustration", in Stanley Corngold, *The Commentators' Despair*: *The Interpretation of Kafka's Metamorphosis*, 226; Freiderich Beissner, "Kafka the Poet", in Franz Kafka, *The Metamorphosis*, Stanley Corngold trans and ed.. New York: Bantom Bell, 1972, 183.

理解,另一方面也驳斥了施塔克关于封面画的说法,暗示后者撒谎,或至少出现了记忆错误——虽然施塔克的艺术生涯已"近 40 年",但 38 年前为《变形记》设计封面时他还是一个"新手",以现在著名艺术家的虚荣心态去回忆过去的事情难免会出问题。他指出,尽管施塔克不同意从卡夫卡的角度结合封面画来解释文本的可能,但至少不能排除这一可能:卡夫卡确实看了并同意用这个图样作封面;相反的假设——也即是说,考虑到卡夫卡的出版商沃尔夫对他的无限尊敬,把《变形记》的封面完全交给那时还很年轻的施塔克处理——是难以想象的。

十有八九是这样的:沃尔夫同意卡夫卡的意见,或者就根据了卡夫卡的意见,向施塔克建议了这个封面。与此同时我们也有了施塔克对他执行这个封面之意图的叙述,他确实并不意在把变形当做生病了的主人公的幻觉。他的意图毋宁说是要把《变形记》的内容压缩成一句口号式的东西:可怕!绝望!……那个正在逃离的人头发是黑的是因为背景是白的……但如果施塔克坚持认为画面上的形象从来没有出现在小说中,那他的记忆肯定出了问题,那个男子的头发是黑的也不是因为背景是白的,而是因为他的头发是黑的背景才被设置成为白的。①

笔者觉得柏斯纳的猜测大体上是有道理的:施塔克无法否认他读过卡夫卡的作品,也不能否认他的画与《变形记》之间有实质性联系——说到底,封面寄生于作品,也以某种方式引导或激发读者/批评家对作品的理解。这里有趣而复杂的是:我们在此同时遭遇了作家的意图、画家的意图和批评家的意图,而如前所述,画家的意图本来也可以被批评家解读为对作家意图的进一步理解,但批评家的这一努力却被画家本人否定了,而反过来,批评家却依旧有道理坚持自己的理解。

从批评史角度来看,柏斯纳把作品理解为格里高尔的"幻觉"的看法既有

---

① Freiderich Beissner, "Kafka the Poet", 183.

支持者，也有坚定的反对者。完全支持和彻底反对"幻觉说"，其实都会遇到极大的困难。反对者如康格德就指出：这种理解有意混淆了"卡夫卡的诗艺意识（poetic consciousness）、主人公的意识以及读者的意识"，而"从一开始，真实情形的更清晰理解对于读者来说是可能的，对于灾难的受害者来说是不可能的"。① 但解读史业已表明，读者/批评家所看到的诸多"真实"并不相同，有的也不相通，很难说比格里高尔对自己状况的自我理解"更清晰"；甚至，否认整个故事被包裹在格里高尔的意识里（或幻觉里）毋宁说是表达了一种由"批评意志"激发出来的"幻觉"而非"真实"。另一方面，支持者罗道尔夫·拜尼恩（Rudolph Binion）认为柏斯纳的解读非常有启发——"故事确实提供了足够的内部证据，表明卡夫卡意在把格里高尔的病理解为心理性而不是身体性的"，格里高尔记得很多东西，封面画中的场景"很可能就是他生病之前的一个画面"；但同时他也觉得，相关证据"在最好的情况下也是模棱两可的"，不管如何解释，"总有些细节与故事是对不上的"。②

笔者觉得，封面画对于柏斯纳的解读来说是一个便利的起点，但还不能充分解释这个解读所面临的核心困难。从文本叙述脉络来看，对柏斯纳看法的实质性挑战有二：一是需要解释故事在格里高尔死后延伸的部分——格里高尔的视角如何能够在这个视角所依附的"肉身"死亡之后继续存在呢？二是需要弄清文本是如何暴露自身其实是被包裹在主人公幻觉里的。如英格堡·汉尼尔（Ingeburg Henel）所说，"如果变形被认为是生病主人公的幻觉，只具有主观的真实性，那么读者要相信这一点，就必须从主人公的角度推导出这一点"。③

我们先看第二点。文本内部其实还真的有一个"铁证"，能够证明这个故事是主人公的一个"幻觉"或"梦"；相比这个证据，其他让人觉得可疑的细节倒可以暂且忽略不计——比如，没有下文的"父母的债务"、请而不来的"锁匠"与"医生"、忽重忽轻忽大忽小的格里高尔的身体等等。之所以是个"铁证"，是因

---

① Beissner, "Der Erzähler Franz Kafka", 72.
② Stanley Corngold, *The Commentators' Despair: The Interpretation of Kafka's Metamorphosis*. New York: Kennikat Press, 1973, 73–74.
③ Ibid., 134.

为这个证据关乎"时间"这个衡量"存在之客观性"的尺度。也就是在这个问题上,文本的叙述逻辑出现了无法弥合的断裂。① 有些诡异的是,这个致命的断裂恰是由文本的开头几页非常精确的时间刻度标示出来的:格里高尔醒来的时候是 6:30,他本来要乘坐 5:00 的火车以便在 7:00 前赶到公司上班——公司甚至还特地安排了一个听差来确认格里高尔是否乘坐该班火车抵达公司的;但不可思议的是,7:10 公司办公室主任就亲自来到他家责问他为何不去上班了,似乎他能够像莎士比亚笔下的哈姆莱特一样"驾着像思想和爱情一样迅速的翅膀"、或像卡夫卡在若干年后的《乡村医生》中的"乡村医生"一样驾着"非人间所有的神奇马车"在几乎"没有时间的时间"(考虑到办公室主任至少还需要在出发前与经理谈论格里高尔的时间,以及走上通向格里高尔家门的楼梯的时间,那么他在路上就没有了时间)来到了这里。鉴于觉得自己变成虫子的格里高尔曾"急于想知道,他今天的幻觉将会怎样渐渐消逝",或许我们可以猜测,一旦他意识到这个时间的裂口,他就会"回过神来"或"醒过来",重新变回整装待发的旅行推销员格里高尔;或者,更可能的是,变回一个沮丧的、宁愿待在自己的房间里掩面而泣也不愿走进"外部的黑暗"的青年,也许真的就和施塔克的封面画上的一模一样。

第一点解释起来更复杂一些。如果说,在截至格里高尔死去之前小说的绝大部分叙述里,要从中分离出格里高尔的意识与理解几乎就是不可能的事,那么在他死去之后,这种分离并没有变得简单,而是更为复杂了——笔者的感觉是,与格里高尔分有(share)叙述声音的叙述者的声音及相伴随的视野在脱离格里高尔的肉身之后仍在延伸。在小说的尾声部分,没有了身体牵绊的叙述者的视野跟随余下的一家三口乘坐电车"走出家门",来到"郊外"。但呈现在这个视野中的事物并不比此前的火车、办公室主任和三个房客更真实:"随后三个人便一起离开寓所,他们已有好几个月没这样做了,他们坐电车到郊外去。

---

① 据笔者所见,我国学者赵淳首先注意到这个问题并进行了认真思考,称其为《变形记》"最具意义的象征"。参见《哲学三题:析卡夫卡〈变形记〉》,《四川外语学院学报》,1997 年第 4 期,19—24 页;《存在之无意义:析卡夫卡〈变形记〉中最具意义的象征》,《四川外语学院学报》,2001 年第 6 期,25—27 页。

这辆电车里只有他们这几个乘客,温暖的阳光照进了车厢……"只有这三个乘客的空旷的电车像是一辆幽灵车,似乎专门为这一家人而安排的,就如同那辆5:00的火车专门为格里高尔安排的一样;温暖的阳光也和在火车终点守候的听差一样虚幻。毋宁说,故事中没有了格里高尔的结尾部分才真正揭示了整个故事的幻觉性质——有格里高尔的那部分故事至少允许我们猜测存在着格里高尔视野之外的"真实/现实"。如今,这个充满"温暖阳光的车厢"倒像极了卡夫卡关于封面画的第二个建议中的"灯光明亮的房间",而被抛在身后的家门,则像"通向一片黑暗那个房间的门"一样让人不安。

关于施塔克的封面画,还有一个特别引人遐想的回声。中文版《卡夫卡全集》的编者对于这幅画有一句话介绍,出现于《变形记》正文首页脚注:"封面上的图像画的是一个孤苦的青年哭泣着走出家门。"[1]读者会注意到,在"门内"与"门外"的关系上,以及这个青年行走的方向上,这个描述基本上是对柏斯纳描述的颠倒。但这点其实并不重要,重要的是,在我们谈论的话题语境中,中文版编者的描述似乎以一种更激进的姿态支持了整个故事是这个青年(且不论这个青年是不是格里高尔)的幻觉的意见——"走出家门"意味着把家门之内的"黑暗的房间"与"明亮的房间"同时抛在身后,意味着走出萦绕在"家门之内"的晦暗纠缠,其意义堪比作家易卜生笔下的娜拉的出走与迟暮之年的作家托尔斯泰的出走。

从卡夫卡的写作史角度看,稍微向后拓展一下时间的范围,可以看到的是,这个"哭泣着走出家门"的动作早已被包括在卡夫卡另一部自传性作品中主人公的幻觉里了。在其身后出版的那部可被称作"变形记前传"或"变形前记"[2]的《乡村婚礼筹备》(其写作时间比《变形记》早5年左右)中,我们可以读到彼时正走向乡村打算参加自己婚礼的主人公拉班的幻觉或想象:"当我的躯体摇摇晃晃地走出我的房门时,这摇晃并非表示恐惧,而是表示这躯体的虚无。当这躯体跌跌绊绊地走下楼梯,呜咽着乘车去乡下,哭泣着在乡下吃晚餐,这一切

---

[1] 《卡夫卡全集》(1),106页。
[2] 详见赵山奎:《变形前后:格里高尔的神及兄弟——关于卡夫卡〈变形记〉》,《南京师范大学文学院学报》,2014年第4期,136—139页。

并非表示心情激动。因为我此时此刻正躺在自己的床上……"①

赵山奎　文学博士,浙江师范大学人文学院教授,出版有专著《传记视野与文学解读》(2012),论文《无名希腊人的"非历史命运":卡夫卡〈乡村医生〉与希腊古典》(2013)等。

---

① 《卡夫卡全集》(1),311 页。

大背景下的小问题

——从画传热潮看梁思成传记中的一个细节

张维娜

内容提要：1923年梁思成发生了一场车祸。关于这一事件，不同媒介的传材之间出现了互相矛盾的现象。图像的介入使得相关传记中的叙述发生了混乱。本文将这一传记现象置于20世纪末到21世纪初的画传热潮之下进行研究，从三部相关的传记个案入手，通过探讨图像是在怎样的背景下介入传记中、在图像与文字产生矛盾的情况下为何图像能够影响部分传记等问题，旨在为这一细节问题的产生提供一种解释的可能性。

关键词：梁思成　传记　画传

一

美国学者费慰梅（Wilma Canon Fairbank）的回忆录 *Liang and Lin: Partners in Exploring China's Architectural Past* 初版于1994年，有两个中译本：其一为1997年中国文联出版公司出版的曲莹璞、关超译本；其二为2000年台湾时代文化出版社发行的成寒译本，此译本于2003年、2010年分别由上海文艺出版社及法律出版社在大陆出版发行。在对照两个译本以及英文原文的时候，有一个地方引起了笔者注意：关于1923年梁思成的车祸，费慰梅的著作中这样写道：

......Only his left leg was broken and he sent him to the hospital by ambulance.……

......The left leg from that time on was notably shorter than the right……①

而2003年版的成译本却是这样写的：

……他诊断说，（梁思成）腰部以上没有什么问题，只是右腿断了……

……从那时起，右腿显然比左腿短一大截……②

笔者查阅了1997年的曲译本和2000年台湾出版的成译本，其中写得很明确是伤了左腿③，而2003年大陆出版的成译本偏偏就把这两处的"左"通通换成了"右"，那么大陆版的成译本这"右"究竟是因何而起呢④？

无独有偶，在2004年林洙所著《梁思成、林徽因与我》中也出现了这样的情况。林洙撰写梁思成系列文章多篇，时间跨度从20世纪80年代后期一直到2013年（下称林洙系列）。其中集结成书的主要有《大匠的困惑：我与梁思成》（1991）、《建筑师梁思成》（1996）、《困惑的大匠——梁思成》（1997）、《梁思成》（2001）、《梁思成、林徽因与我》（2004）、《梁思成心灵之旅》（2013）。在林洙系列中，最早的是1990年和1991年分别出版于台北和北京的《大匠的困惑：我与梁思成》，事实上，一直到2004年出的《梁思成、林徽因与我》，所用的还是这部

---

① Wilma Canon Fairbank, *Liang and Lin: Partners in Exploring China's Architectural Past*, Philadelphia: University of Pennsylvania Press, 1994, pp. 18 - 19.

② 费慰梅：《中国建筑之魂：一个外国学者眼中的梁思成林徽因夫妇》，成寒译，上海：上海文艺出版社，2003年，30页。

③ 分别见于：费慰梅：《梁思成与林徽因：一对探索中国建筑史的伴侣》，曲莹璞、关超等译，北京：中国文联出版社，1997年，23页；费慰梅：《林徽音与梁思成：一对探索中国建筑的伴侣》，成寒译，台北：时报文化出版企业有限公司，2000年，25—26页。

④ 关于这一问题，亦可参见一篇博文：abao，左腿文字PK右腿照片——梁思成到底摔断了哪条腿？http://blog. sina. com. cn/s/blog_4cd2ebc70100blpj. html.

90年代的底稿①。我们先来看之前的林洙系列中的叙述。

在1991年出版的《大匠的困惑：我与梁思成》中，关于1923年车祸的记述如下：

> 1923年思成正要参加毕业考试，并在做赴美留学的准备。5月7日那天，他和思永乘一辆摩托去天安门广场参加北京学生举行的"国耻日"纪念活动，车到南长街口，被军阀金永炎的汽车撞伤。思成左腿骨折脊椎受伤，思永面部受伤满脸是血。因为是梁启超的两位公子被撞伤，北京各报都大加渲染，李夫人见金某不来赔礼，直接找到总统府去闹了一场。
>
> ……"我受伤后，被送入协和医院治疗"，思成说，"但是腿没有接好，致使左腿比右腿略短。过去我的鞋子要专门订做，后来为了省事，只在左脚的鞋后跟处加一个小垫子。"②

在之后出版的《建筑师梁思成》（1996）、《困惑的大匠》（1997）、《梁思成》（2001）中，上引部分第一段未变，第二段变成了间接引语。③这当然也并不是什么大问题，但在2004年林洙女士所著《梁思成、林徽因与我》中，以上所引的部分都一样，单单是在此处忽而一变，梁思成受伤的从左腿变成了右腿。

> ……梁思成受伤后，被送入协和医院治疗。但是腿没有接好，致使右腿比左腿略短一厘米。过去他的鞋子要专门定做。后来为了省事，只在左脚的鞋后跟处加一个小垫子。④

---

① 在此书后记中林洙曾提到："……（我）1987年动笔，经过多次修改到1989年才勉强完成此稿……"见林洙《大匠的困惑——我与梁思成》，北京：作家出版社，1991年，225页。而在《梁思成、林徽因与我》的第261页，写道："……现在慰梅已是八十二岁的高龄。……"费慰梅1909年出生，推起来写这句话的时候是1991年。见林洙：《梁思成、林徽因与我》，北京：清华大学出版社，2004年，261页。

② 林洙：《大匠的困惑：我与梁思成》，23页。

③ 分别见于林洙《建筑师梁思成》，天津：天津科学技术出版社，1996年，20页；林洙：《困惑的大匠——梁思成》，济南：山东画报出版社，1997年，18页；林洙：《梁思成》，石家庄：河北教育出版社，2001年，24页。

④ 林洙：《梁思成、林徽因与我》，30页。

这本出版于 2004 年,袭用了之前底稿的《梁思成、林徽因与我》,为什么偏偏在此处改了呢?

除了以上提到的两部 2000 年后出版的传记之外,还有一种也出现了类似的问题,即林杉所撰林徽因传记(下称林杉系列)。林作时间跨度也颇为悠久,如果说以上提到的两本 2000 年后的著作还比较零散①,不足为证,那么林杉所撰的林徽因传记可以说构成了一个更为完整的系列。关于这个问题,林杉系列中的叙述更为混乱。在 1996 年作家出版社出版的《一代才女林徽因》中,写到梁思成左腿受伤:

> 经医生仔细检查,这才发现思成的左腿断了……梁启超让思忠给她递了一块毛巾,安慰说:"思成的伤不要紧,医生说只是左腿骨折,七、八个星期就能复原,你不要着急"②。

而 1998 年的九州出版社出版的《林徽因传——一代才女的心路历程》变为右腿受伤:

> 经大夫仔细检查,这才发现梁思成的右腿骨折……梁启超让思忠给她递了一块毛巾,安慰说:"思成的伤不要紧,医生说只是右腿骨折,七、八个星期就能复原,你不要着急"。③

到了 2002 年九州出版社出版的《林徽因传——一代才女的心路历程》,则出现了先是说右腿骨折,又是说左腿骨折,左腿比右腿短这样的说法:

> 经大夫仔细检查,这才发现梁思成的右腿骨折……梁启超让思忠给她递了一块毛巾,安慰说:"思成的伤不要紧,医生说只是左腿骨折,七、八个

---

① 严格意义上讲,袭用了之前底稿的林洙所撰的传记不能算多部。
② 林杉:《一代才女林徽因》,北京:作家出版社,1996 年,33 页。
③ 林杉:《林徽因传:一代才女的心路历程》,北京:九州图书出版社,1998 年,41 页。

星期就能复原,你不要着急。"

……从那时起,梁思成的左腿比右腿短了一截,造成后来终身跛足。①

2005年作家出版社的《一代才女林徽因》保留了2002年的文字叙述;而到2011年国际文化出版公司出版的《细香常伴月静天——林徽因传》中,则再为之一变,似乎历次的修订也没解决这一细节问题:"……从那时起,梁思成的右腿比左腿短了一截,造成后来终身跛足。"②

二

看来,三种不同的林梁传记(1998年的林杉系列、2003年的成译本、2004年的林洙系列)都在大致差不多的时间段中出现了类似的问题,或是推翻了所沿袭的底本中的叙述,或否定了翻译所依据的原文,从而使关于这一事件的叙述变得混乱不堪,这是什么原因呢?

经过进一步的考察和比对,笔者发现,这几种著作之所以不约而同地推翻了之前的文字记载,分别将原本和原稿之中的"左"改成了"右",均与梁思成的一张照片有关。此照片初见于1994年的费慰梅撰写的 Liang and Lin: Partners in Exploring China's Architectural Past 的卷前彩页部分,照片中,梁思成坐在凳子上,怀抱双拐,裹着石膏的是右腿而非左腿。1997年,严格按照原文直译的曲译本也将这张照片原封不动地"搬"了过来,同样置于彩页部分。曲译本出版之后,1998年的林杉系列采用了这张图片,与曲译本不同的是,这张车祸照片被用作了随文图片,之后出版的林杉系列的四个版本均使用了这张照片作为随文插图。

再来看成译本和林洙系列,继1997年的曲译本之后,2000年版的台版成译本在彩页部分也收录了这张照片。与1998年的林杉系列类似,2003年大陆出版的成译本中,这张照片也被从彩页部分转移到了正文中,变成了配合文字说明的

---

① 林杉:《林徽因传:一代才女的心路历程》,46—50页。
② 林杉:《细香常伴月静天——林徽因传》,北京:国际文化出版公司,2011年,33—37页。

插图;同样,2004年版的《梁思成、林徽因与我》,也是用了相同的处理方法。这样一来,这三种传记就都出现了一个问题:文字写的是左腿,照片却是右腿,这样岂不悖谬?看起来这几种传记都是发现了这一问题,因而据此照片"改"了一下,把出现的"左腿"改成了"右腿"。然而,林洙系列和林杉系列都是只改了一处,而对其他的地方却未加详查,以致这两种传记的说法均出现了前后矛盾。

我们权且搁置一下文字和照片孰为"真"孰为"假"的问题,再来审视一下当这几种传记进入传记视野后,对后出的传记书写所引起的诸种变化。

绝大多种林梁传记采用的还是旧有文字系统的说法,即按《梁启超年谱长编》及梁从诫《不重合的圈》中的记载①。如罗检秋《新会梁氏——梁启超家庭的文化史》(1999)、张清平《林徽因传》(2002)、李喜所的《百年家族:梁启超》(2003)、岳南《1937—1984 梁思成林徽因和他们那一代文化人》(2007)、陈学勇著《莲灯微光里的梦——林徽因的一生》(2008)、李喜所、胡志刚《梁思成的前世今生》(2010)、贾琦《心若莲花亦倾城》(2012)、王臣《喜欢你是寂静的——林徽因传》(2012)等相关传记作品中,均写到梁思成伤的是左腿。

写右腿受伤的有田时雨《美丽与哀愁——一个真实的林徽因》(2004)、周玉林《飞扬与落寞——梁思成的山河岁月》(2005)、窦忠如《梁思成传》(2007)、《世间绝唱——梁思成与林徽因》(2012)、黄伟芳《万古人间四月天——梁思成林徽因的情爱世界》(2008)、谭水《林徽因诗传》(2011)、张小午《林徽因传——你是人间四月天》(2012)、朱千一《林徽因和她客厅里的先生们》(2013)、朱云乔《情暖三生:梁思成与林徽因的爱情往事》(2013)、夏墨《最暖林徽因传》(2013)、张馨桐《你的温暖逆光而来——林徽因传》(2014)等等,不一一列举。值得注意的是,在上述传记中,出版时间早的几部基本都出现了这张照片,而在2010年后出版的多部梁林传记中,不只这张照片,甚至其他插

---

① 梁启超在1923年5月8日写给长女梁思顺的信中写道:"……后来医生到了,全身检视一番,腹部以上丝毫无伤,只是左腿断了。"在《梁启超未刊书稿手迹》中有写给梁思顺的手稿影印版,很明确记载是左腿,笔迹清楚明白,无可置疑。见中华书局编辑部编:《梁启超未刊书信手迹》,北京:中华书局,1994年,555页。另可见梁从诫:《倏忽人间四月天》,《不重合的圈》,天津:百花文艺出版社,2003年,40页,也有相关叙述。

图都很少出现了。

还有一部分,巧妙地回避了这个问题,只说腿部骨折。如肖辰《情若莲花的女子——林徽因传》(2012)。

通过上述考察我们可以推论,1994年的费慰梅的著作将这张梁思成车祸照片带入了传记视野,而1997年的曲译本影响颇大,使这张照片广为人知,从而影响了1998年的林杉所著的林徽因传记,也影响了2003年大陆出版的成译本、2004年的《梁思成、林徽因与我》,而这几部"图文并茂"的著作又进一步影响了部分后出传记的叙述。

三

那么,首先引起我们关注的问题是:这张照片是怎么从前言的彩页部分被放置到了文中呢?为什么这几部传记均是"不约而同"地集中在1998到2004年间出现了这一问题呢?对此,我们有必要对当时影响传记书写的时代背景进行一番考察。

1. 从《老照片》到《世纪华人画报丛书》:画传热潮的兴起

20世纪90年代,随着现代传媒技术的迅速发展,大众文化快速崛起。1996年12月,山东画报出版社推出《老照片》第一辑,到2015年4月,《老照片》已出版到第一百辑。在第一辑的书末感言《一种美好的情感》中,《老照片》的策划汪稼明这样写道:

> ……回忆靠的是思维,思维是用词语进行的,而用词语进行的回忆,却永远是形象的画面……反之,现在是用词语来阐释一幅幅老照片的时候了。[1]

如果说1996年主编冯克力在征稿启事中所提出的"文章围绕照片撰写",

---

[1] 汪稼明:《老照片》(第1辑),济南:山东画报出版社,1996年,126页。

更多还是出于行业直觉而非深思熟虑,在《老照片》发行一年半之后,冯克力在第六辑的书末感言中重申了第一辑中对《老照片》的定位:"图文并茂"、"文字主要是围绕照片组织的"。从1996年到2015年,这部曾创下单辑发行30余万册的销售业绩,引发了风靡全国的"老照片文化热"的刊物,以长达十八年的发行实践渐渐确立下了这种图文并重、以文释图的模式。① 受《老照片》及山东画报出版社在这一时期推出的《图片中国百年史》、《名人照相簿丛书》等一系列丛书的影响,这一时期的不少图书均打出了"图文并茂"的新卖点,如1998年广东人民出版社出版的包括《老照片新观察》、《老肖像新打量》、《老插图新看法》的《老与新系列》,在封底上就写着"一种崭新的图文关系,互动、互读,相得益彰"②。

《老照片》凭借对照片等图像材料的再发现掀起了世纪末的怀旧热潮,波及范围甚广。加之这一时期技术手段的更新换代,图像、电影、电视等新媒介均丰富了传记文学的形态。1992到1997年,江苏教育出版社出版了印刷精美的《世界历史名人画传》,2000到2008年,大象出版社推出了"大象人物聚焦书系"。而画传的出版高潮,则是由2004年的《世纪华人画传丛书》带来的。据师永刚在《我所经历的2004年的畅销书内幕》一文介绍,他策划的第一本《宋美龄画传》在一年就内连印20次,发行21万册。③ 这套丛书是《老照片》的模式在传记领域内的成功实践。

山东画报出版社的《老照片》与时代出版社的《世纪华人画传丛书》,就像一前一后两个支点,为画传张开了生长的空间。一时间催生了大量的"画传"、"图传"④,据统计,2004和2005年画传处于持续的出版热中,共出版178本画

---

① 见张理平:《〈老照片〉:一百个足印,十八载光阴》,《档案春秋》2015年第5期,44—47页。
② 邓康延:《老照片新观察》,广州:广东人民出版社,1998年,封底页。
③ 张蓓:《画传:读图时代的成功创意》,《创意与传媒》,上海:复旦大学出版社,2007年,122页。
④ 严格意义上讲,画传和图传是有所区别的。图传,杨正润认为,"在这类传记中,图像不是可有可无的、附带的东西,而是整部传记中不可或缺的成分。这些图像经过精心选择,数量也比较多,其重要性有时甚至超过文字部分,成为传记的主要内容"(《现代传记学》,南京:南京大学出版社,2009年,466页),精心挑选的图像加上围绕图像而生的文字,构成了图传的两个组成部分。而画传在当代中国与消费文化和大众文化结合更为紧密,且在本文中与所探讨的问题密切相关,所以本文主要用的是画传这个概念。

传,其中132本是在2004年后出版的,先后有48家出版社涉及其中①。在这之中,除了以图传形态出版的新著传记,还有好多种是将原版配了照片以后又重新冠以新名出版的。如2005到2010年广东教育出版社曾推出一套《20世纪中国文化名人图传丛书》,影响颇大,其中的《冰心图传》,就是在原来《冰心传》的基础上,"前后共加入了约二百张照片"②,《老舍图传》也是在没有插图的《老舍评传》的基础上加了照片后形成的。

2. 图文结合热潮下图文关系的内在走向

与此相似,这一时期的梁林传记也呈现出了"图文并茂"的"时代特点",多种相关传记皆将传主不同成长时期的照片移到文中,与相对应的文字配合阐释。如2004年的田时雨《美丽与哀愁——一个真实的林徽因》、2005年周玉林《飞扬与落寞——梁思成的山河岁月》、2007年窦忠如的《梁思成传》、2008年黄伟芳《万古人间四月天》、2012年的李宪瑜的《图本林徽因传》都出现了这张被用作插图的照片。

然而,细细考查起来,图像时代依然存在着一场看不见硝烟的战争③。虽然图像与文字都属于符号系统,但是从存在形态、媒介手段、感知方式来看,图像与文字之间并不是完全对应的。作为线性顺序出现的文字符号,是偏重于时间的,而以平面化的方式呈现出来的图像,则偏重于空间的展示;文字是理性化的符号,重在逻辑的交流与思考的探索,富有启发性,而图像则形象、直观;在文学作品中,文字通过抽象的概念来塑造形象,唤起暗示,引发联想,而图像则通过生产与现实具有相似性的视像实现沟通和理解。苏珊·朗格曾将语言称为推论性形式,它是以逻辑为基本构架的,相对的,包括图像在内的艺术被称为表现性形式,她认为,表现性形式中包含的经验很多是不能通过推论性的形式表现出来的④。图文之间固有的差异决定了图文之间的转换虽然可能,但却不是完全对等的。在现实层面的语图转换中不可避免地要产生缝隙。

---

① 参见董小玉《画传,读图时代的必然选择》,《传媒》,2006年第5期,41—42页。
② 周凤:《冰心图传》,广州:广东教育出版社,2005年,230页。
③ 周宪:《"读图时代"的图文"战争"》,《文学评论》,2005年第6期,140—148页。
④ 苏珊·朗格:《艺术问题》,北京:中国社会科学出版社,1983年,21页。

与此相对应的是,画传之中的图文关系远不只是评论者们所期待的"相互配合阐释"的理想状态。德国符号理论家温弗雷德·诺斯(Winfried Noth)曾概括出图文关系的五种类型:1.图示关系(Illustration),即以图像来解释文字或装饰书本;2.图例关系(Pictorial exemplification),图像作为举例示范的例证出现来辅助文字;3.标记关系(Labeling),文字标示图像,此时图像为主,文字为辅;4.互相决定关系(Mutual determination),文字指导图像的阐释,图像则有助于更好地理解文字,彼此关系尤为密切;5.矛盾关系(Contradiction),图像与文字相互矛盾。①

在受到此照片影响的梁思成传记中的诸多版本中,最为典型的可能是周玉林著《梁思成的山河岁月》和李喜所、胡志刚所著的《梁思成的前世今生》了,这两部传记文字方面采用的是《梁启超年谱长编》中的记载,而偏偏用的是右腿受伤的图。② 写作者的本意是将梁思成的照片与传记文本之间建立起图示关系,然而,由于图像与文本之间固有的矛盾,加之选择过程不甚谨严,其结果变成了矛盾相异的悖谬关系。在这里,文字叙述与图像叙述之间的冲突被很明确地揭示了出来。这个典型情景正如比利时超现实主义画家马格利特在1929年所绘的一幅名画"这不是一只烟斗"。

正是由于画传风潮的兴起,这张照片经历了从前言的图片页到文中插图的变化,图像被带到了文本中心。于是,本来就处于悖谬关系的图像与文字之间发生了激烈的碰撞,图文关系的内在矛盾被激化了。

四

辨清了在这个案例中,图像是在怎样的背景下介入到了文本内部之后,接下来我们将聚焦点投向另一个问题:如果说已有传主的亲属(梁启超、梁从诫)

---

① Winfried Noth, *Handbook of Semiotics*. Bloomington & Indianap-olis: Indiana University Press, 1990. 64.

② 分别见于:周玉林:《梁思成的山河岁月》,北京:东方出版社,2005年,29页。李喜所、胡志刚:《梁思成的前世今生——最后的贵族》,北京:东方出版社,2010年,70页。

的记载,应该说已经算第一手材料了,那么为什么在部分传记中,还是采用了图像的叙述呢?简言之,图像何以可能动摇了文字叙述?为什么2010年之后的相关传记中很少再出现照片了呢?

1. 对"还原真实"的期待

在当代中国的特殊语境下,照片/图像甫入传记视野之际,即承担了一种还原真实的功能。① 进入90年代,人们对商业运作下乍然兴起的对文字的层层包装还不习惯,要求阅读"真实的历史",对这一点,董小玉在《画传:读图时代的必然选择》是这样描述的:

> ……人们看惯了传统传记作者带着很强的个人见解的文字描述,更渴望用一种更加客观、真实的眼光去认识和理解传主的生活与经历,画传在很大程度上满足了人们的这一潜在的诉求②。

在这种"追求真实"的阅读心理的影响之下,简洁、直观的图像在再现历史场景中无疑获得了一种优先性。图像与真实直接挂上了钩。在文字遭遇表征危机之后,图像以其直观性、通俗性的特质吸引了大众眼球,更由于其与现代媒介的天然亲缘关系,图像显示出了其鲜明的大众立场及顽强的生命力。翻阅当时出版的传记的前言、后记及相关的评论文章,"解密"、"还原"等用词俯拾皆是。1999年冯克力在采访中表示:"有时一张照片传达的信息量抵得上千言万语的解释。"③又如1996年新疆青少年出版社出版的《张爱玲自传·别传》,传记写作者在这本书的后记中,这样写道:

---

① 值得一提的是,人民美术出版社曾分别于1983年和1985年出版了《卡尔·马克思画传》和《恩格斯画传》,由于传主照片很少,因此基本用绘画代替照片,根据文字媒介作画,"对许多细节不厌其烦地做了仔细考证,反复修改"、"尽量接近或符合当时的历史真实情况",见:吴惕安:《一本再现马克思伟大一生的画册》,《中国出版年鉴》,北京:商务印书馆,1984年,12页。"马恩画传"之所以采用绘画的方式"不厌其烦"地再现历史场景,无非是由于随着图像的批量兴起,这类政治性人物传记必须要以新的方式来取代繁冗沉闷的文字表述,使之更加生动活泼。表面上看,此时的语图互仿中,是文字占据了制高点,实际上,不能不说是图像的批量产生使得文字被"图像化"的结果。
② 董小玉:《画传,读图时代的必然选择》,《传媒》,2006年第5期,41—42页。
③ 张晶:《在电视上读书》,北京:现代出版社,1999年,304页。

在过去几十年解读中国现代文学的过程中,曾出现过误读鲁迅,肢解茅盾,简化沈从文之类的情况,而最大的缺憾则莫过于忽视和误解张爱玲。……我们编写这部张爱玲的"自传"、"别传"是依据第一手的材料,告诉读者一个真实的张爱玲。①

再如 2000 年初东方出版社推出的《美丽与哀愁》系列,直接打出了"告诉你一个真实的……",这套传记在其最早的 1994 年台湾版是没有副标题的,正是从 1998 年东方出版社的再版开始才加上了"真实"的副标题。再举一例,2006 年,《世纪华人画传丛书》系列丛书出版第三部《蒋介石画传》时,评论文章题为《用图片解密蒋介石的一生》,有这样的叙述:"因其独家收录了蒋氏私家影像、手迹和首次曝光的早期图片近千幅,对百年枭雄蒋介石的政治、情感与其相关的 88 年的民国史、两岸历史人物进行了全方位的解读。"②

看来,进入传记的照片,本来就承担着一种"还原真实"的心理期待和社会功能。说得远一点,图像甚至以其强大的渗透力重构了人们的记忆和经验,似乎在某种意义上证实了"一图胜千言"。那么,照片又是凭什么"战胜"了文字呢?

《世纪华人画传丛书》策划者王宝生认为:

……照片是会说话的真实的影像,它远比文字描写真实,因为照片保留着当时人物的形象甚至细节。照片与文字的配合,是一种更为真实的历史的解读方式,也是一种新型的人物传记的演绎方式。③

冯克力也着意渲染《老照片》对细节表现的"巨细无遗":"《老照片》一向着意于历史细节的呈现。这与照片本身的特点不无关系,因为任何一幅照片都是由诸多细节组合而成的……展示老照片就是在展示历史的细节……细节就

---

① 魏平、李江:《张爱玲:自传、别传》,乌鲁木齐:新疆青少年出版社,1996 年,460 页。
② 姚梅:《用图片解密蒋介石的一生》,《全国新书目》,2005 年第 21 期,92 页。
③ 刘拥军:《图书营销案例点评》,苏州:苏州大学出版社,2005 年,133 页。

像是历史的放大镜,使尘封的岁月、混沌的往事纤毫毕现,历历在目。"[1]正是在表现细节的小问题上,照片"一览无余",要比文字具备更多的真实感。

2. 画传热潮的冷却

然而,"一览无余"的图像真的战胜了文字吗?画传的热潮退去很快,当时曾立志于开辟一种"新传记体"的"画传创始人"师永刚在推出了三本《世纪华人画传丛书》后即另辟新域,顺着图文共生——图主文辅的方向走得更远,做起了更加专门化的"私家相册"。究其原因,画传热使得大批量的图片进入传记,有的甚至毫无选择性可言,随便拉几张图片进来就冠以画传之名出版。"跟风说明了画传这一品牌的成功,但许多出版社将一些文章配图就称为画传,则客观上造成了对画传这一体例的误读。"[2]追究得深一点,则可以说师永刚的《画传系列》虽然在形式上达到了"巧妙融合,形神相一"[3],但实际上当年这一成功更多是由于策划者在商业浪潮下敏锐地把住了读者的敏感脉,符合了世纪末的怀旧浪潮,迎合了大众的猎奇心理,离真正的有深度、有意义的图传还有一定距离。画传应该努力的方向,正如杨正润在《现代传记学》中所指出的:"图像的目的不仅是新奇,一部有价值的图传不仅应当给读者看到传主丰富多彩的生活,而且应当从图像中发现意义,这才能给读者更多的教益。"[4]

反观2004年的画传热潮,师永刚在《宋美龄画传》第一版中就坦言:"陌生感、新鲜以及商业化的庸俗考量,成为本套丛书出版的动力。"[5]由消费文化一手制造的《画传丛书》又被消费文化泛起的泡沫所淹没,不能不说是个有意思的悖论。

画传热潮渐渐冷去,照片出现在传记中的频率不再像上一个十年那么高了。相应的,传记写作者对进入传记的照片也进行了更为精心的选择。[6] 2010

---

[1] 冯克力:《感言老照片》,济南:山东画报出版社,2006年,58页。
[2] 师永刚、楼河:《邓丽君画传2 邓丽君私家相册》,北京:作家出版社,2005年,272页。
[3] 董小玉:《当今"画传"传播热现象探源》,《新闻界》,2006年第3期,38—39页。
[4] 杨正润:《现代传记学》,南京:南京大学出版社,2009年,467页。
[5] 师永刚、林博文:《宋美龄画传》,北京:作家出版社,2003年,268页。
[6] 如2012年出版的《如果我的心是一朵莲花》是2007年的《梁思成林徽因和他们那一代文化人》修订版,在此书后记中,作者岳南写道:此次修订……对书中插配的照片进行了补拍和精心挑选。

年后出版的梁林相关传记,好多种不再倚靠照片等媒介对真实的还原,而是转而追求文字的精美,通过"唯美"的文字营造出"精致"、"清新"的阅读感受。上一个十年的图片无限制的涌入似乎使得人们产生了视觉疲劳,充斥在文本中的大量图片使得"真实性日益失去其操守、本真和严肃性,它似乎变得越来越轻,强制性和必然性都在减少。媒介表现现实的强制性,已经不再产生苦恼,而是简直相反,产生了冷漠"①。冷却的画传热潮将曾带往文本中心的部分照片渐渐逐出了部分传记,却将受到照片影响发生变化的文字留了下来,恰似潮水退却后的海角遗贝,看似无声却有声。

综上所述,通过以上的分析探讨,我们对这一问题的产生原因可以得到基本的回答。1998年的林杉版传记、2003版的成译本及2004年的《梁思成、林徽因与我》正是在大众文化影响下,图像介入传记后,传统传记文本被"图像化"的结果。在当时语境下,大众对照片还原真实历史的可靠性深信不疑,使得图像能够在图文产生矛盾后部分地改变了文字的叙述。随着画传热潮的退去,2010年后,这张照片在传记中出现的频率少了,却把受到照片影响所改变的文字叙述保留了下来。在整个考察过程中,我们也部分地触及到了画传热潮的兴起与冷却的原因。如何促进画传向更加精细的图传转化,值得引起传记写作者和研究者们的关注。

张维娜 女,1989年生,南京大学文学院硕士研究生。

附录:

照片与文字记载:

1. Wilma Canon Fairbank: *Liang and Lin*: *Partners in Exploring China's*

---

① 沃尔夫冈·韦尔施:《重构美学》,陆扬、张岩冰译,上海:上海人民出版社,2006年,97页。

Architectural Past，：University of Pennsylvania Press，1994．

Figure 5. Liang Sicheng, May 1923, seriously injured at age 22 when a car sideswiped his motorcycle.

2．丁文江、赵丰田：《梁启超年谱长编》，上海：上海人民出版社，1983 年，993 页。

一点钟才把医生捉来。出事后约摸二十多分钟，思成渐渐回转过来了，血色也有了，我去拉他的手，他使劲捏着我不放，抱着亲我的脸，说道：爹爹啊，你的不孝顺儿子，爹爹妈妈还没有完全把这身体交给我，我便把他毁坏了，你别要想我罢。又说千万不可告诉妈妈。又说姐姐在那里，我怎样能见他？我那时候心真碎了，只得勉强说，不要紧，不许着急。但我看见他脸上回转过来，实在亦已经放心许多。我心里想，只要拾回性命，便残废也甘心。后来医生到了，全身检视一番，腹部以上丝毫无伤，只是左腿断了，随即将装载病人的汽车装来，送往医院。初时大家忙着，招呼思成，不甚留心思永何如。思永自己说没有伤，跟着看护他哥哥。后来思永也睡倒了，我们又担心他不知伤着那里，把他一齐送到医院检查。啊啊！真谢天谢地，也是腹部以上一点伤没有，不过把嘴唇磕裂了一块（腿上亦微伤），不能吃东西。现在两兄弟都在协和医院同居一房，思永一个礼拜可以出院，思成约要八

国家主权和核心利益的坚定维护者
——新作《政坛大风——王安石传》的亮点

毕宝魁

内容提要：王安石是中国历史上著名的改革家。他领导的变法深刻而全面，对于宋代历史产生重要的影响。他一不爱官，二不爱财，三不爱色，品格高尚。其实他还是国家主权和核心利益的最坚定的维护者，可谓是被忽视的民族英雄。这一点一直没有引起重视，而这正成为新作《政坛大风——王安石传》的亮点。

关键词：王安石　契丹挑衅　维护主权　君臣分歧

创作历史人物传记，要尽最大限度挖掘其精神实质，要和传主的灵魂对话，体会出其内心深处最聚焦的点，才能抓住关键，写出传主的精神世界来。而这需要作者极丰富的知识、极深广的阅历以及极敏锐的悟性。在最近创作《政坛大风——王安石传》的过程中，正逢中日钓鱼岛争端尖锐化的时期，这种局面对我写作此书有很大的启发。

十五年前，我曾经撰写过一本《王安石传》，2001年由东方出版社出版，不久版权被韩国买去，社会反映也不错。2012年，申报《中国百位历史文化名人传记丛书》中的《王安石传》获得批准，经过一年多苦心经营，在原书基础上有很多修改补充，该书于2015年2月出版。在这次写作过程中，正是中日钓鱼岛争端最激烈的时期，因为我对王安石早就有这方面的印象，这次的岛争强化了这种印象，于是这次写作时在浩瀚的史料中注意对这方面内容的钩沉，结果发现王安石两次辞相都和宋朝与契丹即辽国的领土争端有关，对于王安石更加理解和赞赏。在 2014 年运城司马光传记研讨会上,我曾经就这一问题发言,引起比较广泛的关注。现在就这一问题简单阐释一下。

熙宁五年秋季契丹的挑衅

其实,古今一样,地缘关系临近的国家在政治、军事等方面都有关系,北宋时期,宋朝、契丹、西夏三国毗邻,关系很微妙复杂。熙宁五年秋季,就在王安石和神宗专心致志思考部署王韶招纳西部诸蕃的紧张时刻,契丹在北部边境挑事。七月份,边报说契丹偶尔有几十骑兵越过拒马河到宋国领土上兜一圈,也不杀人,也不放火,还不抢劫,然后就跑回去。经常是来去匆匆,边将来不及调动军队则对方已回去,请示朝廷当如何对待。

神宗忧心忡忡。王安石向神宗说:"陛下富有天下,若以道御之,即何患吞服契丹之不得？若陛下处心自以为契丹不可吞服,西夏又不可吞服,只与彼日夕计校边上百十骑人马往来,三二十里地界相侵,恐徒烦劳圣虑,未足以安中国也。"[①]

王安石的意思非常明确,神宗拥有大宋王朝的天下,如果能够按照正道来驾驭国家,发展经济,富国强兵,吞服契丹都不是什么忧愁的事情,不要在乎对方百八十骑兵来来往往,计较三十二十里地的侵扰得失,即不要在这些小事上费心,可以不予理睬。王安石又鼓励神宗说:"秦汉以来,中国人众,地垦辟,未有如今日;四夷皆衰弱,数百年来亦未有如今日。天其或者以中国久为夷狄所侮,方授陛下以兼制遐荒,安强中国之事。"[②]王安石的分析非常精彩,眼光远大。在这之前,王安石也用同样意思的话鼓励过神宗:"要当有以兼制夷狄,乃称天所以畀付陛下之意。今中国地广,民众,无纤芥之患；四夷皆衰弱,陛下聪明齐圣,忧勤恭俭,欲调一天下,兼制夷狄,极不难,要讨论大计而已。"[③]规劝神宗眼光胸怀都远大一点,不要在这些鸡毛蒜皮的小事上和对方纠缠不休。我每

---

① 李焘:《续资治通鉴长编》卷二三五,上海古籍出版社,1985 年影印本,2188 页上。
② 李焘:《续资治通鉴长编》卷二三八,2225 页上。
③ 李焘:《续资治通鉴长编》卷二三二,2158 页上。

次阅读史书到这里的时候,都会感觉到王安石当时的雄心大略,他是要通过变法富国强兵,最后恢复汉唐旧境。战略眼光的高远确实不是一般人所能达到的。

不久,事态又有新的进展。边官多次向枢密院并向朝廷报告:契丹的兵马多次越过宋辽北部界河的拒马河,看样子是要在拒马河南安置口铺,所谓的口铺就是哨所。请求朝廷给予明确的指示,应当如何对待。拒马河是北宋和契丹国的边界线,这条河流如今已经改道,当时的地理位置是在今天天津市区基本平行向西延伸一百多公里,也可以想象出当时北宋的边界线。当时宋朝边境比较紧张的是霸州(今河北霸县)、雄州(今河北雄县)一带。北宋君臣对于契丹很惧怕,神宗也不例外。应该说,这涉及国家主权,涉及国家核心利益。在如何对待上,朝廷展开一次讨论。

这场讨论前后进行两次,《续资治通鉴长编》卷二三七在熙宁五年八月丁酉日和《续资治通鉴长编》卷二三八熙宁五年丙午朔日分别记录了这两次讨论时各大臣的发言,使我们在九百多年后依旧可以了解当时的状况和各个大臣的意见。

雄州官员上奏说:"雄州言契丹巡马又过河。"①枢密院以为契丹一定会在河南我方地界建设哨所。神宗忧心忡忡,始终不能不忧虑契丹即将修建口铺的事。王安石安慰解劝神宗道:"能够在有的方面放开,然后才能在有的方面进行。契丹国家大致的情形可以想见,契丹未必肯违背盟约,因为他们如果违背盟约,等于自己放弃我朝每年大额的贡品。陛下想要经略四夷,就须要讨论先后次序。如果能够经略西夏,暂时就不必和契丹争口铺之事。臣以为,契丹必不敢移动口铺,必不敢在我方领土上修建。若不能如此,虽然尽力争口铺之事,恐怕未必能够免于契丹的凌辱。如果能够讨论战胜敌国之途径,区区夏国又何难讨伐荡平呢?现在面临如何战胜夏国的战略机遇,不积极讨论这件大事,却天天讨论和契丹争口铺之事,臣恐古人珍惜机遇,不会这样做。"②

---

① 李焘:《续资治通鉴长编》卷二三七,2218 页上。
② 参见李焘《续资治通鉴长编》卷二三七,2219 页上。

王安石的意见很明确,现在就应该专心致志经营西夏,等把西夏遏制或者消灭掉,再考虑如何对付契丹。那么几个口铺,即哨所又能如何。而且估计契丹也不敢公然违背盟约而越界修建什么哨所。这是第一次讨论,结果就是暂时不计较契丹,而专心支持王韶。十天后,又进行一次关于契丹要建口铺当如何对待的讨论。参与者有神宗、王安石、文彦博、蔡挺、吴充。王安石是宰相,吴充是参知政事,文彦博是枢密使,蔡挺是枢密副使。王安石分析道:"几种可能:或者是边吏之间语言细故,愤激而为此;或者契丹恐怕中国认为他国不强大,故意表示强硬;或者是见陛下即位以来励精图治,经略边事,认为更数十年之后,中国安定强大了,就会有窥测幽燕之计,到时候契丹没有能力对抗,不如趁中国没有强大之时先来骚扰中国,以为'绝迟则祸大,绝速则祸小'。故要和中国绝交,外连夏国来骚扰我们。"①王安石建议,我们严密监视而不必理睬,契丹不敢轻举妄动,因为一旦开战,那么宋朝每年给契丹进贡的大量白银和布帛就不会再给了。契丹打仗的收获绝对没有坐享其成得到的多。果然和王安石分析的一样。过一段时间,契丹的骑兵再也不过来跑一圈了,更没有修建口铺的举动。由于王安石的坚持,只在西夏一个方向用兵,不理睬契丹的小动作,才保证了王韶经略西北的成功。这是应对契丹第一次挑衅的经过。

熙宁七年到八年契丹再挑衅

　　熙宁七年三月,契丹派使臣来要求重新划分蔚、应、朔三州地界。但王安石在位,坚持不准,因为这是无理要求。神宗和几位保守派大臣则怕引起战争而犹豫不决。但王安石主持大政,故此事搁浅,契丹也没有再来。六月,王安石辞相,熙宁八年二月,王安石复相。听说王安石复相,辽国便派萧禧再度来到汴京,再次提出重新划定蔚、应、朔三州地界的问题,其实是来试探宋朝的底线。仔细琢磨,这是契丹进行的外交斗争。契丹去年提出重划边界,本来也是试探。当时王安石还在执政,说服神宗没有答应。但大使萧禧和契丹上层都看出来,

---

① 参见李焘《续资治通鉴长编》卷二三八,2224页下。

在这个问题上王安石和神宗的意见不统一。于是听说王安石复相，便再来试探，而且态度要稍微强硬点。即使不能达到目的，也能加深神宗和王安石的裂痕。只要王安石退出政坛，契丹的威胁便基本解除了。契丹的这一着棋确实很厉害，正是在这个问题上，王安石和神宗产生了很深的矛盾。

王安石是首席宰相，对于这些问题是一定要负责的。于是他派出大学问家沈括作为特使前去边境进行勘测和谈判。沈括在中国文化史上也是位大名人，他生于公元1031年，比王安石小十岁，字存中，号梦溪丈人，浙江杭州钱塘县（今浙江杭州）人。此人学问渊博，天文地理，诸子百家，无所不精，对于宋朝和契丹所谓边界问题的历史沿革更是十分精通，谈起来如数家珍，而且沈括基本上是支持王安石变法的。他完全理解王安石的思想和意图，因此王安石把地界谈判的大权交给他。沈括已经秉承王安石的意见前去谈判。

神宗总是忧心忡忡，害怕契丹发动大规模的战争，于是私下里秘密用手诏征求老臣富弼、韩琦、曾公亮、文彦博等人的意见。在这个问题上，神宗对于王安石的意见已听不进去。很快，韩琦和富弼都给神宗上了奏疏。韩琦和富弼的意见都是要答应对方的要求，不能开战。而契丹之所以如此，是因为我朝变法图强，国力大增，军事力量逐渐强大，又在边防修筑工事，栽植几道杨树带，契丹的骑兵不能长驱直入。因此引起警惕，我们应该把这些都毁掉，契丹自然不会怀疑了。因此，当时实际是两大派，用今天的术语说就是鹰派和鸽派，即主战的强硬派和主和的投降派。王安石还有蔡挺等几位大臣是强硬派，而韩琦、富弼等是投降派。而神宗则站在投降派一边，便使问题复杂化了。而正是对这个问题的处理使神宗和王安石分歧加大，使王安石心灰意冷而坚决辞相。

韩琦和富弼回答神宗皇帝的奏疏都保存在《续资治通鉴长编》卷二百六十二中，都很长，我详细阅读了全部内容，产生很多感慨，更加感受王安石当时处境的艰难，我也能理解王安石这次坚决辞相原因的复杂性。

就在王安石派出沈括的时候，神宗依旧非常担心不答应对方就会打仗。王安石反复陈述分析，认为契丹不值得畏惧。只要我们态度强硬坚决，维持原来的疆界不变，已经一百四十多年的疆界为什么现在要变动，没有任何理由。神宗说：“如果契丹坚决不肯罢休，那我们该怎么办？”王安石答道：“譬如强盗来堵在门口,如果家底什么都不要了,就都给强盗净身出户。如果不能把家中财产都给他,那就只有抵抗而已,这还有什么可商量的吗?臣料契丹君臣有什么谋略?臣以为,契丹不足畏,最可畏的是契丹作难,则应当有受陛下委托而与之对抗者,当双方正在对抗之时,却有人在朝中献异议,而陛下不能无惑,因而从中阻挠其事,这样的话,安危成败则太令人忧虑了。"①

王安石说得非常清楚,契丹实在要打就坚决抵抗,我们有足够的力量和敌人作战。王安石是知此知彼而成竹在胸的。王安石的话说得很明白,不要怕,绝不能满足契丹的无理要求。如果他们胆敢发动战争,只要陛下下决心而不掣肘,我王安石便可以为您承担一切重担。

四月丙寅日(初五),就在把辽使萧禧刚刚打发走的当天,神宗没有征求王安石的意见,直接派韩缜去办理重新划分疆界事宜,赐给他随宜全权处理的大权,并明确指出要满足契丹的要求。

同时,神宗还派一名宦官专门给韩缜送去一支"御笔",并提醒和督责他道:"疆界事,朕访问文彦博、曾公亮,皆以为南北通好百年,两地生灵得以休息。有所求请,当且随宜应副。朝廷已许,而卿犹固执不可,万一北人生事,卿家族可保否?"②从这段话体会好像韩缜当初也不同意将土地如此拱手给人,后来是迫于这道圣旨的压力才勉强处理。

然神宗越过王安石派韩缜为特使去专门办理地界问题的事情王安石后来也知道了。神宗正式告诉王安石,并告诉他与契丹协商地界的事情是他复相前就存在的,意思是说一切都不是他的责任,他就不要再操心了。在向王安石解释的时候,神宗的语气和表情都有很愧疚的味道,王安石察觉得出来。

结果是在神宗的压力下,韩缜完全答应契丹的要求,重新划定疆界,把三州原来的边界向南推移很远,宋朝无故丧失七百里地山河,这是非常耻辱的一件事,当时许多人都表示强烈的不满,何况王安石呢?这是关乎国家主权和核心利益的最关键的大事,王安石在打发契丹国大使回国并派沈括去处理而且有把

---

① 参见李焘《续资治通鉴长编》卷二六三,2471 页下。
② 转引自邓广铭《北宋政治改革家王安石》,北京:生活·读者·新知三联书店,2007 年,226 页。

握处理好的前提下，神宗在保守派的怂恿下再派专使让地，白白送敌国几百里江山，王安石能不感到心灰意冷吗？于是，我在书中写道：

这次契丹挑衅，没有任何道理，那三州的边境是在石敬瑭割让给契丹时划定的，一百四十多年两国都相安无事。凭什么现在说地界不清，那一百四十年都干什么了？契丹就是欺负宋朝软弱。而王安石也不想马上和契丹打仗，但据理力争，不能退让。契丹如果胆敢发动侵略，就坚决迎击，而且有胜算的把握。

王安石已经向神宗反复解释多次：契丹四分五裂之国，根本没有力量对外征讨。当时契丹内部政治黑暗，大奸臣耶律乙辛把握朝政，陷害皇妃萧观音和太子，国内已经是矛盾重重，人心混乱，各种政治力量相互争权夺势。

自己本来想借契丹挑衅之机强化一下朝廷的自信心和对于契丹辽国的态度，让他们不能小觑我们大宋王朝。其实，陛下担心什么呢？在当下，就是劝契丹发动侵略他们也不可能得逞。因为一旦进入战争状态，那么以前的一切条约便都自行作废，契丹再也得不到宋朝每年进贡的大量财富了。而且，北边设置三十七将，即三十七个集团军的兵力，那可是三十多万人啊！这些年经过精兵简政，军队的战斗力非常强大。何况还有三边义勇，都是经过严格训练的民兵，如果真的开战，随时征调几十万人，稍加编制便可以开赴前线作战，怕什么呢？现在实际上是契丹怕我们大宋而不是我们怕契丹。

但是圣上派出的特使已经到了边境，割让领土是必然的了。自己又能如何呢？一块浮云刚刚离开月亮，月光稍微出来一些。王安石的心绪忽然感觉稍微明亮一点点。这微微明亮的月光引得王安石换了一个角度进行思考：皇帝毕竟才二十八岁，没有经历过大仗，尤其是和契丹作战，在历史上宋军基本处于劣势，多次战败。这种常打败仗的阴影，恐怕也会影响到圣上的判断。

但是，从韩琦和富弼的奏疏来看，明确提出废除新法以来的一切举措，解除契丹的疑虑,自行毁弃一切边防设施,停止一切新法,恢复到以前的状态去,契丹人自然就不来争地界,也不会挑衅了。但对于这些要求,圣上都没有答应。可以看出,圣上坚持新法的决心没有变。只是在边界问题上没有支持我,其他方面并没有支持保守派。或许圣上别有用心。现在看,契丹问题只能如此了,虽然自己感觉非常郁闷,但圣上如此,也没有任何办法。圣上对于自己以前明里暗里几次提到的消灭西夏,扩大版图的战略构想到底是什么想法呢?难道是圣上要保持与契丹的和平相处而把主要精力用在平定西夏方面?如果这样做倒是可以接受的。但圣上根本没有提及这样的构想啊?王安石的思绪飘忽不定,他感觉头绪纷繁,但抑郁的心情始终无法开释。

只要新法还在运作,其他就看淡一点吧!想到这里,王安石回到床上,迷迷糊糊睡着了。其实,王安石当时的心情是可以体会出来的。我们可以这样体会,你有把握干好一件事情,但你没有进行实际操作的权力,掌握这种权力的人却坚决不让你实施。如参加百米竞赛,你有百分之百的把握第一,但就是不让下场,那该运动员最痛心疾首的状况是可想而知的。

楚怀王如果采纳屈原的意见,国家就可以逐步走向强大,如果继续腐败下去,在内政外交上都出现严重的失误,屈原强烈说明抗议都无济于事,最后忠而见谤,被撵出朝廷,郁闷愤慨,这才促使了屈原的投江。项羽如果听信范增的意见,又怎能乌江自刎?王安石后来的岳飞明明可以和金兵抗衡,所以上书反对秦桧的和议,最后是怒发冲冠,仰天长叹,屈死风波亭。王安石当时的处境虽然与屈原、范增、岳飞有所不同,但那种长剑在手,有百分之百取胜之把握,却不能像大侠一样一展武功,那种痛心疾首的心情也是同样的。①

正是这件事,促使王安石坚决辞相。于此可以体会出王安石变法的第一步是富国强兵,然后可以消灭西夏,收复燕云十六州,征服契丹,再进一步就可以恢复

---

① 毕宝魁:《政坛大风——王安石传》,作家出版社,2015年,284—286页。

汉唐旧境,恢复汉唐的盛世。王安石变法中的保甲法其实有全民皆兵的性质,当时的民间武装也是很精良的。仅此一点,就可以看出王安石的远大理想和雄心壮志。而王安石变法十年后国家的富足确实达到了预想的情况,国家府库充盈,地方府库充盈,国家经济实力大增,保甲法也取得很高的成效。如果真的和契丹开战,高质量的兵员不是问题,宋朝确实有胜利的把握。可惜神宗英年早逝,38岁便撒手归天,而新法被全部废弃。徽宗昏庸奢侈,才造成新法的夭折,王安石的一切理想和设计都成为泡影。然而,这不是王安石的责任。

结　论

王安石品德高尚,才能卓越,在神宗坚决支持下,他亲自设计和领导的变法是中国历史上最深刻、最全面、影响最深远的改革。实际成功了。而他坚定维护国家主权和核心利益的精神更是其作为执政者所必需的高尚品格。本书之写作有意突出了这一点,是以前王安石传以及研究中忽略的地方,故成为此书的亮点。

将《政坛大风——王安石传》最后赞语附录于此:

> 我思古人,安石荆公。举世淫靡,独守古风。毅然变法,富国强兵,两宋最盛,莫过熙宁元丰。道德高尚,玉洁冰清。一不爱官,摒弃虚荣,六上札子辞相,事业人气最隆,二疏不能专美,有异梅福渊明;二不爱钱,清廉骨梗,浩然正气凛凛,羞煞古今蠹虫;三不爱色,绝无绯闻,妻买美人辞去,不同贾充玄龄。千古知己,梁氏任公。一言判断善恶,三代以来完人。唯仁者能好人,圣人所云。①

毕宝魁　辽宁大学中文系教授。研究方向:中国古代文学、中国传记文学。中

---

① 毕宝魁:《政坛大风——王安石传》,418页。

国传记文学学会理事。近年出版传记《大宋名后——孟献皇后》(2010)、《政坛大风——王安石传》(2015)等6部,传记研究论文多篇。其作品在中国国家图书馆、美国哈佛大学东方学院燕京图书馆都有收藏。

俄罗斯文化宝库中的一朵奇葩

——苏联解体后的"名人传记"丛书

张 蕾

内容提要：俄国青年近卫军出版社的"名人传记"丛书是俄罗斯历史最悠久、最包罗万象的传记丛书。本文简要介绍了该丛书的历史，着重梳理其在苏联解体后二十多年的发展情况，从传主范围、传记作家、传记形式及获奖情况几个外部形态方面进行分析和总结，指出近年来俄国传记文学繁荣的事实，使广大中国读者了解俄罗斯传记佳作，初窥近期俄国传记文学的发展轮廓。

关键词："名人传记"丛书　传主　传记作家

俄国青年近卫军出版社的"名人传记"（Жизнь Замечательных Людей，简称为 ЖЗЛ）是俄罗斯历史最悠久、最包罗万象的传记丛书。它于1890年由俄国著名教育家弗·费·帕夫连科夫创建，1933年由马克西姆·高尔基接手，继续发扬光大。

帕夫连科夫的初衷是通过传记囊括整个人类历史，他的计划既宏大雄伟，又独具创新精神。1890—1915年在他主持期间，丛书共出版198种人物传记，包括赫尔岑、列夫·托尔斯泰、皮萨列夫等著名俄国作家、批评家。这些传记由于传主类型多样、语言通俗易懂、价格合理，问世后立即受到不同年龄广大读者的欢迎。截至1924年，再版40次，总印数约150万册。后来由于历史风云变幻，丛书一度中断出版。

1933年1月,高尔基主持的新"名人传记"问世。高尔基认为名人传记应当由名人来撰写,他试图吸引俄国和海外的优秀创作力量来进行写作。他曾经设想由罗曼·罗兰来写《苏格拉底传》和《贝多芬传》,由康·季米里亚泽夫撰写《达尔文传》,赫·威尔斯负责《爱迪生传》,弗·南森撰写《哥伦布传》,伊·布宁成为《塞万提斯传》的作者,安·卢纳察尔斯基书写《弗朗西斯·培根传》等等。尽管这些想法远未实现,但却颇有意思,耐人寻味。

从1938年起,"名人传记"由报刊联合出版社转入莫斯科青年近卫军出版社麾下,成为该出版社的稀有珍品,至今仍在俄国图书出版业占有特殊地位。此后,丛书从未停止出版,即使在伟大的卫国战争最艰苦的岁月里,也有28部传记作品问世。当时易名为《俄国人民的伟大人物》的丛书数量虽少,但却提升了苏联军民的爱国主义激情,为战胜德国法西斯打下坚实的精神基础。战后"名人传记"获得新的发展,每年都有二三十部新作问世。由于绝大部分作品都遵循史料的科学性、高度的文学性和叙述的趣味性三大原则,因而"名人传记"拥有大量读者,成为俄国一个特殊的文化现象,其俄文缩写"ЖЗЛ"已经成为一个俄语通用词,在社会上广泛使用。苏联时期,丛书成为各加盟共和国的宠儿和模仿对象,出现了各加盟共和国自身的名人传记丛书。新作问世经常成为大众传媒的焦点,报道与评介不计其数,以其为研究对象的学位论文也不在少数。这一时期的"名人传记"作品具有明显的政治倾向性,道德教化作用强烈,而且对传主的选择偏爱文学家。

1991年底苏联解体以来的二十多年对"名人传记"具有特殊的意义。在20世纪90年代俄国经济衰败、严肃文学发行量急剧减少的总体背景下,"名人传记"遭遇了百年历史的最低潮:图书的出版成本一年里增长了14倍,出版社几近破产,国家图书发行网缩减了3倍,仅莫斯科一地的书店就从1990年的208个减少到70个。出版社咬紧牙关,艰难度日。即便如此,也没有中断丛书的出版工作:1992年后的三四年间,"名人传记"每年只推出两三部新作。

随着新世纪的到来,俄国政局走向稳定,经济逐渐恢复,青年近卫军出版社很快度过了低潮期,适应了文学市场化的新运作方式。尤其进入新世纪以来,"名人传记"仿佛获得新生,焕发出旺盛的生命力,每年都有四五十部新作面世。截至2015年初，已经累计出版了1700多部人物传记，发行量逾两亿册，成为世界上最古老、发行量最大的传记丛书之一。2001年，"名人传记"的第一千部作品问世（格·阿克谢奥诺夫的《维尔纳茨基传》）。为此在俄罗斯联邦国家杜马和克里姆林宫的总统图书馆分别举行了两个纪念性展览活动，出版社还收到了普京总统的贺电。电文中指出，这个纪念日是"图书出版界的一件大事，是祖国文化和教育界大事记的一个重要里程碑。多亏青年近卫军出版社，这项图书出版计划取得无与伦比的规模。毫不夸张，这是一个真正的世纪畅销书，为每一个有文化的人所熟知"。

"名人传记"丛书关注的范围不断拓宽，众多传主多元并立——地域从俄国到全球，时间跨度从古至今，性别男女皆有，职业包罗万象：从哲学家、政治家、科学家，到军事将领、历史名人、艺术家等等。总之，各个时代人类所有活动领域的杰出代表都是丛书的撰写对象。其中约四分之三传主是俄国人；近年来，世界各国历史人物的数量在不断增加。仔细分析丛书书目，可以发现最近二十多年传主主要分为以下几个门类：

1. 几乎囊括了人类思想史上最杰出的思想家：亚里士多德、柏拉图、孔子、马克·奥勒留、康德、黑格尔、谢林、弗拉基米尔·索罗维约夫、海德格尔、斯宾诺莎、马克思、叔本华、洛谢夫等。

2. 沙皇、政治家等著名历史人物，其中俄国的著名历史人物包括伊凡三世、伊凡雷帝、彼得一世、叶卡捷琳娜二世、亚历山大一世、尼古拉二世、克伦斯基、列宁、托洛茨基、斯大林、赫鲁晓夫、勃列日涅夫、安德罗波夫、葛罗米柯、叶利钦等，还有甘地、拿破仑、戴高乐、丘吉尔、撒切尔夫人、金日成等世界名人。成吉思汗铁木真、他的儿子拔都、毛泽东、邓小平等中国历史人物和杰出政治家也成为丛书撰写的对象。近年来又增加了末代沙皇的首相斯托雷平、维特等一些苏联时期被长期冠名为反面人物的历史名人传记。

3. 俄罗斯民族的捍卫者、两次伟大卫国战争中涌现出的杰出军事将领成为近年来颇受关注的传记人物，如亚历山大·涅夫斯基、德米特里·顿斯科伊、米宁和波扎尔斯基、苏沃洛夫、库图佐夫、巴格拉季昂、乌沙科夫、纳希莫夫、波将金、罗科索夫斯基、库兹涅佐夫、朱可夫、别尔扎林、图哈切夫斯基等。

4. 俄国和世界各国的文化活动家们也构成丛书一个非常引人注目的部分。由于他们涉及的领域众多,无法一一列举。其中有科技界的巨擘——伽利略、列昂纳多·达·芬奇、莫斯科大学的创始人俄国"百科全书"式的学者罗蒙诺索夫、苏联"宇航之父"齐奥科夫斯基、苏联生物地球化学和放射地质学的奠基人韦尔纳茨基院士、苏联火箭和航天系统总设计师科罗廖夫院士;有俄罗斯文学巨匠普希金、果戈理、列夫·托尔斯泰、陀思妥耶夫斯基、契诃夫等,包括俄国的诺贝尔文学奖得主布宁、肖洛霍夫、帕斯捷尔纳克、索尔仁尼琴、布洛茨基,以及当代俄国的著名作家、诗人维索茨基、布拉特·奥古扎瓦等;此外,还有杰出的画家、戏剧家、音乐家、演员:鲍里索夫-穆萨托夫、希施金、鲁本斯、拉斐尔、伦勃朗、梵·高、毕加索、费里尼、莫扎特、肖斯塔科维奇、拉赫玛尼诺夫、夏里亚宾等等。

5. 名女人传记。一类是名人妻子传记。由于她们与名人丈夫朝夕相处,掌握了比常人更多的第一手私密资料;同时从女性的独特视角出发,通常叙述的是妻子眼中的丈夫,所以可读性很强,引起读者的极大兴趣。例如,已经出版了普希金妻子娜塔莉娅·冈察洛娃、列夫·托尔斯泰夫人索菲亚·托尔斯塔娅、列宁的革命伴侣纳杰日达·克鲁普斯卡娅、沙皇亚历山大三世的皇后玛丽娅·费奥多罗芙娜等人的传记。另一类是著名的俄国女数学家索菲娅·卡瓦列夫斯卡娅、作家拉丽莎·列伊斯涅尔、乌克兰因卡等在不同职业领域做出杰出贡献的女性。

6. 宗教界人士。苏联解体以后,原先的主流意识形态分崩离析,许多俄国民众回归东正教的怀抱,故而大司祭阿瓦库姆、季洪大主教、谢尔吉·拉多涅日斯基、菲利普都主教等宗教界领袖、思想家、圣徒也成为俄国百姓试图了解的人物。

7. 克服了意识形态的狭隘与局限,撰写十月革命之后白卫军运动领导人的传记,弥补了这方面的空白,已经问世的有邓尼金、科尔尼洛夫、海军上将高尔察克等人的传记。

8. 拓宽"名人"概念的范围——名人并非完全等同于伟人或杰出人物:新近出版了一些历史上的暴君、枭雄或大恶人的传记,如匈奴王阿提拉、古罗马暴君尼禄和卡里古拉、俄国现代政治恐怖主义的"鼻祖"涅恰耶夫、末代沙皇的亲信妖僧拉斯普京等,期待读者了解恶,珍惜善。

为丛书写作的作家各式各样,水准颇高。传记作家在写作时总是面临许多困难——他身兼数职,既是历史学家、作家、心理学家,同时又必须成为传主生活和有所作为的某一领域的行家;面对传记这种数量众多但佳作鲜见的体裁,要使它有别于深奥枯燥的学术专著,同时形象鲜明地描写传主的一生并解释其人生的重要行为,取决于传记作家对传主的深刻理解。出版社一直遵循高尔基时期就已确立的传统,为保证图书的高质量,吸引一流作家加入创作队伍——有历史学家伊·扎拉图斯基、尼·帕甫连科,有杰出的语言学家尤·洛特曼,有苏联宇航员、苏联英雄鲍·叶戈洛夫,还有苏联作家米·罗辛等。此外,还有一个有趣的现象值得关注:米·布尔加科夫、康·帕乌斯托夫斯基、弗·奥布鲁切夫、阿·奥克拉德尼科夫、阿·洛谢夫等当年曾为丛书写作的人物,现在又成为了"名人传记"的传主。除却俄国作者,境外优秀的名人传记作品也被直接翻译成俄语,编入丛书。例如,从法国引进了《拿破仑传》《丘吉尔传》《梵·高传》《巴尔扎克传》等,从英文直接翻译了英国人罗伯特·佩恩的《列宁传》等。近年来活跃在俄国文坛的著名作家和学者——德·贝科夫、柳·萨拉斯金娜、阿·瓦尔拉莫夫、弗·诺维科夫、亚·阿尔汉格尔斯基、斯·雷巴斯、帕·巴辛斯基等人组成了强大的创作队伍,他们从欧美作家那里吸收了新的传记文学创作理念和方法,将精神分析说、新历史主义等现代西方文学理论运用于俄国的传记创作,撰写出多部佳作。

作品推陈出新,形式多样。随着不断发掘出新材料以及创作方法的日趋丰富,近年来出现同一个传主的不同传记版本。例如,1963年维·什克洛夫斯基撰写的《列夫·托尔斯泰传》成为当时的经典;时隔40余年,2006年"名人传记"又推出阿·兹韦列夫和弗·图尼玛诺夫合著的新《列夫·托尔斯泰传》。再如,"名人传记"先后出现了1962年列·格罗斯曼、1981年尤·谢列兹尼奥夫和2011年柳·萨拉斯金娜三个版本的《陀思妥耶夫斯基传》。类似的情况仍在不断发生:对布宁、叶赛宁、马雅可夫斯基、列斯科夫、高尔基等名人进行了别样的诠释。

此外，由于作品广受好评，在此基础上，青年近卫军出版社分别于2005年、2009年推出两个姊妹丛书——"传记在继续"和"短小传记"。前者关注仍旧健在的名人。2005年，年近九旬的诺贝尔文学奖得主、著名作家索尔仁尼琴成为该系列的第一位传主。后者则青睐一些篇幅不大，短小精悍的作品，可供读者放置在口袋中，方便随时随地进行阅读。目前这两个系列分别出版了几十部作品。最近几年，为推广丛书，出版社举措多多：推出了部分作品的有声版本，目前已有八部有声传记问世；在互联网上开辟丛书的电子图书馆，读者可以直接下载已经面世多年、不违反版权法的电子版传记；出版介绍"名人传记"的电子报刊，适时转载国内媒体对丛书作品的评介以及组织的相关活动。

丛书佳作频出，屡获俄国各类图书大奖。丛书中多部作品在彼得堡国际书展上获奖，如历史学家阿尼希莫夫的《安娜·伊万诺夫娜传》获得2002年彼得堡书展的银奖。由于作品的文学性增强，还频获俄国各类文学大奖。例如，德·贝科夫的《帕斯捷尔纳克传》、阿·瓦尔拉莫夫的《阿·托尔斯泰传》和柳·萨拉斯金娜的《索尔仁尼琴传》分别获得2006年、2007年和2008年俄罗斯国家"巨著奖"。有的传记甚至兼得数奖，比如《帕斯捷尔纳克传》除"巨著奖"外，还获得了2006年度俄罗斯国家畅销书奖。

《帕斯捷尔纳克传》的作者德·贝科夫也是一位诗人，他从同行的角度详实地记叙了俄国二十世纪最杰出的诗人之一、1957年诺贝尔文学奖得主帕斯捷尔纳克的坎坷人生，向读者塑造了一个面对生活中的种种磨难，接受命运的安排，诚实一生，不违背良心、始终认为自己是幸运儿的天才诗人形象。《阿·托尔斯泰传》在2007年获得"巨著奖"本身就引起了一定的争议。作品名称《红色丑角》夺人眼球。阿·托尔斯泰在苏联时期就享有"红色伯爵"、"工农作家"等美誉，在苏联作家中位列高尔基之后，排名第二。但在苏联解体后名声渐下，不受欢迎。"红色丑角"是否表明作家对自己笔下的主人公不太喜爱？作者抓住了传主人生中最重要的几个节点，通过分析和阐释，塑造了人物复杂矛盾的个性，让读者充分理解传主在面临人生重大选择时的行动，由此产生"红色丑角"的命题不仅不突兀，反而恰如其分的感觉。《索尔仁尼琴传》的作者柳·萨拉斯金娜与很多传记作家不同，她直接与当时仍健在的索翁进行了面对面的交谈,获得了许多宝贵的第一手资料。洋洋巨著详细记述了索翁八十多年跌宕起伏的传奇人生,充满了众多巨大的转折——从苏联劳改营的阶下囚到走向诺贝尔文学奖的讲坛,从受苏联政府迫害、被驱逐出国境的持不同政见者到受到总统邀请、凯旋般荣归故里,让读者充分了解这位俄罗斯良心精彩丰富的人生。

优秀的获奖作品推动了传记的销售,在市场上供不应求,多次再版印刷。根据笔者的不完全统计,截止 2010 年,帕甫连科的《彼得大帝传》再版八次,而德·贝科夫的《帕斯捷尔纳克传》更是创造了出版界的奇迹,短短六年就再版了十次。我国的图书出版界也很关注青年近卫军出版社的这套王牌丛书,及时组织翻译和出版了一些佳作:国际图书出版社早在本世纪初就已出版了帕甫连科的《彼得大帝传》,译林出版社的新版高尔基传——《另一个高尔基》也于 2012 年问世,2013 年人民文学出版社又出版了任光宣翻译的长篇传记巨著《索尔仁尼琴传》。此外,《帕斯捷尔纳克传》的翻译工作也正在如火如荼地进行之中。我们期待俄罗斯传记佳作的中文版能够早日面世,让广大中国读者一睹为快。

拥有 125 年历史的"名人传记"如同一个耄耋老人,先后经历了三个世纪的风风雨雨;但又仿若一个盛年壮汉,至今仍焕发出强大的生命力;它又仿佛一艘时间之舟,引领国内外广大读者穿越时空,了解俄国与世界各国不同时期、不同领域的著名人物。它描绘出俄国社会生活广阔丰富的历史画卷,反映了俄罗斯民族独一无二的精神和物质财富,与大剧院、特列季亚科夫画廊、俄罗斯博物馆一样,都是俄罗斯民族文化百花园中名副其实的一朵奇葩。

参考文献

1. 张俊翔:《跨越三个世纪的传记丛书》,《俄语学习》,2007 年第 3 期。

2. 张俊翔:《个体与时代的博弈——当代诗人眼里的帕斯捷尔纳克》,《外国文学动态》,2008 年第 4 期。

3. 任光宣:《萨拉斯金娜的新著〈索尔仁尼琴传〉》,《外国文学动态》,2009

年第 2 期。

4. Юркин В. Россия,"*Путешествие во времени. Биография «ЖЗЛ» продолжается*," Литературная газета, http://www.lgz.ru/article/12327/

张　蕾　南京航空航天大学外国语学院讲师,南京大学外国语学院俄语系博士研究生,主要研究俄国现代传记文学。

提　要

玛格丽塔·乔利
1970年代至今的西方传记研究

玛格丽特·乔利　英国萨塞克斯大学媒体电影音乐学院文化研究教师,生命史与传记研究中心主任。研究方向:自传、传记、口述历史(主攻性别研究和妇女运动);长期关注这些文类与公共文化和社会变化的交互作用。近期出版专著:《我们将做证:传记叙事与人权》(威斯康辛大学出版社,2014年),主要论述在当今战争、心理创伤及为正义而斗争的背景下各种传记叙事的证言形式。"姐妹情及之后:妇女解放运动口述史"研究项目(2010—2014)的核心成员,曾广泛参与当今女性主义问题及其传播的公众活动。

保罗·约翰·埃金
我的自传研究

保罗·约翰·埃金　研究自传和传记写作约40年。发表的专著有:《自传中的虚构:自我编造艺术之研究》(1985),《接触世界:自传中的指涉》(1992),《我们的生活怎样变成故事的:打造自我》(1999),及《自传式地生活:我们怎样在叙事中创建自我》(2008)。近期发表的论文有《与叙事同游:从文本到身体》、《自传与星座图》、《在线与离线的自我与自我再现》。编辑过多部有关美国自传和传记写作伦理的论文集。

Yang Zhengrun

The Biographical Value of *Zi Zhi Tong Jian* (*Comprehensive Mirror in Aid of Governance*)

Abstract: As a chronicle, *Zi Zhi Tong Jian* also enjoys biographical value. Throughout the work, Sima Guang follows the principle of "the good-evil intermingling" to examine humanity, thus ensuring the consistency of human characters in his fragmentary narration. His story-telling narration, in combination with his descriptions of details, succeeds in bringing characters true to life. The characters's discourse, in particular dialogs, not only contributes to the emplotment, but functions as the comparison of personalities and the display of changes in the characters's mind. He pays much attention to unofficial history, treats novels in an open-minded manner and employs a great many materials from those sources. All these features demonstrate great values for Chinese contemporary political and military life writing.

Key words: Sima Guang; "the good-evil intermingling"; story-telling narration; dialog

Yang Zhengrun is Visiting Distinguished Professor in School of Humanities at Shanghai Jiao Tong University, China. He is Director of the Center for Life Writing at SJTU, editor-in-chief of *Journal of Modern Life Writing Studies*, and Director of the State-Sponsored Major Project "Compilation and Research of Overseas Life Writing on Modern Chinese People" (IN: 11&ZD138). His publications include *Biography: A Historical Survey* (1994) and *Poetics of Modern Biography* (2009) and numerous articles on biography study.

Liu Jialin

The Intermittent Narrative: On the Biographical Art in *Zi Zhi Tong Jian*

Abstract: In *Zi Zhi Tong Jian*, the narratives of characters follow the chronological order. The characters's activities are accordingly strictly confined to the definite time slots so as to form sharp contrasts with biography-oriented history works. The paper argues that the intermittent narrative of characters in this classic enables the author to reveal, to a greater extent, the historical context, to put the characters against the complex historical settings, and to provide supplementary information of the subject obscure to readers, for the purpose of presenting a rounded image of the subject's character.

Key words: *Zi Zhi Tong Jian*; scattered narrative; Yue Yi; Liu Cong; An Lushan

Liu Jialin is Professor of Literature in School of Humanities at Shanghai Jiao Tong University. He is Associate Director of the Center for Life Writing Studies at SJTU. He is the author of *The Poetical World of Vladimir Nabokov* (Shanghai People's Publishing House, 2012). His Chinese translations include Brian Boyd's

Vladimir Nabokov: The Russian Years (Guangxi Normal University Press, 2009) and *Vladimir Nabokov: The American Years* (Guangxi Normal University Press, 2011).

Cheng Tsun-Jen
The Subject and Identity in Early Chinese American Girl's Autobiography: *Second Daughter of the Family* and *Fifth Chinese Daughter*

Abstract: *Second Daughter of the Family* and *Fifth Chinese Daughter* are two Chinese women's autobiographies in the early twentieth century. Both of the authors grew up in the U. S.. However, due to different family backgrounds, they had been brought up to be different persons. This paper discusses the relations among the family traditions, foreign culture and trans-border Subject, enabling us to realize how those elements exert impact on the author's identity in autobiography writing.

Key words: Subject; Identity; Chinese American; Women's Autobiography

Tsun-Jen Cheng is Associate Professor in the Department of Teaching Chinese as a Second Language at Ming Chuan University and Director of the Biography Society of China. He is the author of *A study on Contemporary Biography in Taiwan* (2006) and numerous articles in biography studies.

Gong Like
The Giant's Mottled Figure: A Comparative Study of Three Shakespeare's Biographies

Abstract: In the theory expounded by Yang Zhengrun in his *Modern Poetics of Biography*, the paper compares three Chinese-version Shakespeare biographies, *The Complete Biographies of Great People-Shakespeare* (1980) by Liang Shiqiu, *Shakespeare: The Biographical Criticism* (1991) by Zhao Li and *The Swan on the River Avon* (1999) by Liu Lixia. The study finds that the three texts, while bringing the great Shakespeare's mottled figure in front of us, bear their own characteristics in the aspects of the reconstructing mode, ways of interpreting the subject's works and the generic discourse in the biography.

Key words: Shakespeare's biography; reconstructing mode; ways of interpretation; biography

Gong Like, a teacher in College of Foreign Languages at Guizhou University, China, is a PhD candidate in School of Humanities at Zhejiang University, China.

Li Kaiping
The Social Transformation and the Trajectory of Hagiography in Seventeenth-Century Britain

Abstract: The British social transformation in the seventeenth century exerted profound influence on the writing paradigm of hagiography. Despite the reform to the existing conventionality, the didactic function was still key to the genre. From the perspective of the textual communication, it is apparent that hagiographers focused on the manipulation of the biographical narrative, thus suspending the reader's doubt and ensuring the successful exercise of the performative force.

Key words: social transformation; hagiography; sanctity; performative force; biographical pact

Li Kaiping, Ph. D., is Adjunct Associate Research Professor at the Center for Life Writing, Shanghai Jiao Tong University. His major publications include "Surmounting and Innovating: John Aubrey's Contribution to Short Biography," (2012), "A Dialogue Between His Two Selves: Reading Samuel Pepys's Diary," (2012) and book chapters on British biography in the sixteenth and seventeenth century in *The Development of British Biography* by Tang Xiumin et al (2012).

Chen Xi
Between Authenticity and Literariness: Reading *Alice Munro*: *Writing Her Lives*

Abstract: *Alice Munro*: *Writing Her Lives* by Robert Thacker is a biography that combines authenticity with literariness. In the chronical narrative starting from Alice Munro's birth to her life in 2009, Thacker investigates Munro's family history in detail with a parallel study of Munro's autobiographical writing, and thus it manifests both the weight of historicity as well as literariness.

Key words: *Alice Munro*: *Writing Her Lives*; family history; inter-narrative; biography

Chen Xi is a postgraduate in Compartive Literature and World Literature at Zhejiang Normal University, China.

Yan Fang
Anti-Egotistic Autobiography in Virginia Woolf's *A Sketch of the Past*

Abstract: *A Sketch of the Past* is a key text in the history of modern autobiography. This paper is aimed at interpreting its unique thoughts and methods from the perspective of anti-egotism. With its autobiographical practice, *A Sketch of the Past* thoroughly criticizes the tradition of egotistic autobiographies and develops a differentiated project for the autobiographical self. On the one hand, Woolf emphasizes the influence of the others and the world on the autobiographical ego, trying to represent her self in relation to the non-selves. On the other hand, by dividing the autobiographical self into "I now" and "I then", she conceives her self as a self in a dynamic process with the interaction between "I now" and "I then". Ultimately, by reaching the status of "the nonegotistical sublime," Woolf revives Anon's anonymous singing to express the universals of human beings, and thus transcends the limited self and individuality by uniting with the masses.

Key words: *A Sketch of the Past*; anti-egotism; autobiography; ego

Yan Fang is a Ph. D. candidate in Literature Theory at School of Language and Literature, Central China Normal University, China.

Zhu Xuchen
"The Virtual" and "the Real" in Hong Ying's Autobiographical Novels

Abstract: That the author's own experience and transient emotions shed an obvious and immediate light on her work is what one feels when comparing Hong Ying's autobiographical novels *Daughter of the River* and *Good Children of her Flowers* to her two collections of short autobiographies *Little girl* and *53 Kinds of Departures*. The influence one sees is a mixture of nihility and reality. All is reflected in the artistic structuring, detailed story-telling and concise rational imagery in her autobiographical novel.

Key words: Hong Ying; the autobiographical novel; the real; imaginative

Zhu Xuchen is Professor of Chinese Literature at Yanshan University, China. She gains a PhD from Fudan University, China. Her publications include *The Autumn Waters and the Slanting Sun: A Study of Modern Chinese Women Life Writings* (2006) and *The Aesthetics of Novel Writing* (2002). Her research Areas: Modern Chinese Literature, Overseas Chinese Literature, Biography Studies, Film & Media Studies.

Song Xiaoying
The Depth and Breadth of "the Margin" in the Autobiography of the Northern-American Chinese Women

Abstract: The autobiography of the Northern-American Chinese women demonstrate a pedigree, as well as the depth and breadth of a "Margin" motif. Some of the authoresses write Oriental Fables: the Chinese minority endeavor to participate and permeate actively the local mainstream society. Others reconstruct traumas form the victims' viewpoints to the self-examiner. Such themes continue, develop, and change, revealing the essence of being "modern" and "rootless" by drifting in the world as the cultural hybridist and the new immigrant.

Key words: autobiography of the Northern-American Chinese women; the pedigree; Marginal Characters

Song Xiaoying is Professor/PhD of Chinese Literature at Jinan University, China. She has been visiting scholar at Edinburgh University (UK), University College Cork (Ireland) & Towson University (USA). She is currently developing two research projects: "A Study on Autobiography of the North-American Chinese Writers" (2011) funded by the National Social Science Foundation of China, and "Database for Overseas Chinese Literature Studies" (2012) funded by Department of Education, Shandong provincial government, China. She is the author of *Self*

Writings in Nonfiction by Chinese-European and Chinese-American Authoresses (2006) and various articles on studies of modern Chinese literature in Europe and North America.

Xue Yufeng
Sources of Helen Keller's Happiness: Reading Helen Keller's Autobiography *The Story of My Life*

Abstract: Helen Keller, a famous American female writer, activist and speaker, was stricken blind and deaf as a baby, and lived for 87 years in a silent and dark world. But in her autobiography *The Story of My Life*, the "common language mode" consists of joy, happiness, love, pleasure and other words of positive emotions, which indicate that Keller's tone of narration is positive and optimistic, and her life colorful and happy. Love for nature, pursuit of knowledge, gratitude for the people around her, and content for whatever life offers her, are the four main sources of Keller's happiness.

Key words: Helen Keller; *The Story of My Life*; sources of happiness; functional stylistics

Xue Yufeng, Ph. D., is Professor in the College of Foreign Languages at Henan University, China. Her academic interests include American literature and European culture. Her recent publications include *A Trauma Study of American Literature* (2014), "Combination of a Vietnam Veteran and a Chinese American Young Man: The Image of A Chinese American Cop by Chinese American Writer Ed Lin" (2015), "Transgenerational Trauma in F. M. Ng's *Bone*" (2014), "American Society in the Eyes of a Mr. Dog: On Paul Auster's *Timbuktu*" (2014), "Trauma, Busyness and Attitude: A Positive Psychological Reading of *The Autobiography of Benjamin Franklin*" (2013), "Melancholy, Humor, and Wisdom: On Dale Carnegie's *Lincoln the Unknown*" (2013), etc.

Tang Yuqing
Sié Chéou-Kang in the Sino-French Cultural Exchang

Abstract: Sié Chéou-Kang's being accepted by the European society largely relies on his activities in Europe and the profound communication between European modern culture and Chinese traditions culture that is relected in his various works. Modern Chinese literature is often considered to be influenced by the Chinese students under a work-study program in France and Symbolist poets. So is the Sino-French cultural exchange. However, the Chinese cultural groups that were formed around Sié Chéou-Kang demonstrate that the influence also comes from the literary groups of Republican Chinese scholars in France.

Key words: Sié Chéou-Kang; studying in France; literary groups

Tang Yuqing, is Associate Professor of Comparative Literature at Nanjing

University, Ph. D in French Modern Literature at Paris III University (Sorbonne Nouvelle).

Chen Ruihong
Factors of Tragedy in Oscar Wilde's Character
Abstract: In additional to various external factors, Oscar Wilde's life tragedy is attributable to his own character. Brought up in a well-off family, talented, well-educated, he achieved great success; in the meantime, he developed such character flaws as vanity and extravagance, which made him attach too much importance to public assessment and external criteria and thus lost his self-control. Due to his detached temperament, his dandy narcissism and the influences from his womanizing father, he did not believe in heterosexual love, nor did he take marriage seriously. All this went astray in his passionate homosexual adventures. Moreover, Oscar Wilde was so weak-willed that he became absolutely subject to others at those fateful moments of his litigations, resulting in a failure to start a new life after his release from prison. Such were main subjective causes of Wilde's tragedy.
Key words: Oscar Wilde; character; willpower; tragedy

Dr. Chen Ruihong is Associate Professor in College of Liberal Arts at Nanjing Normal University, China. Her research focuses on Oscar Wilde Studies and British Aestheticism Movements. She is the author of "Oscar Wilde and the Problem of Christian Aestheticism" (2009), "Oscar Wilde and Aesthetic Redemption" (2011) and "Momentism in Oscar Wilde's Works" (2015). Her monograph *Oscar Wilde: Pursuing Aestheticism in the Context of Modernity* is to be published by China Social Sciences Press.

郑达

《海外花实》：华人主妇、离散经历以及文学创作

内容提要：《海外花实》(1952)是英国第一部华人女性自传体作品，它以生动的笔触描述了一个中国知识分子家庭三十年代迁居英国后的生活经历以及二战期间的动乱年月。作者蔡岱梅是个家庭妇女，她完成了中文书稿之后，由作家丈夫熊式一翻译成英文、并帮助出版。本文剖析该女性作家创作中面临的语言障碍、出版市场、文化传统等种种困难，探讨该作品的叙述结构和主题思想，从而揭示作者如何借助文学创作探寻自我、在颠沛流离中重新构建和平与秩序。

关键词：《海外花实》 蔡岱梅 妇女文学 熊式一 离散作家

郑　达　1994年毕业于美国波士顿大学,获英语专业博士学位,现在美国萨福克大学英语系任教。研究方向:美国文学、亚裔文学、离散文学。发表情况:诸多论文发表于各种专业学术期刊;学术专著《道德经济和美国现实主义小说》(1997),《蒋彝传》(英文版,2010),《西行画记》(商务印书馆,2012)。在研项目:华人双语作家熊式一研究。

Liang Qingbiao
The Hands as Self-image: The Metaphor of Hand in Kafka's Autobiographies

Abstract: In his self narratives such as diaries and letters, Kafka has an inclination to describe his body. There are quite some hand images, whether in the sense of description or metaphor. Why does Kafka repeatedly pick up "hand" as the object for survey and performance? The answer seems to be that the hand is the combination of body and mind and is the medium which links life and writing. By focusing on the ability and limitations of his hands, he actually makes the body as an analogy for making choices and thinking between life and writing. He tries to grasp the metaphysicality of words and texts, but often in vain. In Kafka's old age, although the greatness of life is within his touch, it is too late. Therefore, hands, as a medium, provide us with a secret path to the understanding of Kafka.

Key words: Kafka; hand metaphor; split; identity

Liang Qingbiao is Associate Professor of World Literature in College of Humanities at Jiangxi Normal University, China. He gets his Ph. D from Nanjing University, China. His research interest is on biography studies. He is the author of "Self-consciousness and Identity: the New Ways of the Interpretation of Autobiography" (2011) and "The Construction of Identity in Dialogue: The Autobiographical Narrative of Günter Grass's *Peeling the Onion*" (2010). Currently he works on two Research Projects: the State-Sponsored Major Project "Compilation and Research of Overseas Life Writing on Modern Chinese People (Hong Kong and Macao Section; IN: 11&ZD138)" and the State-Sponsored Youth Project "Research on the Theory and Criticism of Autobiography in Current West" (11CWWO18).

Zhao Shankui
Franz Kafka's *Die Verwandlung* and Its Illustrated Title Page: A Biographical Episode

Abstract: The illustrated title page of Franz Kafka's *Die Verwandlung* (1915) involves Kafka's intention expression, the publisher and artist's design, and critics' interpretations. From the perspective of life writing, the story that the title page reveals indicates known borderlines between the "autobiographical understanding" of the author and the "biographical understanding" about the author, the "biographical fact" and "interpretations of it", and "truth" and "fiction"; meanwhile, such borderlines themselves can evolve and expand into a meaning-generating space.

Key words: Franz Kafka; *Die Verwandlung*; illustrated title page

Zhao Shankui is Professor of Comparative Literature in College of Humanities, Zhejiang Normal University, China. He also connects with Shanghai Jiao Tong University Center for Life Writing. He published *Biographical Perspective and Literary Reading* (2012) and "An Anonymous Greek's 'Unhistorical Destiny': Franz Kafka's 'Ein Landarzt' and the Ancient Greek Literature" (2013).

Zhang Weina

A Small Problem in Biography of Liang Sicheng against the Background of the Boom of Pictorial Biography

Abstract: In 1923 Liang Sicheng suffered a car accident. About this incident, the image material is in conflict with the written material, however. The image interfered with the narration of the related biographies. Based on three biographies that concerns the subject, the paper discusses how the picture enters the text, and how it partly changes narration of the biographies. By relating the contradictory phenomena with the boom of pictorial biography in the late 1990s in China, this paper is aimed at offering one kind of explanation for this problem.

Key words: Liang Sicheng; biography; pictorial biography

Zhang Weina is a graduate student in School of Liberal Arts at Nanjing University, China.

Bi Baokui

A Firm Advocate of National Sovereignty and Core Interests: The New Discovery in *The Political Gale: A Biography of Wang Anshi*

Abstract: Wang Anshi is the most prominent reformer in Chinese history. The comprehensive reform he presided over exerted an important influence on the history of the Song Dynasty. As is known to all, he is a virtuous man who is not keen on official position, personal wealth, or the beauty of women. But the fact that he is a firm advocate of national sovereignty and core interests is left unnoticed. This is the new discovery in my recent book *The Political Gale: A Biography of Wang Anshi*.

Key words: Wang Anshi; the provocation by Qidan; safeguarding sovereignty; disagreement between emperor and minister

Bi Baokui is Professor in the Department of Chinese Language and Literature at Liaoning University, China. He is Director of the Biography Society of China and and his research interests include ancient Chinese literature and Chinese life writing. He has published many articles in life writing and six biographies, including *An Eminent Empress of the Song Dynasty: Life of Meng Xian* (2010) and *The Political*

Gale: *A Biography of Wang Anshi* (2015). His books are catalogued at the Chinese National Library as well as the Harvard-Yenching Library.

Zhang Lei
An Exotic Flower in Russian Culture: An Overview of Post-Soviet *Life of Great People*

Abstract: *Life of Great People* is a series published by Russia's Youth Guard Press. It boasts the longest history and the widest coverage of its kind among Russian publishers. This paper investigates the history of the series, putting priority on the twenty-year development after the disintegration of the Soviet Union. Through analyzing and summarizing issues like subjects, biographers, forms and prize-awarding systems, the paper illustrates the florescence of Russian life writing so as to promote the Chinese readers' understanding of best Russian biographies as well as a profile of the recent development of Russian life writing.

Key words: *Life of Great People*; subject; biographer

Zhang Lei is Lecturer in College of Foreign Language at Nanjing University of Aeronautics and Astronautics and a Doctoral candidate in Russian Literature in College of Foreign Language at Nanjing University, China. Her dissertation focuses on Russian contemporary life studies.

稿　约

　　传记研究已进入当代人文社会科学研究的核心领域，为学术界日益重视。本刊创办的目的旨在填补中国传记研究专业刊物的空白，拓展和丰富传记研究的内容，开展学术讨论，为国内外学者提供发表和交流的园地，吸引和培养本领域的学术新秀。

　　本刊立足学术前沿，以国际化为目标，发表中文和英文稿件。本刊倡导以现代眼光和方法研究中外传记的各种问题，诸如理论探讨、传记史研究、作品评析、人物研究、传记家访谈、各种形式和媒介的传记制作等等。以长篇论文为主，也欢迎言之有物、立意创新的短文。本刊尊重老学者，依靠中年学者，欢迎青年学者。

　　中英文来稿一般请勿超过 10000 字。本刊聘请国内外同行专家匿名审稿，在接到来稿 3 个月内，回复作者处理结果。本刊只接受原创性稿件，谢绝已发表过的文稿，作者文责自负。

　　本刊在上海交通大学传记中心设立编辑部，负责编辑出版方面的具体工作。欢迎作者和读者就本刊工作提出意见和建议。

　　学术论文类稿件须有论文的中英文摘要（200 字左右）和关键词（不超过 5 个）。文后附作者简介（不超过 50 字）和主要参考书目。来稿请用 5 号宋体。注释一律用脚注，置于每页页尾，用带圈阿拉伯数字标号。对引文的注释次序，杂志类为：作者名，论文名，杂志名，出版时间和期号，起止页码；书籍类为：作者名，著作名，译者，出版地，出版单位，时间，起止页码。本刊只接受电子 word 格式来稿，稿件请寄编辑部信箱：sclw209@sina.com，勿寄私人。

　　来稿刊出后即付薄酬，并赠送样书 2 册。

Call for Articles

Life writing studies, which have moved onto the central stage in the academia, have gained ever more attention both in and outside China. The biannual journal entitled the *Journal of Modern Life Writing Studies* aims to stimulate Chinese life writing studies, provides a forum for scholars of various disciplines both at home and abroad, attracts and promotes specialists in the field.

In an attempt to bring out the latest development of the research for life writing, the *Journal of Modern Life Writing Studies* seeks to, in modern visions and views, explore theoretical, historical, cultural aspects of life writing, focus on case studies, textual analysis, feature studies and deal with issues in the life writing practices. It also takes as its fundamental task expanding and enhancing the substance of life writing studies and stimulating live discussions of all the issues accordingly. The sections in the journal include interviews, book reviews, and biography-writings in the form of various media, in addition to articles. Long-length articles (10,000 Chinese characters; or 8,000 English words) or short essays (4,000 Chinese characters; or 2,000 English words) sparkling with insights and originality are welcomed.

The journal accepts submissions in Chinese or English. Articles and interviews should not exceed 10,000Chinese characters, or 8,000 English words, notes included. Reviews should be about 4,000 - 5000 Chinese characters; or 2,000 - 3000 English words in length. Submissions should be double-spaced, in a Times New Roman 12 point font; or in Chinese Song character small 4font. Paragraphs should be indented, rather than separated with a space. Footnotes are serialized on each page separately, with the sign ①, ②, ③ .... Citations should be formatted according to the MLA Style or the standard sheet in the author's field. Acknowledgments (if applicable) should be given in a footnote at the beginning of the notes section. Please include a 150-word abstract and a biographical note. The journal follows a double-blind peer review policy. Submissions should be previously unpublished and should not currently be under consideration by other journals.

The author is in charge of his/her own academic honesty. All images must be used by permission only.

Work should be submitted by e-mail in Word format to the email address: sclw209@ sina. com

Two complimentary copies of the issue and a small remuneration will be sent to the author when his/her work is published.

The *Journal of Modern Life Writing Studies* is based in SJTU Center for Life Writing. We welcome suggestions and proposals, from which we believe the journal will surely benefit.

编后记

本辑发表了对两位著名传记理论家的采访。乔利（Margaretta Jolly）对本刊提出的众多问题作出回答,特别是对1970年代以来传记研究的概述,反映了这位《传记百科全书》主编宽广的学术眼光。埃金（Paul John Eakin）重点介绍了他的自传理论著作的写作目标和基本论题,包括自传话语中的审美、自传中事实同虚构的关系,故事和自我的塑造,自传叙事中的身份等等,这些都是自传研究中的核心问题,希望能引起读者进一步阅读和讨论的兴趣。埃金自传研究的经验和对自传理论发展方向的意见也是值得注意的。

自传是国际学术研究的热点,本辑"自传评论"刊载了4篇作品。如果把它们同埃金的自传理论对比一下,相信是很有教益的。颜芳的论文以理论性见长。弗吉尼亚·伍尔夫是西方现代传记发展史上的标志性人物,作为一位现代派作家,她对传记和自传进行了独树一帜的文体试验和理论阐释。对前者的研究较多,颜芳则以伍尔夫的《往日速写》为对象研究了后者,论析了她"反自我主义的自传实践"。这篇论文中涉及关于自传本体的几个问题,具有重要的理论意义。朱旭晨的《试析虹影自传体小说的"虚"与"实"》把虹影的两部自传体小说,同她的两部散文进行了比较,文本的细读和辨析颇能引人入胜。宋晓英《"边缘"的深度与广度》研究中国大陆出生的北美华人女性的自传体作品,分析了其中共同的边缘人主题。薛玉凤参照功能文体学的原理,统计海伦·凯勒的自传《我的生活故事》中高频率出现的词汇,发现表达积极情绪的词汇占据突出地位,然后进一步分析这位聋哑女作家快乐的源泉。

中国史学史上历来有"前后两司马"之说,不过司马迁的《史记》不但是史学巨著,也被公认是传记经典,而司马光《资治通鉴》的传记学价值至今没有得到应有的重视。本辑特设了"《资治通鉴》研究"专栏,以弥补这一缺憾。杨正润和刘佳林的两篇论文从不同角度证明了《资治通鉴》包含着强大的传记因素。中国传记和传记理论的繁荣,不能脱离中国文化传统,一千多年来,《资治通鉴》始终吸引着广大读者,其写作经验是当代传记家应当学习的。

西方传记史同样需要更多的研究,李凯平论析的是17世纪英国圣徒传记,这是一个冷僻但不应当被遗忘的领域,因为正是圣徒传记的日益向世俗化方向的发展,带来下一世纪英国传记的高峰以及约翰生、鲍斯威尔的出现,这是现代传记诞生所不可或缺的准备阶段。

本辑"比较传记"有两篇文章,郑尊仁对两部成长传记,即林太乙《林家次女》与黄玉雪《华女阿五》进行了比较,龚丽可对三位中国作者的莎士比亚传记进行了比较,他们按照传主和传记文本自身的特点,选择了比较的角度和范畴,可供比较传记的研究者参考。我们期待这个新兴的领域有更多的成果出现。

我们也期待着青年学者更多方法论的革新,"作品研究"栏发表陈茜对罗伯特·撒克的《艾丽丝·门罗》的研究,其中引入了"叙事间性"的概念,这同薛玉凤的功能文体学的统计方法一样,都是应当鼓励的尝试。

本辑"人物研究"栏里唐玉清评介了一位对中法文化交流作出重要贡献而又被遗忘的人物谢寿康。陈瑞红分析了王尔德的悲剧命运:这位文学天才又是个玩世不恭的花花公子,他制造了自己的悲剧。郑达考察了一位在英国的华人家庭主妇蔡岱梅,是怎样写出在英语世界有影响的自传体作品《海外花实》的。三篇文章的作者在材料的收集上都下了功夫。

材料的收集在传记写作和研究中,具有决定性的意义。本期新设的栏目"传材解读"展示了材料研究中的深度探析。一些传记家常说,写作传记时需要做大侦探福尔摩斯那样的工作,从各种各样的材料中进行侦查,通过蛛丝马迹找出事实的真相,或是探析传主的心理。本栏两位作者都做了材料的细读和解析工作,也都同卡夫卡有关,卡夫卡是西方现代派文学的重要代表,其作品颇为难解。梁庆标的《以手为媒》考察了卡夫卡书信和日记中多次出现的"手"的意象,把它同卡夫卡的思想和经历结合起来,进行层层深入的剖析,探析其精神世界。赵山奎则聚焦于卡夫卡的代表作《变形记》初版的封面画,这一封面画表达什么意思、它同卡夫卡本人有何关系、批评家又怎么解读它,围绕这些问题,赵山奎证明传记事实同其解释之间,是一个意义构建的空间。这两篇文章读来有趣,对传记家应当有所启示。

张维娜的文章发表于"史料考订"。梁思成1923年曾经遭受一场车祸伤了腿,究竟受伤的是右腿还是左腿,在同梁思成有关的大量传记作品中前后有两种不同的说法,对这样一件似乎无足轻重、被人忽略的小事,张维娜发现了问题、弄清了真相,这是传记研究中应有的态度。

传记家毕宝魁叙述了他写作《政坛大风——王安石传》的体会和他对这位历史名人的认识:王安石不仅是一位改革家,还是国家主权和核心利益的坚定维护者。毕宝魁主张同传主的灵魂对话,写出其精神世界,这正是现代传记的要求。

俄罗斯有写作名人传记的传统,本辑"学术信息"中,张蕾介绍了苏联解体以后,俄罗斯"名人传记"丛书持续发展的情况。这套丛书从其诞生之日起就反映了国家意志。不过,古往今来各种意识形态都很重视传记,原因之一是看中传记的教化功能。俄罗斯的做法适应了其社会特点和文化传统,也有值得研究的经验。

编辑部 2015 年 8 月

From the Editor

We commend two interviews with distinguished life writing theorists in this issue. In response to our questions, Margaretta Jolly, the editor-in-chief of *The Encyclopedia of Life Writing*, shows her broad academic vision especially as she looks through life writing studies in the west since the 1970s. Paul John Eakin focuses on his objectives and propositions, including aesthetics of autobiographical discourses, the relation between fact and fiction in autobiography, the invention of story and self, the identity in autobiographical narrative, etc. All these issues are key to autobiographical studies and deserve more reading and further exploration.

Autobiography is a hot topic in present days. We include four papers in the section of "Autobiography Study". It will be beneficial to read them when paralleling with Paul Eakin's autobiographical theory. Zhu Xuchen compares Hong Ying's two autobiographical novels with her two collections of short autobiographies in "'The Virtual' and 'the Real' in Hong Ying's autobiographical novels." Her close reading and analysis are intriguing. Song Xiaoying's "The Depth and Breadth of 'the Margin' in the Autobiography of the Northern-American Chinese Women" centers on autobiography by those Chinese females born in China's mainland and analyzes their common theme "the margin". With reference to the principle of functional stylistics, Xue Yufengto conducts a statistic survey of high-frequency words in Helen Keller's autobiography, *The Story of My Life*. She analyzes the blind and deaf-mute female writer's source of happiness upon her finding that words of positive emotions are dominant in the text. Yan Fang's paper features theoretical deduction. The icon in the western modern life writing, Virginia Woolf conducted unique experiments in the attempt of exploring styles and theories in auto/biography. To the extent that most of the scholarship touches upon the issue of styles, Yan Fang addresses the theoretical issue in her study of Woolf's *A Sketch of the Past* with the analysis of Woolf's "autobiographical practice of anti-egoism." Yan's paper concerns several problems of autobiographical ontology and has important theoretical significance.

The saying of "two prestigious Simas" is widespread in China's historical circle. Sima Qian's *ShiJi* (*Records of the Grand Historian*) is not only a monumental historical work, but a classical biography. The biographical value of Sima Guang's *Zi Zhi Tong Jian* (*Comprehensive Mirror in Aid of Governance*) is, however, not fully recognized till now. The special section of "*Zi Zhi Tong Jian* Study" is therefore set up to fill the gap. Yang Zhengrun and Liu Jialin examine this giant work from different perspectives to demonstrate the prominent biographical factors in it. Chinese culture is indispensable to the prosperity of Chinese life writing and life writing theories. For more than one thousand years, *Zi Zhi Tong Jian* has been attracting generations of readers. This is why modern life writers need to study Sima Guang's writing experience.

The history of western life writing calls for more researches too. Li Kaiping analyzes English hagiography in the seventeenth century, an obscure field in the present Chinese academia, but it should not be neglected. It is because hagiography becomes increasingly secular in that century that the next century witnesses the peak of British life writing with Samuel Johnson and James Boswell as the pacesetters. In short, the seventeenth century is the preparatory phase necessary to the rise of modern life writing.

Approaches the section of "Comparative Biography" presents two papers. Cheng Tsun-Jen's comparison of two Bildungsromans, Lin Tai-yi's *Second Daughter of the Family* and Jade Snow Wong's *Fifth Chinese Daughter*, while Gong Like turns her comparison to three Shakespeare's biographies by Chinese authors. Both authors choose an appropriate perspective and the relevant range in accordance with features of their subjects and their corresponding biographical texts. From this point the two papers are useful reference for scholars of comparative biography. We expect more achievements in this new area.

We expect young scholars to make more findings to methodology. In the section of "Text Study," Chen Xi conducts a research on *Alice Munro: Writing Her Lives*, in which the concept of "Inter-narrativity" is proposed. Like Xue Yufeng's statistic approach of functional stylistics, Chen's experimental effort is supposed to be encouraged.

In the section of "Subject Study," Tang Yuqing comments on Sié Chéou-Kang, who has contributed much to Sino-French cultural communications but is nonetheless neglected. Chen Ruihong's essay argues that, in the analysis of Oscar Wilde's tragic fate, the literary genius is also a dandy who is the maker of his own tragedy. Through a close examination of the England residential Chinese housewife Dymia Hsiung's life, Da Zheng digs out how Hsiung produced the highly-acclaimed-in-the-Anglosphere *Flowering Exile*. It is quite apparent that the authors of these papers have made every effort to collect materials concerned.

Collecting and interpreting materials are decisive to the life writing and research. The new section "Material Interpretation" intends to demonstrate the in-depth explorations for the purpose. A biographer is said to be comparable to the detective Sherlock Holmes tracking down a criminal, for he/she has to examine a great variety of materials and discern the truth, or perceive the subject's mind, from traces and clues out of the toil. In this section, the two scholars have both perused and analyzed materials about Kafka, who is an important representative of the

Western modernist school of writers and famous for his difficult works. Liang Qingbiao's *The Hands as Self-image* examines the image of "hand" that frequently appeared in Kafka's letters and diaries, so as to explore his spiritual world through in-depth analysis and the combination of Kafka's thoughts and experience. Zhao Shankui focuses on the illustrated title page of *Die Verwandlung*, Kafka's representative work. With respect to what the illustration conveys, what it relates to Kafka, and how critics interpretate it, Dr. Zhao proves that in between the biographical facts and the interpretations there is a meaning-generating space. The two papers are so fascinating that they must be inspiring to life writing researchers.

The section of "Material Examination" sees Zhang Weina's study. Liang Sicheng (1901 – 1972), the Chinese architect, had an car accident in 1923. There since has been a controversy on whether his left or right leg was hurt. Such a trivial and negligible anecdote is looked into by Ms Zhang minutely. The study discovers questions in the anecdote and finds the truth. This is the proper attitude in the life writing research.

Bi Baokui the biographer gives an account of his experience of writing *The Political Gale: A Biography of Wang Anshi* and expresses his understanding of the subject. He believes that Wang Anshi, the Chinese historical figure, is not only a staunch reformer but also a firm advocate of national sovereignty and core interests. Bi proposes the dialog with the spirit of the subject so as to depict his inner world. This just echoes the prerequisites of modern biography.

Russia boasts a tradition of life writing for great people. In the section of "Academic Info," Zhang Lei briefs on the development of Russia's *Life of Great People*, which demonstrates Russia's national willpower from the start. The reason why all forms of ideology attach great importance to life writing is attributable to the function of edification. Russia's approach is appropriate to its social characteristics and cultural tradition. This contains experiences that deserve further researches.

August, 2015